Posiciones ante el derecho

Colección
Clásicos del Pensamiento
fundada por Antonio Truyol y Serra

Director:
Eloy García

Carl Schmitt

Posiciones
ante el derecho

Edición, estudio preliminar,
traducción y notas de
MONTSERRAT HERRERO

Diseño de cubierta:
JV, Diseño gráfico, S.L.

Reimpresión, 2015

Reservados todos los derechos. El contenido de esta obra está protegido por la Ley, que establece penas de prisión y/o multas, además de las correspondientes indemnizaciones por daños y perjuicios para quienes reprodujeren, plagiaren, distribuyeren o comunicaren públicamente, en todo o en parte, una obra literaria, artística o científica, o su transformación, interpretación o ejecución artística fijada en cualquier tipo de soporte o comunicada a través de cualquier medio, sin la preceptiva autorización.

© VERLAG C. H. BECK MÜNCHEN
GESETZ UND URTEIL, EINE UNTERSUCHUNG ZUM PROBLEM DER RECHTSPRAXIS by
Carl Schmitt, 2nd rev. and add. edition 1969
© DUNCKER & HUMBLOT GMBH
«Freiheitsrecht und institutionelle Garantien der Reichsverfassung (1931)»,
Verfassungsrechtiche Aufsätze ans den Jahren 1924-1954. Schmitt, Carl.
2003 (4th edition), 140-173.
© Estudio preliminar, traducción y notas, MONTSERRAT HERRERO, 2012
© EDITORIAL TECNOS (GRUPO ANAYA, S. A.), 2012
Juan Ignacio Luca de Tena, 15 - 28027 Madrid
Maquetación: Grupo Anaya
ISBN: 978-84-309-5492-6
Depósito Legal: M-31.044-2012
Composición: Grupo Anaya

Printed in Spain

ÍNDICE

ANOTACIONES SOBRE EL VOCABULARIO .. *Pág.*   XI

POSICIONES ANTE EL DERECHO EN EL PENSAMIENTO DE CARL SCHMITT

ESTUDIO PRELIMINAR, por *Montserrat Herrero* XV
   I. La edición XV
   II. La idea de derecho: el concepto de derecho y su realización.............................. XXIII
   III. Fenomenología de la decisión XXVII
   IV. Las figuras institucionales XXXV
   V. La decisión judicial XLIV
      1. *La sombra de Kant* XLIV
      2. *La original respuesta de Schmitt en Ley y Juicio al problema de la decisión judicial....* LI
Bibliografía... LXIV

LEY Y JUICIO. EXAMEN SOBRE EL PROBLEMA DE LA PRAXIS JUDICIAL POR CARL SCHMITT

PRÓLOGO... 5
PRÓLOGO A LA EDICIÓN DE 1968 9
ÍNDICE.. 11

Capítulo I. EL PROBLEMA..................................... 13
   La rectitud de la decisión judicial y las ideas dominantes sobre lo correcto — El § 1 G. V. G. — El modo de plantear el problema: la teoría dominante

de la interpretación jurídica — El modo de plantear el problema: la Escuela del derecho libre — El origen psicológico del juicio y su significado metodológico.

CAPÍTULO II. LA VOLUNTAD DE LA LEY 41
La voluntad del legislador — La voluntad de la ley — La insuficiencia de esas ficciones como criterios de rectitud — La respuesta de la Escuela del derecho libre — La confusión entre la subsunción correcta y la decisión correcta.

CAPÍTULO III. EL POSTULADO DE LA DETERMINACIÓN DEL DERECHO 69
La relación del derecho con su contenido (económico y moral) — Normas jurídicas de contenido indiferente — El postulado de la determinación del derecho — Su importancia fáctica —Su significación metodológica — La autonomía de la praxis judicial respecto a la teoría del derecho (*Rechtstheorie*) — El postulado de la determinación del derecho como punto de partida metodológico para resolver la cuestión de lo correcto de la decisión.

CAPÍTULO IV. LA DECISIÓN CORRECTA 99
La fórmula de la decisión correcta — El principio de colegialidad —Los fundamentos de la decisión — El destinatario de los fundamentos de la decisión — El precedente — *Contra legem judicare* — El significado de la ley positiva y de las normas extra-positivas (sociológicas) para la rectitud de la decisión.

APÉNDICE 161

DERECHOS DE LIBERTAD Y GARANTÍAS
INSTITUCIONALES
EN LA CONSTITUCIÓN DEL REICH
POR CARL SCHMITT

SOBRE LOS TRES MODOS DE PENSAR LA CIENCIA JURÍDICA
POR CARL SCHMITT

ÍNDICE 245
NOTA DEL AUTOR 247

I. DISTINCIÓN DE LOS MODOS DE PENSAR LA CIENCIA JURÍDICA................................. 249
   1. EL PENSAMIENTO DE REGLAS O LEYES (NORMATIVISMO) Y EL PENSAMIENTO DEL ORDEN CONCRETO ... 253
   2. PENSAMIENTO DE DECISIONES (DECISIONISMO).... 268
   3. EL POSITIVISMO JURÍDICO DEL SIGLO XIX COMO COMBINACIÓN DEL PENSAMIENTO DECISIONISTA Y DEL DE REGLAS O LEYES (DECISIONISMO Y NORMATIVISMO)... 274

II. EL LUGAR DE LOS DIFERENTES MODOS DEL PENSAR JURÍDICO EN LA EVOLUCIÓN GENERAL DE LA HISTORIA DEL DERECHO.. 286
   1. LA EVOLUCIÓN ALEMANA HASTA EL PRESENTE.... 288
   2. DESARROLLO EN INGLATERRA Y FRANCIA.......... 299
   3. EL ESTADO ACTUAL DE LA CIENCIA JURÍDICA ALEMANA 304

CONCLUSIÓN... 313

ANOTACIONES SOBRE EL VOCABULARIO

Como fácilmente se puede intuir, en obras de tanta precisión conceptual como las que recoge este volumen, el traductor se ve en la necesidad de tomar algunas decisiones sobre la correspondencia de los términos jurídicos en español y en alemán. De ahí que me vea obligada a incluir este breve glosario que da cuenta de en qué sentido se han traducido algunos términos jurídicos.

Entscheidung.—Sentencia, fallo, o resolución judicial o jurisdiccional. Se reserva *Urteil* para el juicio que de manera lógica antecede y encierra la sentencia. En muchas ocasiones se refiere a la decisión en general, sin adjetivaciones, y no sólo a la decisión judicial (*richterliche Entscheidung*), que es un caso particular del decidir.

Jurisprudenz.—Ciencia Dogmática del Derecho o Dogmática Jurídica en el sentido de doctrina (subjetiva) creada por los autores, reservando la palabra Jurisprudencia española para el conjunto de sentencias emanadas de los órganos jurisdiccionales.

Rechtslehre.—Doctrina del Derecho, construcción especulativa sobre el derecho en el deseo de fundar una reflexión objetiva. Se puede diferenciar de la Teoría del Derecho (*Rechtstheorie*), como la reflexión teórica misma.

Rechtspraxis.—Práctica Judicial entendida como el conjunto de pautas y usos que guían la acción de los jueces a la hora de formar el Juicio (*Urteil*), que sirve de base para dictar sus sentencias.

Rechtsprechung.—Jurisdicción de los tribunales.

Rechtswissenschaft.—Ciencia del Derecho o Ciencia Jurídica, en el sentido de conjunto de saberes respecto de un sector concreto del saber jurídico, por ejemplo la Ciencia de lo histórico, de lo filosófico, de lo sociológico; se diferencia de *Jurisprudenz* por su condición de ciencia.

Richtig.—Rectitud o corrección, aplicada a la práctica judicial, que determina la coherencia de un determinado juicio (*Urteil*).

Urteil.—Juicio, atendiendo a la decisión de fondo del juez, que sirve para construir la sentencia.

POSICIONES ANTE EL DERECHO EN EL PENSAMIENTO DE CARL SCHMITT*

---

* Agradezco a Eloy García el ofrecimiento de realizar esta edición y su constante apoyo a lo largo de todo el trabajo, así como la ayuda para precisar el vocabulario jurídico. En este mismo sentido agradezco la ayuda y las sugerencias de mis colegas de la Universidad de Navarra: muy especialmente de José Antonio Doral, Ángel Gómez Montoro, Eugenia López Jacoiste, Jary Méndez y Fernando Simón. También debo algunas precisiones terminológicas a Jean-François Kervégan.

ESTUDIO PRELIMINAR
por Montserrat Herrero

SUMARIO: I. La edición. II. La idea de derecho: el concepto de derecho y su realización. III. Fenomenología de la decisión. IV. Las figuras institucionales. V. La decisión judicial. 1. *La sombra de Kant*. 2. *La original respuesta de Schmitt en Ley y Juicio al problema de la decisión judicial*. Bibliografía.

I. LA EDICIÓN

Posiciones ante el derecho, el título de la presente edición, es un eco de aquella otra que vio la luz en 1940, editada por el mismo Schmitt, *Positionen und Begriffe im Kampf mit Weimar-Genf-Versailles, 1923-1939*[1], que recogía algunos de sus escritos intencionadamente polémicos. Años más tarde, en 1958, lanzó una nueva edición de algunos de sus estudios, *Verfassungsrechtliche Aufsätze aus den Jahren 1924-1954*.

---

[1] Hanseatische Verlagsanstalt, Hamburgo, 1940.

Materialen zu einer Verfassungslehre[2], esta vez dedicados monográficamente al tema constitucional. Hubo dos ediciones más que quedaron por hacer. Así se lo relata el mismo Schmitt a Álvaro d'Ors en una carta de 31 de marzo de 1958:

> He tenido en las últimas semanas y meses mucho trabajo, porque estoy editando una colección de veintiún artículos sobre derecho constitucional de los años 1924-1954 y quiero proveerlos de «anotaciones» y de un registro amplio. El editor (Duncker & Humblot, uno de los primeros editores alemanes, el editor de Hegel, Ranke, etc.) quiere sacar el libro en mayo y después un tomo sobre derecho internacional y un tercer tomo de filosofía del derecho; pero yo no creo que tenga fuerza para volver a tomarme de nuevo el cansancio de realizar una auto-edición[3].

La edición de los escritos sobre derecho internacional de Schmitt ha sido llevada a cabo por G. Maschke en 2005, *Frieden oder Pazifismus?: Arbeiten zum Völkerrecht und zur internationalen Politik, 1924-1978*[4]. Años antes, había visto la luz ya una edición de los estudios relativos a la relación del espacio con el derecho y la política por obra de este mismo estudioso alemán, que lleva por título *Staat, Grossraum, Nomos: Arbeiten aus den Jahren 1916-1969*[5]. Faltaría el tercer tomo del que hablaba Schmitt en su carta, con los estudios sobre filosofía del derecho.

Desde luego la presente edición no pretende ser aquella sobre la filosofía del derecho. Para empezar, no

---

[2] Duncker & Humblot, Berlín, 1958.
[3] Cfr. Herrero, M., *Carl Schmitt und Álvaro d'Ors Briefwechsel*, Duncker & Humblot, Berlín, 2004, p. 185.
[4] Duncker & Humblot, Berlín, 2005.
[5] Duncker & Humblot, Berlín, 1995.

es una recopilación de artículos; sin embargo, sigue en cierto modo esa tradición. La editorial Tecnos en la persona de Eloy García me propuso la edición conjunta de tres textos de la producción schmittiana relativos al derecho, hasta ahora poco conocidos: *Gesetz und Urteil. Eine Untersuchung zum Problem der Rechtspraxis* (1912); *Freiheitsrechte und institutionelle Garantien der Reichsverfassung* (1931); *Über die drei Arten des rechtswissenschaftlichen Denkens* (1934).

El título de este libro, *Posiciones ante el derecho*, evoca las principales tomas de posición de Carl Schmitt ante al fenómeno del derecho, que nos introducen en el substrato conceptual del autor. La elección del término «posiciones» no ha sido caprichosa, sino que responde a la lógica interna del pensamiento del autor. Schmitt entiende por posiciones las concretas posturas que asume al tomar partido explícito en los debates políticos de su tiempo. Estas posiciones condicionan sus conceptos, del mismo modo que sus conceptos clarifican sus posiciones. Los conceptos son para Schmitt categorías objetivas que explican, dan razón de la realidad y permiten la discusión en el contexto de una comunidad científica. Las posiciones pertenecen, sin embargo, al terreno de lo político, en la medida en que se sumergen de lleno en la polémica[6].

La unión de los tres estudios a los que me he referido en un solo volumen está en gran medida inspirada por el epílogo de Manuel García Pelayo a la edición de Alianza Editorial de la traducción española de la *Ver-*

---

[6] Cfr. Huber, E., «Postionen und Begriffe. Eine Auseinandersetzung mit Carl Schmitt», en *Zeitschrift für die gesamte Staatswissenschaft*, Bd. 101, 1941, pp. 1-44.

fassungslehre schmittiana por Francisco Ayala[7]. En él señala la centralidad que han tenido para la historia y la vida del derecho algunos de los conceptos del jurista alemán: en concreto destaca la decisión, y la vincula a la obra *Gesetz und Urteil*; la representación, en este caso vinculada al ensayo *Romischer Katholizismus und politische Form* (1923); y el concepto de «garantía institucional» del que él mismo se hizo eco en el mundo español, el cual ya estaba esbozado en la *Teoría de la Constitución*, pero que aparece desarrollado en *Freiheitsrechte und institutionelle Garantien der Reichsverfassung*.

Dos de estos escritos aparecen hoy ligados en esta edición a otro, que es una reedición de la traducción que yo misma hice para Tecnos en 1994 a petición de Antonio Truyol y Serra, de grata memoria, en cuya amistad me introdujo Dalmacio Negro Pavón, y que he tenido ahora la oportunidad de corregir. *Gesetz und Urteil* y *Freiheitsrechte und institutionelle Garantien* ven hoy la luz en castellano por primera vez.

Sólo algunas páginas de *Gesetz und Urteil* aparecieron en inglés bajo el título «Statute and Judgment» en un libro editado por Arthur J. Jacobson y Bernhard Schlink que llevaba por título *Weimar. A Jurisprudence of Crisis* en el año 2000[8]. No existe ninguna otra traducción, aparte de esas pocas páginas, de esta trascendental obra del jurista de Plettenberg.

Gesetz und Urteil vio en vida de Carl Schmitt dos ediciones. La primera en 1912, en Berlín, en la editorial

---

[7] Alianza, Madrid, 1982, 1992.

[8] University of California Press, Berkeley, Los Ángeles, 2000, pp. 63-65. Traducción de Belinda Cooper.

Otto Liebmann. La segunda, en Múnich, en C. H. Beck, en 1969; para esta ocasión escribió Schmitt un nuevo prólogo, significativo para la interpretación de esta obra de juventud en el conjunto de su trayectoria posterior; de ahí que lo haya recogido en la presente edición. Después se ha reimpreso dos veces: en la editorial Keip, en 1995, y en C. H. Beck, en 2009. Para realizar la traducción he utilizado la edición de 1912. La determinación del título ha sido desde el comienzo clara para mí: *Ley y juicio. Examen sobre el problema de la praxis judicial*. Sin embargo, creo que debo dar cuenta del porqué de mi decisión, puesto que el término *Urteil* responde a varios significantes en castellano y, en vez de juicio, bien podría haber figurado en el título el término «sentencia» o «fallo judicial». Si lo entiendo bien, el campo semántico de estos dos términos nos habla de la conclusión de un procedimiento judicial con cierto *iter* procedimental, a través del cual se llega a formar la decisión que culmina en la sentencia; sin embargo, el interés de este libro de Schmitt se centra en cómo se genera el juicio ya en la conciencia del juez individual, y no sólo en el proceso judicial mismo, aunque evidentemente haga alusiones a él. Por otra parte, si hubiera que clasificar este libro en un área específica, sin duda, iría a la estantería de filosofía del derecho. «Ley y juicio» evoca el eterno problema que ha de abordar toda filosofía del derecho de cómo conectar la universalidad y la particularidad en la decisión, de cómo concertar teoría y praxis. Me parece, por tanto, que la elección del título se corresponde con el contenido exacto de la investigación que Schmitt lleva a cabo de un modo brillante.

Una segunda cuestión de edición sobre la que me gustaría hacer un apunte es el modo de citar de Schmitt.

A nuestros ojos lo extraño en el modo de citar de un jurista tan culto es su aparente imprecisión. Varios de sus colegas han puesto de relieve que citaba «de memoria» y de ahí las inexactitudes que aparecen en sus citas. En este libro este defecto aparece en contadas ocasiones, por ejemplo, a la hora de citar la *Rechtsphilosophie* de 1821 de Hegel. No es, sin embargo, lo más frecuente en este texto. Lo que quizás más puede extrañar de él a nuestros ojos, muy disciplinados en este punto, es el modo heterogéneo y más bien telegráfico de referirse a la bibliografía consultada. Para aquellos viejos profesores, para quienes la cultura (*Bildung*) era parte inseparable de la formación técnica, bastaba cualquier señal que permitiera localizar un artículo o encontrar un lugar. La más breve referencia era suficiente, si era clara. En la presente edición he respetado este hábito de Schmitt y no he «completado» las citas.

La última cuestión de edición referente a *Ley y Juicio* es la necesidad de poner de manifiesto la pasión de Schmitt por la creación conceptual. No se somete fácilmente a utilizar los conceptos jurídicos al uso, sino que los impregna de un sentido propio. Baste pensar en el concepto de legalidad, que él mismo casi inconscientemente pone entrecomillado, como para manifestar la carga crítica que posee en sus escritos. La traducción ha querido respetar esta voluntad de originalidad del jurista de Plettenberg.

Tampoco la traducción se ha podido sustraer del todo a la tortuosa sintaxis del texto alemán debida a la complejidad conceptual de lo que se expone. Algo que no ocurre en otros textos de Schmitt.

El segundo de los textos de la presente edición, *Freiheitsrechte und institutionelle Garantien der Reichsverfassung*, ha sido traducido al japonés y al coreano solamente[9]. Se publicó por primera vez como un capítulo de la obra editada por varios autores con el título *Rechtswissenschaftliche Beiträge zum 25 jährigen Bestehen der Handels-Hochschule Berlin*, en la editorial Reimar Hobbing de Berlín en 1931. Vio una segunda edición en Keip en Goldbach en 1995. Después fue recogido por el mismo Schmitt en los *Verfassungsrechtliche Aufsätze*.

Über die drei Arten des rechtswissenschaftlichen Denkens se publicó por primera vez en 1934 en Hamburg en la editorial Hanseatische y posteriormente ha conocido dos ediciones más en Duncker & Humblot en Berlín en 1993 y en 2006. La primera traducción se hizo en 1939, al japonés. A esta le siguieron traducciones al portugués, al serbo-croata, al coreano, al italiano, al francés, al esloveno y, finalmente, en 1996, al castellano. Esa primera edición al castellano, como esta reimpresión corregida de aquella, como ya he mencionado, han corrido de mi cuenta.

Sobre los tres modos de pensar la ciencia jurídica es uno de los escritos polémicos de Schmitt por pertenecer al período de su compromiso político con el gobierno nacional-socialista, de ahí que haya sido un escrito que permaneció en la oscuridad durante tiempo. Es, sin embargo, central para conocer cuál es la propia posición de Schmitt respecto al concepto de derecho. No es un escrito de mero compromiso con el régimen, como otros de esa misma época, aunque en él se exprese netamente su satisfacción con él.

¿Por qué unir estos tres textos schmittianos en una sola edición? Porque, en su afán por aclarar el estatuto

---

[9] Cfr. de Benoist, A., *Carl Schmitt Bibliographie seiner Schriften und Korrespondenzen*, Akademie Verlag, Berlín, 2003.

de la decisión, definen la posición de Schmitt ante el derecho.

Ya en el libro *El nomos y lo político*[10] señalaba que el pensamiento de Schmitt acerca del derecho es difícil de reconstruir por la cantidad y variedad de las obras en las que está expuesto. A estas dos circunstancias añadía otra, y es que Schmitt piensa siempre al hilo de la circunstancia histórica. El modo de ordenar toda esta pluralidad aparente de tomas de posición tiene que ver con la distinción entre los tipos de texto y su diferente intención retórica. Hay unos en los que nuestro autor, con claridad, alumbra un nuevo concepto o idea; otros están retóricamente condicionados por una circunstancia histórica; y otros son sencillamente descriptivos. Como ejemplo del primero podríamos poner *El nomos de la tierra en el Derecho de Gentes del Jus Publicum Europaeum*[11], donde analiza la posesión de la tierra como acto fundador del derecho y en el que elabora una posición teórica que da sentido al resto de su aparato conceptual; como ejemplo del segundo, *El defensor de la Constitución*[12], que supone una interpretación controvertida del artículo 48 de la Constitución de Weimar;

---

[10] Herrero, M., *El nomos y lo político: la filosofía política de Carl Schmitt*, Eunsa, Pamplona, 1997, 2007.

[11] Schmitt, C., *El Nomos de la Tierra en el Derecho de Gentes del «Jus publicum europaeum»*, traducción de D. Schilling Thon; edición y estudio preliminar, «Soberanía y orden internacional en Carl Schmitt», a cargo de J. L. Monereo Pérez, Comares, Granada, 2002.

[12] Schmitt, C., y Kelsen, H., *La polémica Schmitt-Kelsen sobre la justicia constitucional*, «El defensor de la Constitución *versus* ¿Quién debe ser el defensor de la Constitución?»; estudio preliminar de G. Lombardi; traducción de Manuel Sánchez Sarto y R. J. Brie, Tecnos, Madrid, 2009.

ESTUDIO PRELIMINAR XXIII

como ejemplo del tercer tipo de texto podría señalar *El valor del Estado y el significado del individuo* (*Der Wert des Staates und die Bedeutung des Einzelnen*), en el que simplemente describe la posición del individuo en el moderno Estado de Derecho. Son textos retóricamente inasimilables.

En esta edición, que no agota el numeroso conjunto de trabajos que el autor dedica a pensar el derecho[13], se han elegido tres de ellos en los que Schmitt expone su propio concepto del derecho de un modo sintético, casi aforístico, como suele hacer en los escritos propositivos: una definición alumbrada por un criterio y una contrastación histórica. La norma no subsiste como realidad sin dos puntos de apoyo: la decisión y la institución; este sería el breve resumen de su propia posición ante el derecho. Pero vayamos desglosando esta síntesis.

II. LA IDEA DE DERECHO: EL CONCEPTO DE DERECHO Y SU REALIZACIÓN

Generalmente se ha entendido a Schmitt como un decisionista. Su definición del soberano en la *Teología política* como «quien decide sobre el caso de excep-

---

[13] A título de ejemplo de otro escrito relevante sobre el tema cabe citar «Inhalt und Bedeutung des zweiten Hauptteils der Reichsverfassung», en el *Handbuch* dirigido por Anschütz y Thoma, tomo II, Tübingen, 1932, p. 572. O, sin duda alguna, un artículo que para él fue muy importante y que originariamente fue una conferencia que impartió por toda Europa, a saber, «Die Rechtswissenschaft als letztes Asyl des Rechtsbewußtseins», en *Universitas*, 5, Jahrg., Heft 5, 1950 (pp. 523-528).

ción»; su distinción entre Constitución y ley constitucional, y su consiguiente definición de la Constitución «positiva» —a menudo se olvida este calificativo al referirse a ella— como «decisión de conjunto sobre modo y forma de la unidad política», que ofrece tanto en la *Teoría de la Constitución* como en *El defensor de la Constitución*, le han labrado este calificativo.

Para no malinterpretar esas definiciones, en primer lugar hay que precisar que Schmitt no identifica el derecho con el derecho positivo; y en segundo lugar hay que intentar profundizar en el significado del concepto de derecho en su obra. Me aventuro en este punto con una tesis y es que el concepto de derecho —*der Rechtsbegriff*— en la obra de Schmitt sólo se puede entender dialécticamente. Es decir, procediendo de un modo similar a como lo hace Hegel en la *Rechtsphilosophie* —no en vano en *Gesetz und Urteil*, Hegel es citado a cada paso— al desvelar la idea de derecho, «el concepto de derecho y su realización». Es decir, que al acercarse a cada una de las obras de Schmitt sobre el concepto de derecho, se hace imprescindible ampliar la mirada para comprender el lugar de cada una a la luz de la totalidad de la idea de derecho. En el avance dialéctico de la idea de derecho se van percibiendo las diferentes «posiciones ante el derecho» que expone el jurista alemán en sus diferentes obras.

En la primera edición del primer libro que publiqué sobre Schmitt[14], ofrecí un esquema que intentaba explicar ese desarrollo de la idea de derecho. Observaba entonces momentos diferenciados por su mayor concreción o abstracción: no es lo mismo el derecho entendido

---

[14] Herrero, M., *El nomos y lo político*, 1997, p. 127.

como orden de la vida de un pueblo, como aparece en el *Nomos de la tierra*, que el derecho positivo, como lo define en la *Teoría de la Constitución*; que la ciencia jurídica, a la que hace referencia en su magnífico ensayo sobre la ciencia jurídica europea, o que el juicio del juez, como aparece en *Ley y juicio*. Todo es derecho; ahora bien, ¿cómo dar unidad a toda esta serie de declaraciones sobre el derecho?[15].

En aquel momento ofrecí un esquema bastante precario, hoy creo que el intento sistemático de conceptualizar el derecho en las obras de Schmitt tiene una cierta semejanza, siempre que esta afirmación se tome con cautela y no sin reservas, con la de Hegel en la *Filosofía del Derecho*. La valiosa investigación de Kervégan no ha incidido en este aspecto de la relación entre la concepción de Schmitt y de Hegel respecto al derecho[16]. De modo análogo a como para Hegel el derecho y la moralidad son las prefiguraciones abstractas de la libertad efectiva, que sólo vive en la eticidad —pues la actualización de estos dos momentos abstractos no viene dada con su concepto, sino que presupone una con-

---

[15] Mi pretensión sistemática a la hora de tratar la obra schmittiana ha sido criticada en estos años. Sin embargo, la opción de dejar la obra de Schmitt abandonada a una serie de etapas contradictorias entre sí es mucho menos convincente, sobre todo cuando tanto unas posiciones como otras aparecen en etapas cronológicas diferentes. ¡Las contradicciones se darían incluso dentro de una misma etapa cronológica!, lo cual llevaría a pensar que el tan traído y llevado «oportunismo» schmittiano era prácticamente enfermizo. El adjetivo de ocasionalista sería insuficiente para describir en ese caso el modo de proceder de Schmitt. Por otra parte, en contra del citado «oportunismo» opera la resistencia de Schmitt a la «desnacificación» después de la Segunda Guerra Mundial.

[16] Kervégan, J. F., *Hegel, Carl Schmitt. Lo político: entre especulación y positividad*, Escolar y Mayo, Madrid, 2007.

dición de efectividad que les da consistencia—, para Schmitt el derecho está efectivamente realizado en un orden concreto que se hace positivo con la unidad política. Ese orden tiene, siguiendo con la analogía metódica hegeliana, dos prefiguraciones abstractas, una objetiva, el *nomos*, la apropiación de la tierra; y una subjetiva, que es la decisión sobre el derecho, sea esta legislativa o judicial. Ambos momentos se encuentran siempre mediados por la reflexión sobre el derecho; se generan a través del proceso mismo de la ciencia jurídica, y hacen posible la determinación última del derecho.

Ilustra mi analogía el comentario que hace Schmitt en el capítulo III de *Ley y Juicio* al § 214 de los *Grundlinien der Philosophie des Rechts,* en donde habla de la decisión abstracta sobre la pena que debe imponer el juez en un caso concreto. Éstas son las palabras de Hegel:

> Esta decisión pertenece a la certeza formal de sí, a la subjetividad abstracta, que debe atenerse exclusivamente a interrumpir y fijar en algún punto *dentro de aquel límite*, para que haya algo fijo, y a razones determinantes tales como un número *redondo* o a algún número arbitrario como cuarenta menos uno.

Y el mismo Schmitt valida esta posición, no sin poner de manifiesto las diferencias y similitudes que existen en ambos planteamientos y que no afectan esencialmente a la analogía que propongo:

> La diferencia fundamental entre las explicaciones del texto y esta frase de Hegel es que aquella «certeza formal de sí» (la cual, naturalmente tampoco para Hegel viene asociada a la sanción judicial o a la fuerza normativa de una decisión) no se piensa como un tipo de contrapeso libre y pasivo de la norma jurídica, como algo que está en una re-

lación «no racional» con el derecho y que tiene su ámbito limitado, sino como un elemento y un ingrediente de toda configuración jurídica, que puede ser aislada por mor de la reflexión conceptual y tomada como punto de partida de una investigación metodológica.

Tampoco en el caso de Schmitt la actualización de estas dos abstracciones viene dada con su concepto, sino que presupone la condición de efectividad que las engloba: el orden concreto.

Las diferentes obras de la producción schmittiana sobre el derecho refieren a uno u otro de estos momentos. Quizás sea en *Sobre los tres modos de pensar la ciencia jurídica*, donde con más claridad aparece la idea de que la esfera total del derecho no sólo se estructura en normas, sino también en decisiones e instituciones u órdenes concretos, en abierta polémica con Kelsen, como indicaba en el estudio preliminar a la primera edición en castellano de esta obra. También entonces señalé su referencia al contexto histórico. De ahí que no me detenga ahora en esta cuestión.

El escrito sobre las garantías institucionales refiere de un modo preciso a una de esas apoyaturas que es la institución, pero en el presente volumen quizás lo específico y lo menos estudiado hasta el momento es la posición de Schmitt ante la decisión judicial. De ahí que este estudio preliminar se vea obligado a dedicarle más espacio a este aspecto.

III. FENOMENOLOGÍA DE LA DECISIÓN

En el prólogo a la edición de 1968 de *Ley y juicio*, es decir, en el momento en que ya había visto la luz su última gran obra sobre el nomos de la tierra y con la perspectiva que le da el haber desarrollado ya su itinerario intelectual, aclara Schmitt que el significado de esa obra de 1912 es delimitar el sentido específico de la decisión respecto de la norma en el derecho, así dice: «hace evidente el sentido originario del juzgar y el decidir». Ése es el asunto filosófico político que está en juego en ese libro.

Schmitt mismo dice que concibió la cuestión en 1912, pero que ya nunca abandonó la investigación sobre ella. Como desarrollo de esa reflexión incluye en el prólogo de 1968 cuatro de sus obras, *La dictadura* (1921), *Teología política* (1922), *El defensor de la constitución* (1931) y *Sobre los tres modos de pensar la ciencia jurídica* (1934).

Desde el punto de vista de su biografía intelectual se puede decir que el año 1921 marca un punto de inflexión, que en alguna ocasión he denominado la «huida del romanticismo» —movimiento espiritual antipolítico, como lo ironiza en *Romanticismo político* (1919)— en la medida en que descubre el «espíritu político» como enfrentado al diletantismo «intelectualoide» del burgués. No hay que olvidar que en la primera época de su producción encontramos a un jurista fascinado por el lenguaje y la literatura, por los juegos de palabras; aunque siempre crítico con la vanidad intelectual y la sofistería. Los *Schattenrisse*[17] de 1913 son un buen ejemplo de ello. Aunque sin perder esa fascinación por el lenguaje, como se puede percibir en sus lacónicas definiciones, a partir de 1919 su producción es ya estrictamente jurídico-política.

---

[17] Schmitt, C., *Schattenrisse*, Akademie Verlag, Berlín, 1995.

La decisión es la pieza teórica clave de esa nueva época. Ahora bien, el libro de 1912 nos desvela que la inquietud estaba presente desde el principio. Acontece en este caso algo análogo a lo que ocurre con su pensamiento sobre el orden, que aunque quede definitivamente desarrollado en *El nomos de la tierra* (1950), está presente desde sus primeros ensayos, como puede verse, por ejemplo, en el que lleva por título «Illyrien»[18].

Ya entonces, en el momento de la publicación de *Gesetz und Urteil*, Carl Schmitt era consciente de la novedad polémica de esta obra de juventud, como lo muestra el siguiente párrafo de la carta a su hermana Auguste de 20 de noviembre de 1911:

> Mi libro (*Gesetz und Urteil*) está acabado y enviado a imprenta. Está dedicado al profesor Van Calker. Estoy muy impaciente por saber cómo se recibirá, pues dentro hay muchas osadías, en cualquier caso bien escondidas[19].

¿Qué es lo que Schmitt descubre con el espíritu político? La «cierta autonomía» de la decisión, que en su lenguaje significa «peculiaridad constitutiva» y no vacío de norma. Él mismo se queja en el prólogo a la edición de 1968 de *Gesetz und Urteil* de las interpretaciones erróneas de su postura que tachan la decisión como «un acto de arbitrariedad quimérico, el decisionismo como una cosmovisión peligrosa y la palabra decisión como una palabra injuriosa y violenta».

---

[18] «Illyrien. Notizen von einer dalmatinischen Reise», en: *Hochland*, 23, Jahrg., Heft 3, 1925 (pp. 293-298).

[19] Hüsmert, E. (Hrsg.), *Carl Schmitt. Jugendbriefe. Briefschaften an seine Schwester Auguste 1905 bis 1913*, Akademie Verlag, Berlín, 2000, Brief vom 28.11.1911.

La especificidad de la decisión se manifiesta de diferentes modos, no sólo en cada uno de los momentos de la idea del derecho, sino también en la decisión específicamente política.

Decidir significa construir *ex novo* y supone siempre poner algo nuevo en la realidad. Dar a luz al espíritu objetivamente. Determinar un orden de cosas que pudiera haber sido de otro modo. Hacer efectiva una posibilidad. No toda decisión configuradora de un orden público acontece de la misma manera. Las diferentes obras del jurista de Plettenberg alumbran una fenomenología de la decisión: decisión soberana, decisión legislativa, decisión judicial, son los tipos que distingue en sus escritos. Al preguntar por el origen de la norma o su aplicación, siempre aparece a sus espaldas la decisión. Es como si quisiera hacernos conscientes de que en el origen de toda realidad, también de la realidad política, hay un acto hasta cierto punto creador. La decisión como clave del fenómeno político, manifiesta su estructura trascendente en el curso de la historia. Son muchas las críticas en sus obras a las explicaciones puramente inmanentistas de lo político: al mecanicismo, al procesualismo. La manifestación del «poner por obra» acontece cuando la norma se muestra insuficiente para generar o preservar el orden o, dicho de otra manera, cuando es más necesario que se decida, que lo que se decide. En este caso paradigmático, hace su presencia una vez más la concreción del orden y de la historia a través de la idea del «plazo»: el curso de la vida exige ciertas determinaciones en las que no puede haber una dilación infinita. Existe un tiempo para decidir. En esas circunstancias es en las que ha de ponerse fin a la discusión o a la interpretación. La decisión es ese punto final ineludible que hace presente el espíritu político. De ahí que, en cierto sentido, la acción política sea enemiga de la filosofía o de la acción contemplativa, que siempre se da un nuevo margen tanto para la interpretación como para la discusión. La acción política no es, a diferencia de lo que piensa la teoría política discursiva contemporánea, eminentemente deliberativa, sino que se caracteriza específicamente por poner fin a la deliberación, lo cual no significa ni excluirla ni dejar de tomarla en consideración. Éste es el rasgo peculiar de todo realismo político frente al utopismo.

La dictadura (1921) es una de las primeras obras, posterior a la de 1912 sobre la decisión judicial, en que Carl Schmitt hace referencia explícita a la decisión. El libro es una historia de las situaciones excepcionales desde la constitución del Estado Moderno hasta la lucha de clases proletaria. Ya en ella queda ligado el carácter específico de la decisión a los momentos de excepcionalidad. Cada una de las palabras escritas en la frase anterior es necesaria. No es que, de hecho, toda decisión jurídica o política implique una situación excepcional, sino que para descubrir la especificidad de la decisión con respecto a la norma, se precisa acudir a situaciones en las que la decisión acontece con toda su potencialidad, y éstas tienen un carácter excepcional.

Lo que comenzó como excursión histórica, se transforma en definición en *Teología política* (1922): «Soberano es quien decide sobre la situación de excepción»[20]. Ahí queda ligada la especificidad de la decisión

---

[20] En mi libro *El nomos y lo político*, en la primera edición traduje la definición de Schmitt: «Souverän ist, wer über den Ausnahmezustand entscheidet»; por «soberano es quien decide sobre el caso de excepción»; y en nota al pie decía que en una traducción

política a la excepción no de un modo histórico, sino en la definición. El mayor problema en la constitución de toda comunidad política es cómo encarnar el momento excepcional que trasciende el orden, en el mismo orden que quiere instituir. La decisión política como decisión fundadora de un orden, como principio de un orden, trasciende ese mismo orden y, sin embargo, ha de incardinarse en él. Esto es lo que Schmitt quiere decir en la sentencia decisiva, desde mi punto de vista, del capítulo segundo de la *Teología Política*: «La relación entre el poder supremo en sentido fáctico y jurídico, representa el problema fundamental del concepto de soberanía»[21].

La decisión política ha de convertirse en decisión normativa. En esta dualidad del sentido de la decisión se manifiesta la tensión insalvable entre poder y derecho que tanto preocupó a Schmitt[22], y que en la *Teoría*

---

libre se podría precisar más el sentido de esta afirmación del siguiente modo: «Soberano es quien decide en y sobre el caso de excepción». Es decir, que no sólo está en juego la decisión para un caso de desorden que adviene históricamente e inesperadamente, sino que la soberanía se tiene ya en el momento en que se puede interpretar o no una situación como excepcional. Quien tiene la prima de la interpretación, tiene también el poder de superar la excepción, y de configurar el orden subsiguiente. Posteriormente apareció la traducción de Orestes Aguilar (Héctor Orestes Aguilar, *Carl Schmitt, teólogo de la política*, Fondo de Cultura Económica, México, 2001), que es la que cito en la segunda edición de mi libro: «Soberano es quien decide el estado de excepción». Está justamente en la línea que apuntaba en mi traducción libre. Adopto aquí, sin embargo, una que me parece más precisa.

[21] Orestes Aguilar, H., *op. cit.*, p. 31.
[22] Ya en 1914 titula el primer capítulo de *Der Wert des Staates und die Bedeutung des Einzelnen*, Recht und Macht, es decir, derecho y poder; y en 1917 escribe un artículo con ese título: «Recht und Macht», en *Summa. Eine Vierteljahresschrift*, Heft 1, 1917 (pp.

de la Constitución queda localizada en la distinción entre poder constituyente y poder constituido, y en el empeño por poner de manifiesto que toda Constitución tiene un elemento político.

Derecho y poder son dos esferas completamente diferentes, dos ámbitos del ser cualitativamente distintos, de modo que entre ellos no se puede dar ninguna auténtica relación de causalidad[23]. El problema consistirá entonces en encontrar la fórmula de la adecuada relación de las dos esferas:

> El problema consiste en unir las dos esferas (derecho y poder), averiguar el punto desde el cual —conservando la primacía del derecho frente al poder— se lleve a cabo un influjo en las normas jurídicas desde el ser[24].

Desde el punto de vista de Schmitt no existe una resolución definitiva de ese dualismo, sino un movimiento pendular entre ambos extremos, que se muestra de uno u otro modo dependiendo de las circunstancias históricas. El pensamiento del orden concreto viene a ser

---

37-52). Trata de nuevo esta cuestión más tarde en el comentario que hace al libro de F. Meinecke, *Idee der Staatsräson* [«Zu Friedrich Meineckes Idee der Staatsräson», *Archiv für Sozialwissenschaft und Sozialpolitik*, Band 56, Heft 1, 1926 (pp. 226-234)].

[23] Del siguiente modo aparece formulada tal dicotomía al principio: «Precisamente porque la esencia del derecho es la norma y su corrección, independientemente de su objetividad, el derecho y el Estado no pueden tratarse como dos objetos reales que están en una relación causal, y colocarlos en una relación de dependencia, como quisiera aquella comparación, precisamente por la heterogeneidad de los dos objetos es imposible una μετάβασις εἰς ἄλλο δένος, imposible». Schmitt, C., *Der Wert des Staates und die Bedeutung des Einzelnen*, J. C. B. Mohr (Paul Siebeck), Tübingen, 1914, p. 39. En este aspecto Schmitt parece asumir las tesis positivistas.

[24] Schmitt, C., *Recht und Macht*, p. 52.

el sustrato unitario en el que coexiste esa tensión. Es decir, la cuestión es saber quién decide, qué espacio concreto va a dejar la decisión política al derecho. En último término el «reinado de la ley», la conformidad del poder con el derecho, es, también, una decisión política.

La decisión del poder constituyente hace posible el tránsito de un ámbito a otro. Esto está específicamente tratado por Schmitt en la *Teoría de la Constitución* (§ 8). Esta difícil relación, en este caso, entre la decisión política y la creación normativa, está recogida también en *El defensor de la Constitución*.

Pero como él mismo dice en el famoso prólogo de 1968 a *Ley y Juicio,* a todos esos análisis sobre la decisión precedió el interés por la decisión judicial, a la cual está dedicada la obra de 1912, y que trataré con detalle en el siguiente epígrafe. La decisión judicial es la decisión que opera en un contexto de normalidad legal y, por tanto, es conforme a la ley o, por utilizar la singular expresión que propone en *Ley y Juicio*, está «junto a la ley».

Como ya he mencionado, el interés teórico por la decisión ha sido frecuentemente confundido en la crítica schmittiana con un decisionismo, es decir, con una justificación teórica de la arbitrariedad en el uso del poder. En las aproximaciones decisionistas a su obra, desde mi punto de vista, unilaterales, se pierde de vista hasta qué punto todo el tratamiento de la decisión no debe dejar de mirar en ningún momento al orden concreto al que siempre refiere una decisión; bien sea el contexto en que se toma, bien un régimen político que se quiere subvertir, o bien un nuevo orden que se quiere instaurar.

La decisión es, como decía en las páginas anteriores, siguiendo la intuición hegeliana, una «prefiguración abstracta» del orden concreto, del *Lebensordnung* en el que existe. Es decir, tanto las normas como las decisiones como, de un modo central, las instituciones «viven» en ese orden concreto que Hegel denominaría *Sittlichkeit*.

De ahí que sea relevante incluir en esta edición el escrito sobre las garantías institucionales y el libro sobre el pensamiento del orden concreto como modo de pensar la ciencia jurídica. El pensamiento del orden concreto es la posición de Schmitt ante al derecho frente al normativismo, el decisionismo o el positivismo. Tanto Kelsen como Hobbes son citados como enemigos de su propio pensamiento, a pesar de que considere en *Ex Captivitate Salus*[25], años más tarde, a Hobbes como un «compañero de celda». La filiación hobbesiana de Schmitt es uno de los temas discutibles, sin duda.

IV. LAS FIGURAS INSTITUCIONALES

Por estar publicado en 1934, *Sobre los tres modos de pensar la ciencia jurídica*, un libro que centra tanto el lugar de la norma como de la decisión en el pensamiento de Schmitt, pudiera parecer una de esas obras ocasionalmente políticas, es decir, un texto meramente coyuntural, de compromiso con el régimen. No niego que Schmitt tuviera ese compromiso, sin embargo, como he mostrado en *El nomos y lo político*, la fideli-

---

[25] Schmitt, C., *Ex Captivitate Salus. Experiencias de los años 1945-1947*, Trotta, Madrid, 2010.

dad al orden concreto es el verdadero *«rote Faden»* del pensamiento de Schmitt: el hilo que ensambla las numerosas perlas del collar de su sistema.

El orden político-jurídico es concreto. Consiste en un entramado institucional dependiente en su origen de la toma de la tierra. Schmitt entiende esta expresión, «toma de la tierra», como una apropiación originaria del suelo a la que suceden una serie de divisiones y distribuciones que, con el paso del tiempo, configuran el orden institucional. Desde su punto de vista, el más nefasto error de la historia del pensamiento fue la traducción de *nomos* por *lex*. Con la traslación de significado que lleva consigo, se pierde la vinculación de la ley a un orden institucional que refiere siempre a la medida originaria de una actividad, la actividad de apropiarse de un suelo para generar una comunidad de vida. El *nomos* es, antes que ley, un espacio práctico. En su obra cumbre de 1950, Schmitt establece una triple relación entre la tierra y el derecho:

> [...] la tierra está unida al derecho de manera triple: lo contiene como recompensa del trabajo, lo revela como frontera fija y lo lleva en sí como signo público de orden[26].

El derecho comprende este primer momento del aparecer del orden de la vida de un grupo humano sobre un espacio terrestre. Lo primero que el hombre hace es habitar la tierra. El derecho es la publicidad de un orden, del orden de ese habitar: «[...] todo juicio ontónomo que sea adecuado se origina en el suelo»[27]. Co-

---

[26] Schmitt, *Der Nomos der Erde im Völkerrecht des Jus Publicum Europaeum*, Greven Verlag, Köln, 1950, p. 13.
[27] Schmitt, C., *Der Nomos der Erde*, p. 16.

mienza siempre por una medición y distribución del suelo. La publicidad de un orden se logra a través de formas determinadas. La forma que refleja ese orden vivo es la institución. El orden que pertenece a la esfera de la vida no se puede formar de modo sistémico-técnico, sino sólo de modo institucional, defenderá en la obra de 1934. E institución viene a significar de un modo general la «duración y solidez de la presencia viva de un orden o disposición social»[28]. Cualquier sujeto de derecho remite siempre a un orden institucional concreto. Pone Schmitt en *Sobre los tres modos*, el ejemplo de un rey, un monarca, un guardián, un gobernante o un juez; y puntualiza: «De un *nomos* real como gobernante sólo se puede hablar si *nomos* significa la totalidad de un orden y sociedad concretos con una idea de derecho».

El derecho constituye un orden concreto, arraigado en la vida, para el mantenimiento del cual el derecho positivo no es más que un medio. Este orden concreto es lo que viene a ser considerado en el ámbito jurídico como una situación normal. El concepto de normalidad, de significado central en el concepto de lo político y de lo jurídico en su oposición a la excepción, no se genera de modo abstracto, sino que nace de la propia sustancia jurídica (*rechtliche Substanz*). Ésta, posteriormente, conocerá reglas generales, pero sólo como explicitación de esa sustancia, de su propia particularidad, de su orden interno. Las reglas y regularidades no crean ese orden sino que le sirven. Por eso necesaria-

---

[28] Definición que he tomado de Alvira, R., «Versuch, die Vielfalt der gesellschaftlichen Subsystemen einzuordnen, mit besonderer Berücksichtigung des Rechts», en *Jahrbuch für Recht und Ethik*, Band 1, 1993 (pp. 283-291), p. 287.

mente un orden jurídico supone una situación normal y excluye una situación excepcional. La excepción y el caso de conflicto no pertenecen ya a la esfera jurídica sino a la política. Es interesante en este sentido el siguiente texto de la *Teoría de la Constitución*:

> De la misma manera que es imposible hallar la constitución de una familia en ciertas normas generales del estilo de: «honrarás a tu padre y a tu madre», o «amaos los unos a los otros», tampoco puede considerarse como constitución de la comunidad jurídico-internacional una norma general y abstracta[29].

Esta idea del derecho como orden institucional es fundamental para entender el criterio de rectitud de la decisión judicial. De un modo coherente, también en ese caso, Schmitt está haciendo referencia a la totalidad de la *praxis*, y consecuentemente, a toda la realidad institucional, a la hora de determinar, mediante la decisión judicial, qué sea, aquí y ahora, derecho.

Las instituciones o, como le gusta decir a él, las figuras institucionales concretas, son el verdadero límite de la decisión. Es en este punto donde el ensayo sobre las garantías institucionales aporta gran claridad. No en vano ambos textos, *Sobre los tres modos* y la teoría de las garantías institucionales, aparecen asociados por el mismo Schmitt en la nota final a este último ensayo que hizo para su publicación en los *Verfassungsrechtliche Aufsätze*. En la *Teoría de la Constitución* de 1927, las garantías institucionales aparecían ya en el contexto de los derechos fundamentales, pero este ensayo sobre las

---

[29] Schmitt, C., *Teoría de la Constitución*, Revista de Derecho Privado, Madrid, sin fecha, pp. 417- 418.

garantías institucionales en la Constitución del Reich de 1919, que hoy ve la luz en castellano por primera vez, amplía y clarifica esta idea. Las garantías institucionales hacen posible que el legislador o la decisión judicial no puedan ser arbitrarios, es decir, que no tengan las manos libres. Fue Schmitt, como ya señaló García Pelayo, quien introdujo en la ciencia jurídica este concepto de «garantía institucional»:

> Mediante la regulación constitucional puede garantizarse una especial protección a ciertas instituciones. La regulación constitucional tiene entonces la finalidad de hacer imposible una supresión en vía legislativa ordinaria[30].

El concepto de garantía institucional aparece con su significado específico en contraste con la individualidad de los derechos de libertad entendidos como derechos fundamentales. De ahí que dedique Schmitt su ensayo a analizar minuciosamente las analogías y diferencias que hay entre ambos y su posible complementariedad. Toda institución existe dentro del Estado, no antes y por encima de él, como, sin embargo, ocurre con los derechos fundamentales; de hecho, estos últimos sólo están asegurados si se garantiza la existencia de las instituciones que los protegen real y concretamente, por lo que, de algún modo, si quieren ser efectivos deben derivar en garantías institucionales. Esto viene ilustrado por uno de los aciertos argumentativos magistrales de Schmitt, el análisis del desarrollo de la libertad de prensa a partir del derecho fundamental a la libertad de expresión.

---
[30] Schmitt, C., *Teoría de la Constitución*, Alianza, Madrid, 1982, 1992, p. 175.

En el ensayo sobre las garantías institucionales, Schmitt pone a funcionar ese concepto en el contexto constitucional del Reich de 1919. No se ahorra el trabajo jurídico perdiéndose en ideas generales.

La garantía implica una protección frente al poder estatal. Ésta es la primera nota que pone de manifiesto en el análisis sobre la autonomía administrativa. Aunque el legislador pueda limitar la autonomía administrativa, no puede como tal dejar de lado la institución misma.

La segunda nota que ofrece es que una garantía institucional presupone una institución, es decir, un orden de carácter jurídico formado y organizado y, por tanto, objetivable y diferenciable. Muestra esta nota a través de la distinción entre tres tipos de garantía: la garantía institucional, las supuestas garantías constitucionales y las garantías de *status quo*. Para clarificar esas diferentes concepciones toma el ejemplo de las confesiones religiosas de derecho público, precisamente porque en ellas se entrelazan y apoyan diferentes garantías.

La garantía institucional se refiere siempre a algo presente, algo existente organizado, formado y disponible. Es una garantía de una sustancia existente. En esto se diferencia, como decía, de los derechos fundamentales, a pesar de que estos últimos supongan también una protección.

En el caso mencionado de la garantía institucional de la autonomía administrativa comunitaria, existen personas jurídicas que son titulares de la institución, a través de las cuales la institución como tal es fácilmente diferenciable y determinable. Un nuevo ejemplo para ilustrar esta nota lo toma de la institución del funcionariado alemán como institución típica en la Constitución del Reich. Lo que se pretende con las disposiciones legales concernientes a los funcionarios no es tanto proteger sus derechos subjetivos individuales, sino la institución misma del funcionariado, de particular significado en el desarrollo histórico del Estado alemán. En el mismo sentido trae Schmitt a colación el caso de la libertad de cátedra.

En este texto insiste en la distinción entre instituciones de derecho público y de derecho privado. Y señala que el matrimonio, la propiedad y la herencia no son instituciones jurídicas públicas, sino «institutos» —es el término que emplea para distinguirlas de las del derecho público— de derecho privado, de modo que hay que distinguir entonces entre unas garantías y otras.

Son interesantes los numerosos guiños que hace Schmitt a la posible semejanza y distinción entre las garantías y los privilegios. Así dice en el capítulo tercero:

> Sin el contexto estricto de una garantía institucional, cualquier garantía constitucional patrimonial o de un *status quo* patrimonial sería, al menos en una república democrática, un privilegio provocador.

A través de esta referencia pone de manifiesto una importante idea para el pensamiento democrático, a saber, que en una Constitución democrática no puede haber privilegios constitucionales portadores de derechos individuales; más bien, cada una de las protecciones constitucionales de derechos subjetivos de los individuos ha de ser pensada en el contexto y con los límites de una garantía institucional.

La cuestión que se abre entonces es: ¿hasta qué punto una garantía de derechos subjetivos —sea del representante de la institución misma, sea de los derechos individuales de los individuos implicados en ella— queda comprendida dentro de lo que es una garantía institucional? Ésta es quizás una de las discusiones más interesantes del ensayo. La respuesta de Schmitt es que no ha de plantearse la cuestión de un modo alternativo. Más bien, ambas pueden estar unidas, aunque desde su punto de vista la protección de los derechos subjetivos está ordenada a la protección de la institución y debe servirle. Decide, como no podía ser de otro modo en su planteamiento, el punto de vista institucional y no el interés individualista del autorizado subjetivamente.

La razón por la que la idea de la garantía institucional es esclarecedora para comprender los derechos fundamentales es que en cada una de las garantías de los tradicionales derechos fundamentales, incluso para los casos en los que no esté garantizada ninguna institución en sentido estricto, se puede encontrar la «garantía de una normativización en el sentido típico tradicional», dirá en el ensayo sobre las garantías. Esto se ve del mejor modo en los derechos relativos a las libertades.

La protección de la libertad personal no es naturalmente la protección de una institución jurídica, puesto que la libertad no es ninguna institución. No se puede saber de antemano en qué consiste la libertad. De ahí la dificultad de su protección. Lo que constituye la libertad, sólo puede decidirlo en último término quien debe ser libre, dirá, y, sin embargo, la libertad está progresivamente amenazada y necesita por eso de una defensa. De ahí surge toda la construcción de normativizaciones jurídicas y de organizaciones estatales para protegerla, es decir, se generan garantías de libertad. El derecho fundamental a la libertad, es decir, a una esfera libre frente al poder del Estado, si ha de tener algún sentido, ha de estar necesariamente rodeado de instituciones de derecho privado, es decir, de normalizaciones típicas e incluso de instituciones estatales, cuya garantía, sin embargo, significa algo diferente a la garantía de la misma libertad. A esto es a lo que Schmitt denomina en el ensayo que presento garantías conexas y complementarias.

Lo importante es saber hasta qué punto las garantías son una protección ante la acción de un legislador que a través de la regulación procesal de la detención, del registro domiciliario, de la vigilancia del correo, etc., puede intervenir en los derechos fundamentales protegidos constitucionalmente. Ciertamente aquí todo depende de la confianza en el legislador y de la conciencia de su vinculación a esos derechos fundamentales.

Sólo en cierto aspecto, esa vinculación del legislador es semejante a una garantía institucional de derecho privado, a las que Schmitt dedica también bastante espacio en este ensayo, sobre todo al hilo del comentario a la institución de la propiedad. Decía que sólo se puede asimilar un derecho fundamental con una institución de derecho privado en lo relativo a las garantías, en cierto sentido, porque la regulación tradicional de la detención y el encarcelamiento, del registro domiciliario o de la inspección del correo no funda ninguna institución jurídica, como sí ocurre en el caso del matrimonio, la propiedad y el derecho de sucesión. El natural desarrollo de la protección ha conducido a que el derecho fundamental de la libertad, es decir, de una esfera libre frente al poder del Estado, se rodee de instituciones de derecho privado, normalizaciones típicas e incluso de instituciones estatales que ayuden a garantizar ese derecho fundamental, cuya garantía, sin embargo, significa algo diferente a la garantía de la libertad misma. Un buen ejemplo es el desarrollo de la especial garantía de la libertad de prensa, frente a la garantía de la general libertad de expresión. Por considerarse la libertad de expresión un derecho de libertad con una particular importancia política, queda ligado a la garantía de la «libertad» de un determinado medio técnico de expresión de las opiniones: la prensa. De ese modo, la incondicionada libertad de expresión se convierte en una incondicionada libertad de prensa.

Schmitt señala, en la nota al final de su artículo, que el análisis de las garantías institucionales se corresponde con la perspectiva del pensamiento del orden concreto. Sólo quien protege concretamente la libertad la protege de hecho. Ahora bien, sólo se puede proteger lo que cristaliza en formas concretas, en instituciones, en organizaciones.

V. LA DECISIÓN JUDICIAL

1. LA SOMBRA DE KANT

Toda la obra *Ley y juicio* es la respuesta a una sola pregunta: cómo encontrar un criterio interno a la praxis para saber cuándo podemos decir que una decisión judicial es correcta.

El modo de plantear el problema filosófico que está detrás de la decisión judicial es similar al que aborda Kant en su filosofía del derecho —al menos en una de sus partes—: la cuestión del insalvable hiato entre la teoría del derecho y la praxis judicial o, dicho de otra manera, entre la norma y la decisión sobre el caso particular. Una vez más Schmitt se resiste a pensar los problemas fuera del marco de su tradición jurídica y filosófica. El espíritu del tiempo reinante en la escolástica jurídica de comienzos del siglo XX es kantiano, y es justamente en esos términos en los que él quiere plantear el problema. Su mérito es encontrar respuestas nuevas que obligan a cambiar el rumbo de la tradición.

Como anota Wieland al final de su artículo sobre la filosofía del derecho de la facultad de juzgar[31], en el que trata justamente esta cuestión, generalmente cuando se trata de hablar de la filosofía del derecho kantiana los comentaristas se dirigen a la teoría del derecho natural de las normas supremas y su fundamentación, orientada a los derechos humanos, y pierden de vista quizás la cuestión más interesante: la filosofía del derecho kantiana de la facultad de juzgar. Es justamente de esta segunda de donde arranca la reflexión schmittiana. Ciertamente, como el mismo Wieland reconoce, de este segundo aspecto, Kant sólo aporta una respuesta muy fragmentaria e incluso se puede decir que poco convincente, en la medida que su solución deriva hacia la idoneidad natural o no por parte de quien tiene que ejercer esa facultad, la cual, por otro lado, no la adquiere más que con dificultad en la experiencia quien tiene ya una aptitud natural favorable a ella.

Existen, por tanto, en la filosofía kantiana dos grados de fundamentación del derecho; uno trata de la teoría de las normas más elevadas y de su fundamentación

---

[31] Wieland, W., «Kants Rechtsphilosophie der Urteilskraft», *Zeitschrift der philosophische Forschung*, Band 52 (1998), I (pp. 1-22).

teórica; otro intenta fundamentar el cuándo y cómo esas normas, sea cual fuere el modo cómo han sido fundamentadas, han de aplicarse en el caso concreto. Al abordar este segundo problema aparece la cuestión de la subsunción del caso concreto bajo la norma como el modo de proceder de la facultad del juicio, la cual adquiere todo el protagonismo en este segundo nivel de fundamentación del derecho. Una disciplina es práctica, en este sentido, cuando su finalidad consiste en salvar el hiato entre lo universal y lo particular. Una ciencia práctica no puede prescindir de la regulación de los casos particulares, en otro caso sería una simple teoría. Tampoco sería propiamente «ciencia» práctica si renunciara a lo universal, pues vendría a reducirse a una mera enumeración de casos particulares sin orden ni concierto. Se trata, por tanto, de concebir lo particular vinculado a lo universal. La instancia mediadora que permite esta concepción es denominada, por Kant, facultad del juicio. Así lo hace en la *Crítica del Juicio*, aunque, aparte de eso, no dice demasiado acerca de cómo se lleva a cabo esa mediación[32]. De ahí que se deba acudir a otros textos de la obra kantiana para obtener más información sobre el carácter de esta mediación. Justamente en el segundo libro de la analítica trascendental, al tratar de la analítica de los principios, en la *Crítica de la razón pura*, trata del juicio.

Para Kant, las facultades superiores de conocimiento son tres: entendimiento, juicio y razón. De ahí que la lógica, en su analítica, trate de conceptos, juicios e inferencias.

---

[32] Kant, I., *Crítica del juicio*. Traducción española de Manuel García Morente, Tecnos, Madrid, 2007. Introducción, cap. IX.

El entendimiento y el juicio, dirá Kant, tienen el canon de su uso objetivamente válido y consiguientemente verdadero en la lógica trascendental; por eso pertenecen a su analítica. La razón, sin embargo, es completamente dialéctica.

Kant considera la analítica de los principios, como el canon del juicio que enseña a aplicar a los fenómenos aquellos conceptos del entendimiento que contienen *a priori* las condiciones relativas a las reglas. Es justamente, después de esta descripción, donde aparece la cuestión de la subsunción como el modo de proceder del juicio, su actividad propia:

> Si definimos el entendimiento en general como la facultad de las reglas, entonces el juicio consiste en la capacidad de subsumir bajo reglas, es decir, de distinguir si algo cae o no bajo una regla dada (*casus datae legis*). La lógica general no incluye absolutamente ninguna norma destinada al juicio, ni puede incluirla[33].

La judicatura, por tanto, necesita de una instancia capaz de juicio. Capaz de realizar la subsunción y, consiguientemente, de discernir o distinguir. Como no se pueden establecer reglas para el proceder de estas dos actividades, puesto que, a su vez, la aplicación de esa regla necesitaría de otra regla, y así sucesivamente, en un regreso al infinito, la personalidad de quien es capaz de juzgar, parece insustituible. «La corrección del subsumir no puede estar de nuevo en un subsumir», dirá Schmitt haciendo referencia a este mismo problema en el capítulo tercero de *Ley y Juicio*.

---

[33] Kant, I., *Crítica de la razón pura*. Traducción española de Pedro Ribas, Alfaguara, Madrid, 2004. A 133/B 172.

De algún modo, la capacidad natural de juzgar es un límite al continuo reenvío a un proceso objetivable. Esa capacidad personal se recoge en el texto de Schmitt bajo la denominación de «tacto jurídico» o «sentido jurídico». Ahora bien, la cuestión es, ¿se puede dejar el juicio al albur de la subjetividad de quien juzga? Kant no encuentra gran dificultad en ello:

> si bien el entendimiento puede ser enseñado y equipado con reglas, el juicio es un talento peculiar que sólo puede ser ejercitado. Por ello constituye el factor específico del llamado ingenio natural, cuya carencia no puede ser suplida por educación alguna. En efecto, ésta puede ofrecer a un entendimiento corto reglas a montones e inoculárselas, por así decirlo, tomándolas de otra inteligencia, pero la capacidad para emplearlas correctamente tiene que hallarse en el aprendiz mismo[34].

En nota al pie añade Kant que, si no se halla, no tiene remedio. La facultad del juicio subsume y discierne. Así lo dice Kant también en la introducción a la crítica del juicio:

> El juicio, en general, es la facultad de pensar lo particular como contenido en lo universal. Si lo universal (la regla, el principio, la ley) es dado, el juicio que subsume en él lo particular (incluso cuando como juicio trascendental pone a priori las condiciones dentro de las cuales solamente puede subsumirse en lo general), es determinante. Pero si sólo es dado lo particular, sobre lo cual él debe encontrar lo universal, entonces el juicio es solamente reflexionante[35].

La cuestión es si, para cada caso concreto, previamente al juicio determinante, no ha de ponerse en juego

---

[34] Ibíd.
[35] Kant, I., *Crítica del juicio*, V, 179.

la actividad de búsqueda de la norma bajo la cual se ha de subsumir. Es decir, que el proceso primero consiste siempre en ir de lo particular a lo universal. Como señala Wieland, la facultad de juzgar determinante sólo puede hacer su aparición cuando la facultad de juzgar reflexionante ha acabado su tarea[36].

Cuando se subsume un caso particular bajo una norma, generalmente lo que se lleva a cabo es el acto conclusivo de un proceso con una serie de partes, dentro del cual tanto la norma como el caso particular necesitan ser interpretados. Es necesario examinar la norma para saber si conviene a la consideración del caso particular. Justamente esta capacidad es la que Kant atribuye al juicio reflexionante, aunque ella misma no se eleve por encima de un sistema de normas dadas[37]. El juicio aplica reglas (conceptos) y para ello precisa de un principio. De ahí que entienda la analítica de los principios como «un canon de la facultad del juicio, un canon que le enseña a aplicar a los fenómenos aquellos conceptos del entendimiento que contienen *a priori* las condiciones relativas a las reglas»[38].

En la *Crítica del Juicio*[39] indica Kant que el juicio reflexionante puede darse tan sólo a sí mismo como ley un principio trascendental y no tomarlo de otra parte ni prescribirlo a la naturaleza. Pero ese principio no puede

---

[36] Wieland, W., *op. cit.*, p. 7. Torralba, J. M., siguiendo esta línea, traslada la tesis de Wieland al juicio práctico y señala que en realidad para Kant todo juicio es, por definición, de naturaleza reflexiva y que algunos de ellos son además determinantes. *Acción, conocimiento y reflexión. La facultad del juicio en la filosofía práctica de Kant*, Olms, Hildesheim, 2009.

[37] Cfr. Wieland, W., p. 16.

[38] Kant, I., *Crítica de la razón pura*, A 132/B 171.

[39] Kant, I., *Crítica del juicio*, V, 180.

ser más que el siguiente: como las leyes generales de la naturaleza tienen su base en nuestro entendimiento, el cual las prescribe a la naturaleza, así las leyes particulares empíricas, en relación a lo que en ellas haya quedado sin determinar por las primeras, deben ser consideradas con una unidad semejante a como si un entendimiento las hubiera dado, para hacer así posible un sistema de la experiencia según leyes particulares de la naturaleza. No es que deba admitirse un entendimiento así, sino que esa idea sirve al juicio reflexionante de principio para reflexionar. Es el principio de la «finalidad formal de la naturaleza», el cual no puede emplearse como una regla objetiva, es decir, referida al conocimiento de los objetos.

La pauta que Kant nos da para entender la actividad reflexionante es la que establece para el juicio de gusto[40]. En él aparece la forma meramente reflexionante de la facultad, que se caracteriza de modo principal por un «déficit de fundamentación extremo», en el sentido de que no se sustenta en principios o reglas, como, sin embargo, ocurre en los juicios cognoscitivos[41]. Los juicios de gusto no tienen a disposición reglas objetivables, es decir, un principio objetivo; sí, sin embargo, uno subjetivo tal como se refiere en la *Crítica del Juicio*:

> El juicio tiene, pues, también un principio *a priori* para la posibilidad de la naturaleza, pero sólo en relación subjetiva, en sí, por medio del cual prescribe una ley, no a la na-

---

[40] El cual en opinión de Wieland es un caso paradigmático de juicio reflexionante, pero no exclusivo. Y, por tanto, lo que Kant halla en su análisis ha de ser de utilidad, muy en particular, señala el filósofo alemán, para el ámbito jurídico. *Op. cit.*, p. 11.

[41] Wieland, W., *Urteil und Gefühl. Kants Theorie der Urteilskraft*, Vandenhoeck & Ruprecht, Göttingen, 2001, p. 182.

turaleza (como autonomía), sino a sí mismo (como heautonomía)[42].

El entendimiento es autónomo porque da, tomándolas desde sí mismo, leyes a la naturaleza; el juicio reflexionante es heautónomo porque da, tomándolos desde sí mismo, principios no a la naturaleza, sino a sí mismo. El juicio determinante, sin embargo, no es autónomo porque aplica a casos concretos leyes que le proporciona el entendimiento.

Kant entiende que la actividad reflexiva no se ocupa «de los objetos mismos para recibir de ellos los conceptos, sino que es el estado de ánimo en el que nos disponemos a descubrir las condiciones subjetivas bajo las cuales podemos obtener conceptos»[43]. En este sentido, queda verdaderamente disminuida su carga cognoscitiva y muy aumentado su carácter sensible y subjetivo.

Aunque este modo de proceder sea el propio del juicio de gusto, no ha de ser reservado sólo a ese tipo de juicio, aunque la especificidad de la actividad reflexionante aparezca de modo patente en él, sino que, de algún modo, como decía, todo juicio determinante supone el momento de la reflexión.

2. LA ORIGINAL RESPUESTA DE SCHMITT EN *LEY Y JUICIO* AL PROBLEMA DE LA DECISIÓN JUDICIAL

El mismo problema al que apunta Kant es el que intenta resolver Schmitt en *Ley y Juicio*, una ciencia prác-

---

[42] Kant, I., *Crítica del juicio*, V 185-186.
[43] Kant, I., *Crítica de la razón pura*, A 260/ B 316.

tica no puede prescindir de la regulación de los casos particulares, en otro caso sería una simple teoría. Tampoco sería propiamente práctica si renunciara a lo universal. Se trata, por tanto, de ver lo particular vinculado a lo universal. Renuncia, sin embargo, Schmitt, a salvar el hiato únicamente en la forma de la subsunción, tal como se viene entendiendo en la filosofía del derecho imperante que sigue las huellas de un cierto kantismo reduccionista. Me parecía necesario abordar con algún detalle el modo kantiano de plantear el problema, para que se puede percibir la novedad de la solución de Schmitt.

La determinación del derecho, postulado fundante del criterio que aporta Schmitt para la rectitud de la decisión judicial, no se realiza en la forma de la subsunción, sino principalmente en la forma de la reflexión, y de una reflexión interna a la praxis misma. Ésa es su distancia y su innovación respecto del «legalismo» centrado completamente en la cuestión de la subsunción, contra el que Schmitt tiene fundamentalmente la objeción de que confunde los términos del problema, de lo cual se derivan sus sucesivos errores y, consiguientemente, las sucesivas objeciones que merece.

El juicio es reflexionante, dirá Kant, si desde lo particular debe buscar lo universal. Efectivamente esto es lo que está en juego en el criterio de corrección de la decisión judicial propuesto por Schmitt. Alguna universalidad debe haber si podemos caracterizar el juicio sobre el caso particular como correcto, ahora bien, no es la de la teoría. De la universalidad pende la normatividad del modo de abordar la cuestión. Schmitt rechaza las dos soluciones implícitas en el planteamiento kantiano: una es considerar la universalidad como una norma bajo la cual hay que subsumirse para llevar a cabo la determinación, lo que Schmitt denomina, en el capítulo segundo, el presupuesto erróneo de que todo aquello por lo que la decisión ha de ser medida debe ser una ley. Otra, dejar a la subjetividad del juez la capacidad de juzgar: «la fundamentación del juicio no puede confundirse con la explicación psicológica causal del enjuiciamiento», dirá Schmitt en el primer capítulo de *Ley y Juicio*.

Schmitt critica fuertemente ambas implicaciones de la filosofía del derecho kantiana. Para Kant reflexionar implica fundamentalmente, como hemos visto, interpretar con vistas a una subsunción. El planteamiento del ideal del sometimiento a la ley por parte de quien juzga, y consiguientemente el criterio de «legalidad», como único criterio de rectitud de la decisión judicial, implica que una decisión es correcta cuando pude ser subsumida bajo el seguro contenido de la norma. Por supuesto, surge el problema, que Kant aborda, de la reflexión sobre el caso particular y su interpretación, pero sobre todo, y es en lo que más hincapié ha hecho la teoría del derecho (*Rechtstheorie*), surge el problema de la interpretación de la ley y de su contenido. Se pregunta Schmitt: ¿sólo el contenido manifiesto de la ley importa al juez? La teoría del derecho (*Rechtstheorie*) ha desarrollado diferentes métodos de interpretación que son largamente criticados por Schmitt en esta obra. Ahora bien, nuestro autor subraya fundamentalmente el error de acabar confundiendo la pregunta por la decisión correcta con la de la interpretación correcta de la ley. También se critica incisivamente la apelación a la «voluntad de la ley» o a la «voluntad del legislador». En estos casos, lo que se pretende es subsumir una decisión bajo otra, más que un caso particular bajo una norma. Esas apelaciones se hacen sobre la base de una ficción, que finalmente se acaba convirtiendo en dogma. Una vez más, tener la clara voluntad de la ley no implica decidir correctamente. En opinión de Schmitt, no hace falta recurrir a esos enrevesados métodos, porque, si bien la ley tiene lagunas, el derecho no —pone de manifiesto, citando felizmente a Unger en el capítulo primero—.

Se debe determinar el derecho, y a eso se aboca la actividad del juez: a declarar el derecho, a decidir el derecho. De ahí que toda la reflexión de Schmitt parta del postulado de la determinación del derecho, y no de la seguridad jurídica. En este punto de partida, como él mismo reconoce en el capítulo cuarto, es completamente original.

Ahora bien, determinar el derecho en la práctica tiene sentido sólo como orientación al caso único. La actividad del juez es una actividad eminentemente práctica. De ahí la insistencia de Schmitt en encontrar un criterio de corrección interno a la praxis. En ese mismo punto de partida desaparece la posibilidad de encontrar en la legalidad ese criterio y ello le lleva a la ruptura con la escolástica kantiana.

«Una decisión judicial es correcta si se puede esperar que otro juez hubiera decidido del mismo modo. Por "otro juez" se entiende aquí el tipo empírico de jurista moderno». Así reza la buscada fórmula al comienzo del capítulo cuarto. Con esta fórmula Schmitt pretende haber encontrado un criterio de corrección interno a la praxis misma.

El concepto de praxis resulta controvertido en este libro. Es quizás el término que más aparece, y lo hace de formas matizadamente diferentes: «reiterada praxis», «totalidad de la praxis», «praxis judicial», «praxis que se está ejerciendo de hecho», «praxis judicial moderna», «silencioso consentimiento de la praxis». Se refiere Schmitt al conjunto de las decisiones de los jueces, pero no sólo a las precedentes. No estamos ante un supuesto de creación jurisprudencial del derecho (propia del «judge made law» angloamericano); el cual el propio Schmitt entiende que cabe reconducir a la categoría de la normatividad en la medida en que el juez que ha de decidir se somete a su vez a una decisión anterior, que tiene por referente normativo. Schmitt no se está refiriendo a la jurisprudencia ni cuando habla de la «reiterada praxis» ni cuando menciona la «totalidad de la praxis». Con este último término, está aludiendo de forma expresa a la praxis precedente y futura, a la consonancia con la praxis social o, en términos tradicionales, con el derecho consuetudinario[44]. Esta necesidad de coherencia de la decisión del juez con la totalidad de la praxis se pone de manifiesto, sobre todo, en el énfasis que pone Schmitt en encontrar un criterio de corrección en la «actual praxis», un criterio que debe encontrar el juez en tanto que «tipo empírico del jurista moderno». Decir esto no equivale a afirmar que la decisión es recta sólo si se corresponde con la media

---

[44] En la recensión que hizo W. Jellinek de este libro de Schmitt (*Archiv für öffentliches Recht*, Band 32, 1912, Heft Nr. 1-2, pp. 296-299), quitaba un poco el mérito de la novedad en la medida en que le parecía que esta idea era simplemente una determinación, y una aguda expresión, de la vieja idea de que las normas no deben aplicarse como las pensó el legislador, sino como son entendidas por el destinatario. El destinatario, que está involucrado en una praxis, debe poder entenderlas.

de las decisiones que se toman sobre una cuestión particular. O, dicho de otra manera, el «hecho fáctico de que algo sea tenido por recto no es ninguna prueba de su rectitud», dice Schmitt. Más bien se trata de comenzar la reflexión normativa sobre la praxis, en la praxis actual misma, y no en algún tipo de praxis ideal. Puesto que toda praxis se realiza siempre en un contexto histórico, su corrección debe valer también en él. De ahí el interés por no equivocarse en el punto de partida. En esta inicial reflexión sobre el método, se hace ya patente una primera tesis novedosa: que lo que prioritariamente vincula al juez es la praxis, no la ley. El fundamento de la decisión es la reflexión sobre totalidad de la praxis. El contexto práctico aparece como criterio de corrección. Y, sin embargo, su postura no es sociologista ni incurre en el psicologismo. Dedica en el libro numerosas páginas a distanciarse de estas posturas. Más bien, procura la defensa de la ciencia jurídica: no olvidemos su tesis en el importante artículo sobre «La ciencia jurídica como último refugio de la conciencia jurídica»[45]. Supone una forma dinámica de entender el derecho. Derecho es derecho vivido y, por tanto, cambiante. De ahí que el fundamento no pueda quedar fijado, sino que remite a una reflexión sobre ese derecho vivido. Cada decisión es una respuesta que ha sido hallada para un problema concreto. De hecho, como él mismo asevera al final del capítulo cuarto, «la expresión "estabilidad del derecho" ha sido evitada conscientemente». La fórmula de la corrección debe permi-

---

[45] Schmitt, C., «Die Rechtswissenschaft als letztes Asyl des Rechtsbewußtseins», en *Universitas* 5, Jahrg., Heft5, 1950 (pp. 523-528).

tir la aceptación de los contenidos cambiantes de la vida jurídica y, al hacerlo, no se convierte en necesariamente insegura. La praxis no puede nunca aspirar a la seguridad de la teoría. Por mucho que se insista en alcanzarla, siempre romperá sus moldes.

Todas estas consideraciones, sin embargo, no implican una renuncia al aspecto normativo en el criterio formulado por Schmitt. Así, dice en el primer capítulo, y me permito una cita larga, por lo relevante que me parece:

> de lo que en la praxis moderna acontece fácticamente no se puede inferir qué sea correcto; sin embargo, tampoco se puede tomar como punto de partida para dar respuesta a la cuestión sobre qué se haya de considerar correcto en la praxis judicial actual, un postulado arbitrariamente, sino uno que sea empíricamente válido en ella. La deducción de la medida a la cual se tiene que ajustar la decisión, se deriva de un postulado y no de unos antecedentes empíricos; de la vigencia empírica del postulado procede sencillamente la legitimidad que le permite llegar a ser considerado una valoración inmanente de la praxis judicial moderna empíricamente determinada; también de su vigencia empírica procede la elección entre los diferentes postulados que entran en cuestión. Por eso, lo decisivo para la elección del postulado no es el alcance de su vigencia empírica, sino su conveniencia para la práctica jurídica, y el «sentido» de su empeño por encontrar una decisión correcta, por ofrecer una explicación unitaria.

El sentido de la fórmula es, pues, normativo: dispensar un criterio para enjuiciar una decisión; examinar los fundamentos de una decisión por su fuerza probatoria, y mostrar lo que en la praxis puede valer como argumento.

La formulación hipotética del criterio se corresponde justamente con su carácter normativo. Si no fuera una formulación hipotética, entonces lo que se estaría buscando es determinar la decisión de otro juez al modo jurisprudencial. No se trata en este caso, sin embargo, de codificar las decisiones de los demás jueces, sino de que la decisión que se va a tomar se corresponda con la praxis que se está ejerciendo, es decir, se trata de que los argumentos en los que se funda la decisión se correspondan con una expectativa fundada en la previsibilidad y la calculabilidad de la decisión.

La figura del «otro juez» es central en la fórmula. Schmitt explica, al ir desgranando los términos del criterio, que con el término «otro juez» se refiere al tipo «normal», al que existe en la normalidad de la vida. No es un tipo ideal, sino la «media» del juez empírico. La expresión de Schmitt en el capítulo IV es la siguiente: «El "otro juez" es el juez normal formado jurídicamente; donde la palabra "normal" está utilizada en un sentido cuantitativo, como media; no como la caracterización de un tipo ideal, no de un modo cualitativo-teleológico».

Desde mi punto de vista, entre la facticidad y la idealidad, no acaba de encontrar Schmitt su posición filosófica. No deja de dar bandazos a un lado y al otro. Pretende encontrar un criterio normativo y, por tanto, huir de la pura facticidad determinista o determinante. El criterio no debe ratificar sin más lo que de hecho sucede, argumentará citando a Hegel, pero cuando intenta salir de semejante lógica a través del «tipo normal del jurista formado», para evitar el riesgo de incurrir en una idealidad abstracta —que, sin embargo, él mismo asume hasta cierto punto en la formulación hipotética de su criterio—, vuelve a caer en la facticidad. Una nueva formulación circular muestra este problema en el capítulo IV:

> La rectitud que se determina de ese modo no debe ser absoluta, sino la de la praxis moderna; no aquella que los jueces consideran como la media, sino la que surge como tal de una reflexión metódica.

No hay lugar para la determinación esencial de las realidades y su plural manifestación; busca, persigue, el lugar de la verdad de la decisión y su multiforme modo de manifestarse, pero no llega a aprehenderlo ni siquiera, tampoco en su ingeniosa fórmula. No hay un lugar bien definido para una ontología que no se auto-diluya en el proceso histórico; sólo intuiciones de que debería existir, aunque resulta inasible desde el punto de vista jurídico en que el autor se sitúa. De ahí que en el tratamiento de este problema, como ocurre en el de otros, no encuentre nunca el fundamento, aunque, efectivamente, siempre se encamine con acierto hacia él. Cuando se encuentra a punto de asir el porqué, éste se le distancia históricamente. En este orden de consideraciones debe ser interpretada la afirmación del capítulo IV:

> La corrección en el sentido de la praxis se deduce sólo del derecho que ha sido aplicado en la praxis [...] cuando se puede considerar fundadamente que la praxis se orienta uniformemente según los principios normativos de la decisión.

En la precisión que hace a pie de página, apunta en el mismo sentido:

> No se ha dicho: la decisión judicial será correcta *porque* es tenida por tal en general por los jueces, sino *si* es tenida por tal por ellos; si desde su punto de vista resulta esperable que otro juez hubiera decidido del mismo modo y si el contenido de la decisión fuera frecuentemente el mismo. Se trata de dos reflexiones diferentes.

Efectivamente, son dos cuestiones diferentes, la primera, la que queda sin respuesta, es la que atañe al fundamento. La que se responde, atañe a una circunstancia previsible o a una condición. Ciertamente eso es lo que se propone Schmitt al preguntarse cuándo una decisión judicial es correcta, y no por qué razón. La respuesta, por tanto, es ajustada: da las condiciones de posibilidad en las que se puede generar una decisión correcta. No, sin embargo, la razón de la «rectitud» misma de la decisión. Cierto que su tesis principal es la inexistencia de una relación de causalidad entre teoría y praxis en la sentencia judicial. Es decir, el fundamento de la rectitud, el porqué, no dice nada a la praxis respecto de cómo derivar su rectitud, por mucho que resulte relevante desde el punto de vista teórico. De ahí que Schmitt no aspire a encaminar hacia semejantes terrenos su investigación, porque, desde su punto de vista, una máxima que apelara al fundamento de la rectitud no le serviría de nada a un juez que debe juzgar en el caso concreto.

En realidad, el «otro juez», reitera Schmitt, es un elemento de la fórmula, pero no su punto de partida que es el postulado de la determinación del derecho. Indica, sin embargo, algo central para la comprensión de los implícitos de ese críptico criterio: a quién va dirigida la argumentación sobre la decisión.

De lo que se trata a la hora de juzgar —y esto es lo que se deriva del criterio de corrección para la actividad del juez que determina el derecho para el caso concreto— es de fundar una expectativa, y fundarla argumentativamente. No cabe predeterminación, muy al contrario de lo que acontece con el positivismo legalista, de en qué argumentos debe fundarse tal expectativa.

Ahora bien, sean éstos cuales fueren, la decisión encontrada deberá ser aceptada por cualquier otro juez, es decir, deberá ser coherente con la totalidad de la praxis.

Central, por tanto, en la actividad del juez que decide y que pretende normativamente que su decisión sea correcta, es la fundamentación. A esto es a lo que obliga la fórmula propuesta por Schmitt. «La fundamentación pertenece a la decisión», nos dirá en el capítulo cuarto. Los fundamentos de la decisión son parte esencial de toda decisión. Se realizan para convencer a otro juez en la praxis, y sólo de este convencimiento obtienen su legitimidad, la cual no debe suponerse probada de antemano: «aquello por lo que se legitima la decisión no la precede, sino que es lo que debe producirse»[46]. De lo que se debe convencer a otro juez es de que él habría decidido del mismo modo.

El juez decide, pero no por derivación lógica. Tanto la justicia sustancial, que Schmitt entiende como las valoraciones que hace un pueblo sobre la justicia en un momento histórico determinado, como la legalidad, desempeñan en el proceso de fundamentación de la decisión que funda una expectativa, un papel instrumental. Resultan ser un medio más para fundamentar la expectativa.

La tarea del juez consiste en «buscar» la decisión. Esa decisión se encuentra «junto a la ley», pero no deriva de ella. La fundamentación de la decisión se obtiene en la síntesis reflexiva de numerosos aspectos, y definitivamente de aquel que sea capaz de determinar el derecho más aplicable al caso. La fórmula deja sin decidir cuál de esos factores es el decisivo: si el contenido

---

[46] Schmitt, C., *Ley y juicio,* capítulo IV.

de la ley, las valoraciones del pueblo, la ponderación de los intereses, el precedente, los materiales de la ley, la costumbre. Los factores normativos, así denomina a todos esos elementos en juego,

> ya no son los recipientes en los que el juez aloja los hechos. Ellos salen de su estabilidad y de su paz. Se convierten en medios para fundar una expectativa (que en general hubiera sido decidido así); se hacen dinámicos y adquieren una nueva función. En el lugar de una estática se introduce una dinámica.

Efectivamente según esto, la legalidad es un factor normativo importante cuando cumple el postulado de la determinación del derecho y lo hace en la gran mayoría de casos; pero de la conclusión de que las decisiones legales son correctas, no se puede deducir que todas las decisiones correctas hayan de ser legales. Juzgar correctamente *contra legem* desde este punto de vista, no supone una excepción, sino más bien uno de los múltiples casos que satisface el criterio de corrección formulado.

Lógicamente, cuanto más difícil sea hallar una expectativa, más importancia tendrán los fundamentos de la decisión y la acumulación de argumentos. Una razón se convierte y adquiere la condición de determinante cuando en el supuesto de no haber mediado se hubiera procedido a juzgar de otra manera: este es el criterio de discernimiento jerárquico de los factores normativos que ofrece Schmitt en *Ley y Juicio*, una vez más, interno a la praxis. Sin este criterio no lograría tampoco el orden que pretende en la agrupación de factores normativos. Los argumentos exponen que las consideraciones aportadas en los fundamentos de la decisión son efectivas en la praxis actual para proceder a determinar el derecho.

La decisión es concebida por Schmitt como una síntesis práctica, algo muy similar a lo que recoge la teoría clásica de la prudencia. Así lo expresa en el capítulo IV:

> No hay que partir de que el juez se retrotrae a una voluntad o a un mandato; sino que él utiliza una norma (es decir, su eficacia) como un medio para calcular lo que hoy, con esas leyes positivas, con ese influjo de normas extrapositivas, con esos precedentes, es considerado como correcto en general para la praxis judicial. Para calcular. Es decir, se trata esencialmente de una actividad del entendimiento, de un proceso intelectual, tan vivamente implicado en el resultado con el sentido jurídico como se quiera.

En ese proceso intelectual fundado en el imperativo práctico de determinar el derecho, es decir, de declarar lo que el derecho es aquí y ahora, está ya implícita la decisión que, por su parte, supone siempre una novedad respecto al proceso mismo. Y, sin embargo, como puntualiza Schmitt al final de su estudio, nada de esto tiene que ver con la consideración del juez como un creador arbitrario del derecho.

Que la actividad del juez resulte ser de tipo eminentemente práctico marca su diferencia con el legislador. El juez y el legislador son figuras diferentes. Hay que tener en cuenta que el Código suizo de 1908 había entrado en vigor precisamente en enero de 1912 y justamente, ateniéndose a la interpretación de la Escuela del derecho libre, establecía la posibilidad de que el juez creara el derecho a semejanza del legislador. Schmitt se distancia de esta postura[47]. El juez no crea el derecho,

---

[47] F. Holldack en la recensión de esta obra para los *Kant-Studien*, Bd. XVII, 1912 (pp. 464-467), señala como clave de su

sino que apela al derecho. Permanece sometido al principio de determinación del derecho. Aunque se pueda decir que colabora en la fundamentación misma de la determinación del derecho, no lo hace como legislador o como una fuerza autónoma, nos dice, sino «como un individuo que trabaja en una obra cuya fuerza y prospectiva son independientes de él».

BIBLIOGRAFÍA

ALVIRA, R.: «Versuch, die Vielfalt der gesellschaftlichen Subsystemen einzuordnen, mit besonderer Berücksichtigung des Rechts», en *Jahrbuch für Recht und Ethik*, Band 1, 1993 (pp. 283-291).
HERRERO, M.: *Carl Schmitt und Álvaro d'Ors Briefwechsel*, Duncker & Humblot, Berlín, 2004.
— *El nomos y lo político: la filosofía política de Carl Schmitt*, Eunsa, Pamplona, 2007.
HOLLDACK, F.: «Besprechung des Buches "Gesetz und Urteil"», en *Kant-Studien*, Bd. XVII, 1912 (pp. 464-467).
HUBER, E.: «Positionen und Begriffe. Eine Auseinandersetzung mit Carl Schmitt», en *Zeitschrift für die gesamte Staatswissenschaft*, Bd. 101, 1941.
HÜSMERT, E. (Hrsg.): *Carl Schmitt. Jugendbriefe. Briefschaften an seine Schwester Auguste 1905 bis 1913*, Akademie Verlag, Berlín, 2000.
JELLINEK, W.: «Besprechung der Schrift "Gesetz und Urteil"», en *Archiv für öffentliches Recht*, 1912, Band XXXII, Heft Nr. 1-2, S. 296-299.
KANT, I.: *Crítica del juicio*. Traducción española de M. García Morente, Tecnos, Madrid, 2007.

---

comprensión la distancia que marca Schmitt de la crítica estéril de la Escuela del derecho libre. Hay un origen común en ambas críticas, afirma, pero Schmitt se esfuerza por construir y no sólo por destruir. El autor de la recensión se detiene en los numerosos aspectos diferenciales que existen en los dos puntos de vista.

— *Crítica de la razón pura*. Traducción española de P. Ribas, Alfaguara, Madrid, 2004.
KERVÉGAN, J. F.: *Hegel, Carl Schmitt. Lo político: entre especulación y positividad*, Escolar y Mayo, Madrid, 2007.
ORESTES AGUILAR, H.: *Carl Schmitt, teólogo de la política*, Fondo de Cultura Económica, México, 2001.
TORRALBA, J. M.: *Acción, conocimiento y reflexión. La facultad del juicio en la filosofía práctica de Kant*, Hildesheim, Olms, 2009.
WIELAND, W.: «Kants Rechtsphilosophie der Urteilskraft», *Zeitschrift der philosophische Forschung*, Band 52 (1998), I (pp. 1-22).
WIELAND, W.: *Urteil und Gefühl. Kants Theorie der Urteilskraft*, Vandenhoeck & Ruprecht, Göttingen, 2001.

ELENCO BIBLIOGRÁFICO

Obras de Carl Schmitt relacionadas con su posición ante el derecho:

SCHMITT, C.: *El concepto de lo político: texto de 1932 con un prólogo y tres corolarios*, versión española de R. Agapito, Alianza, Madrid, 1991.
— *Los fundamentos histórico-espirituales del parlamentarismo en su situación actual*, estudio preliminar, M. Aragón; traducción, P. Madrigal Devesa; estudio de contextualización, E. Kennedy, Tecnos, Madrid, 2008.
— *La dictadura: desde los comienzos del pensamiento moderno de la soberanía hasta la lucha de clases proletaria*, versión española de J. Díaz García, Alianza, Madrid, 1999.
— «Recht und Macht», en *Summa. Eine Vierteljahresschrift*, Heft 1, 1917 (pp. 37-52).
— *Der Wert des Staates und die Bedeutung des Einzelnen*, J. C. B. Mohr (Paul Siebeck), Tübingen, 1914.
— *El Nomos de la Tierra en el Derecho de Gentes del «Jus publicum europaeum»*, traducción de D. Schilling Thon; edición y estudio preliminar «Soberanía y orden internacional en Carl Schmitt», a cargo de J. L. Monereo Pérez, Comares, Granada, 2002.
— «Illyrien. Notizen von einer dalmatinischen Reise», en *Hochland*, 23, Jahrg. Heft 3, 1925 (pp. 293-298).
— *Schattenrisse*, Akademie Verlag, Berlín, 1995.

— «Zu Friedrich Meineckes Idee der Staatsräson», *Archiv für Sozialwissenschaft und Sozialpolitik*, Band 56, Heft 1, 1926 (pp. 226-234).
— *Ex Captivitate Salus. Experiencias de los años 1945-1947*, edición de J. A. Pardos; traducción de A. Schmitt de Otero, Trotta, Madrid, 2010.
— «Die Rechtswissenschaft als letztes Asyl des Rechtsbewußtseins», en *Universitas*, 5, Jahrg., Heft 5, 1950 (pp. 523-528).
— *Teoría de la Constitución*, traducción de F. Ayala, con una introducción de M. García Pelayo, Alianza, Madrid, 1992.
— *El Leviathan en la teoría del estado de Thomas Hobbes*, traducción de F. J. Conde; edición y estudio preliminar «El espacio de lo político en Carl Schmitt» a cargo de J. L. Monereo Pérez, Comares, Granada, 2004.

SCHMITT, C., y KELSEN, H.: *La polémica Schmitt-Kelsen sobre la justicia constitucional, «El defensor de la Constitución versus ¿Quién debe ser el defensor de la Constitución?»*, estudio preliminar de G. Lombardi; traducción de M. Sánchez Sarto y R. J. Brie, Tecnos, Madrid, 2009.

SELECCIÓN DE OBRAS SOBRE CARL SCHMITT

BAÑO LEÓN, J. M.ª: «La distinción entre derecho fundamental y garantía constitucional en la Constitución Española», en *Revista Española de Derecho Constitucional*, n.º 24, 1988, pp. 155-179.

BENOIST, A.: *Carl Schmitt Bibliographie seiner Schriften und Korrespondenzen*, Akademie Verlag, Berlín, 2003.

BÖCKENFÖRDE, E. W.: «Konkretes Ordnungsdenken», en *Historisches Wörterbuch der Philosophie*, hrsg. J. Ritter/K. Gründer, Basel, 1984, Band 6 (pp. 1312-1315).

CAVALLO, R.: *La lotta contro il formalismo giuridico nella dottrina dello stato di Weimar: Kaufmann, Heller, Schmitt*, Bonanno, Acireale, 2008.

CRISTI, R.: *Carl Schmitt and authoritarian liberalism: strong State, free economy*, University of Wales Press, Cardiff, 1998.

FRANCO DE SÁ, A.: *Metamorfose do poder: prolegómenos schmittianos a toda sociedade futura*, Ariadne, Coimbra, 2004.

FRANZÉ, J.: *¿Qué es la política? Tres respuestas: Aristóteles, Weber y Schmitt*, La Catarata, Madrid, 2004.

GALLI, C.: *Genealogia della politica: Carl Schmitt e la crisi del pensiero politico moderno*, Il Mulino, Bologna, 2010.
GONZÁLEZ CUEVAS, P. C.: *La tradición bloqueada: tres ideas políticas en España: el primer Ramiro de Maeztu, Charles Maurras y Carl Schmitt*, Biblioteca Nueva, Madrid, 2002.
HERRERO, M.: *El nomos y lo político: la filosofía política de Carl Schmitt*, Eunsa, Pamplona, 2007.
GIRALDO, J., y MOLINA, J. (ed.): *Carl Schmitt: derecho, política y grandes espacios*, Fondo Editorial Universidad EAFIT, Medellín, 2008.
GÓMEZ ORFANEL, G.: *Excepción y normalidad en el pensamiento de Carl Schmitt*, Centro de Estudios Constitucionales, Madrid, 1986.
JIMÉNEZ SEGADO, C.: *Contrarrevolución y resistencia. La teoría política de Carl Schmitt (1888-1985)*, Tecnos, Madrid, 2009.
KAISER, J. H.: «Konkretes Ordnungsdenken», en *Complexio Oppositorum. Über Carl Schmitt*, 1988 (pp. 318-331).
KAUFMANN, M.: *¿Derecho sin reglas?*, Fontamara, México, 1991.
KENNEDY, E.: *Constitutional failure: Carl Schmitt in Weimar*, Duke University Press, Durham, 2004.
KERVÉGAN, J. F.: *Hegel, Carl Schmitt. Lo político: entre especulación y positividad*, Escolar y Mayo, Madrid, 2007.
MCCORMICK, J. P.: *Carl Schmitt's critique of liberalism: against politics as technology*, Cambridge University Press, Cambridge, 1999.
MEHRING, R.: *Der Begriff des Politischen: ein kooperativer Kommentar*, Akademie Verlag, Berlín, 2003.
MEIER, H.: *Die Lehre Carl Schmitts: vier Kapitel zur Unterscheidung politischer Theologie und politischer Philosophie*, Metzler, Stuttgart, 1994.
NICOLETTI, M.: *Trascendenza e Potere. La teologia politica di Carl Schmitt*, Instituto di Scienza Religiose in Trento, Morcelliana, Brescia, 1990.
ORS, A. d': *De la guerra y de la paz*, Rialp, Madrid, 1954'.
QUARITSCH, H.: *Carl Schmitt: Antworten in Nürnberg*, Duncker & Humblot, Berlín, 2000.
— *Positionen und Begriffe Carl Schmitts*, Duncker & Humblot, Berlín, 1995.
SOSA, F., *Carl Schmitt y Ernst Forsthoff: coincidencias y confidencias*, Marcial Pons, Madrid, 2008.
VILLACAÑAS, J. L., *Poder y conflicto: ensayos sobre Carl Schmitt*, Biblioteca Nueva, Madrid, 2008.

LEY Y JUICIO
EXAMEN SOBRE EL PROBLEMA
DE LA PRAXIS JUDICIAL

CARL SCHMITT

*Al profesor Dr. Fritz van Calker
de Strassburg,
con admiración.*

PRÓLOGO

El presente tratado se cuestiona cuándo una decisión que emana de la praxis judicial (*Rechtspraxis*) es correcta (*richtig*)[1]; y responde diciendo que es a la propia praxis a quien corresponde decidir. Según esto, todo juez se esfuerza verdaderamente por decidir tal y como actualmente se decide en la praxis. A sus esfuerzos por encontrar una decisión correcta, precede siempre la existencia necesaria de una praxis regular y unitaria. El derecho positivo, las consideraciones de equidad, los

---

[1] El término que utiliza Carl Schmitt es *richtig*. Aunque pudiera traducirse por «justa», reservaré esa significación para la palabra *gerecht* y traduciré *richtig* como recto o correcto. Es éste el sentido que mantiene en el conjunto de esta obra. Cuando Schmitt habla de justicia, está tratando de referir una determinada pretensión de «corrección». El término corrección o rectitud resulta, por tanto, más amplio y, esto es lo decisivo en la opción que he hecho, alude a la práctica, a una acción que se realiza en una circunstancia determinada y se adecua a ella normativamente y, por eso, puede considerarse recta en términos objetivos sin que ello implique un determinado contenido material vinculado a una cierta idea de justicia. [*N. de la T.*]

intereses del tráfico jurídico y los resultados de la teoría, son sólo medios instrumentales para conseguir y mantener esa regularidad y continuidad en la praxis, aunque ciertamente de entre todos ellos merezca particular atención el destacado papel que corresponde al derecho positivo. La praxis debe albergar una medida propia para dirimir la corrección de sus decisiones. Ella es sencillamente algo diferente de la aplicación de la doctrina del derecho (*Rechtslehre*); más bien, utiliza los resultados de la teoría de un modo absolutamente independiente y singular. Se convierte propiamente en su dueña; y la valoración de una decisión como correcta en la práctica, no sólo significa que la decisión que se corresponde con las necesidades del tráfico jurídico es «práctica», sino también que la decisión tomada en la praxis ha de ser juzgada bajo puntos de vista particulares, y justamente de lo que se trata es de averiguar cuáles pueden ser éstos.

Precisamente porque esta investigación llega a algunas conclusiones poco habituales, y concretamente porque insiste en la diferencia de intereses que media entre teoría y praxis, ha sido conveniente tanto obtener certeza respecto de muchas cuestiones dudosas, como esforzarse en conseguir una claridad sin ambigüedades. A decir verdad, en un tema como el que nos ocupa, la claridad no debe ser equiparable sin más a una ligereza no esforzada. Y esto vale especialmente para las explicaciones abstractas del primer capítulo, que desgraciadamente han sido necesarias. Ahora bien, sólo el lector podrá juzgar hasta qué punto el presente estudio ha llegado a alcanzar la toma de posición pretendida en relación con otras posiciones diferentes, igual que respecto del valor científico y el significado práctico de esta investigación y de sus resultados. El libro se dirige a la praxis, ella es su objeto. Por otra parte, en los últimos años se han dicho muchas cosas altamente significativas sobre la Ciencia Jurídica (*Rechtswissenschaft*)[2] y la praxis judicial. Sin embargo, la orientación del tema no ha llegado a un punto en que no quepa esperar nuevos intentos de hallar una nueva solución para los intereses que salen al encuentro, incluso si la solución en sí no resulta aceptada.

No puedo dejar de expresar en este lugar mi respetuoso agradecimiento al profesor Van Calker.

A él debo, sobre todo, si por fortuna los hubiera alcanzado, dos inexorables exigencias que condicionan el valor y la eficacia de un libro como este: una acusada preocupación por la claridad en el método, y un interés encaminado a conocer la realidad de la vida jurídica.

Düsseldorf, mayo de 1912

Carl SCHMITT

---

[2] Como se determina en el vocabulario que he incluido al comienzo de este libro, con *Rechtswissenschaft* Schmitt se refiere a Ciencia del Derecho o Ciencia Jurídica, en el sentido de conjunto de saberes respecto de un sector concreto del saber jurídico. Se diferencia de *Jurisprudenz* en su condición de ciencia objetiva. [*N. de la T.*]

PRÓLOGO A LA EDICIÓN DE 1968

El libro *Ley y juicio*, publicado en 1912, tiene por objeto el estudio de la peculiaridad constitutiva que caracteriza a la sentencia o resolución judicial (*Entscheidung*) respecto de la norma jurídica a la que apela para la fundamentación de su contenido jurídico material. La consecuente reflexión sobre el significado propio de la decisión como tal, me ha llevado más tarde en otros trabajos (*La dictadura*, 1921, *Teología política*, 1922, *El defensor de la Constitución*, 1931, *Sobre los tres modos de pensar la Ciencia Jurídica*, 1934), a la idea general de que la esfera total del derecho no se estructura solo en normas, sino también en decisiones e instituciones (órdenes concretos).

Del concepto de la autonomía de la decisión se derivan también consecuencias para la teoría del Estado. Conduce a una definición de la soberanía estatal como decisión política, y a la creencia en que la dictadura es el final de la discusión. En la violenta polémica contra este punto de vista, la decisión ha quedado desfigurada como un acto de arbitrariedad fantasmagórico, el decisionismo como una «Weltsanschauung» peligrosa y la palabra decisión como una expresión ignominiosa y tergiversadora. La obra de 1912, sin embargo, tiene algo de la sencillez del comienzo. Pone de manifiesto el sentido originario del juzgar y decidir. Una reflexión sobre ese comienzo puede aportar claridad a tan errado y polémico debate y, de ese modo, puede conducir a conclusiones aceptables.

Octubre de 1968

Carl SCHMITT

ÍNDICE

Capítulo I. EL PROBLEMA 13
La rectitud de la decisión judicial y las ideas dominantes sobre lo correcto — El § 1 G. V. G. — El modo de plantear el problema: la teoría dominante de la interpretación jurídica — El modo de plantear el problema: la Escuela del derecho libre — El origen psicológico del juicio y su significado metodológico.

Capítulo II. LA VOLUNTAD DE LA LEY 41
La voluntad del legislador — La voluntad de la ley — La insuficiencia de esas ficciones como criterios de rectitud — La respuesta de la Escuela del derecho libre — La confusión entre la subsunción correcta y la decisión correcta.

Capítulo III. EL POSTULADO DE LA DETERMINACIÓN DEL DERECHO 69
La relación del derecho con su contenido (económico y moral) — Normas jurídicas de contenido indiferente — El postulado de la determinación del derecho — Su importancia fáctica — Su significación metodológica — La autonomía de la praxis judicial respecto a la teoría del derecho (*Rechtstheorie*) —

El postulado de la determinación del derecho como punto de partida metodológico para resolver la cuestión de lo correcto de la decisión.

Capítulo IV. LA DECISIÓN CORRECTA.................. 99
La fórmula de la decisión correcta — El principio de colegialidad — Los fundamentos de la decisión — El destinatario de los fundamentos de la decisión — El precedente — *Contra legem judicare* — El significado de la ley positiva y de las normas extra-positivas (sociológicas) para la rectitud de la decisión.

APÉNDICE.. 161

CAPÍTULO I

EL PROBLEMA

La pregunta decisiva es: ¿cuándo cabe decir que una decisión judicial es correcta?

Para poder delimitar con claridad la respuesta a esta pregunta tan preñada de significados desde el principio, y cuyo sentido trataremos de evidenciar paso a paso en el curso de esta reflexión, debemos previamente resolver la siguiente cuestión: ¿qué principio normativo fundamenta la praxis judicial?

Nuestra investigación es jurídica. Se pregunta acerca de cuándo la decisión que procede de la praxis judicial resulta correcta desde el punto de vista jurídico. No se ocupa, sin embargo, de cómo se decide judicialmente (*entscheiden*) de hecho o si la media de las decisiones que se toman puede ser considerada aceptable desde el punto de vista de su corrección. Por supuesto que habitualmente toda decisión pretende ser correcta; pero el tema del que aquí se trata consiste en determinar qué sentido tiene esa tendencia y dónde se puede encontrar. El presente estudio no se interesa, sin embargo, por si en el momento presente se dictan más sentencias correctas que incorrectas. Tampoco ofrece especial significado para nuestro tema conocer qué ideas sobre la corrección de una decisión judicial descuellan como dominantes en la actual praxis. Por supuesto, la presente investigación tendrá que discutir con esas ideas, pero con su confirmación como ideas dominantes no se responde a la cuestión que nos hemos propuesto abordar en este libro.

El tema no estriba en saber cuándo es valida hoy una decisión, es decir, cuando generalmente va a ser tenida por correcta, puesto que el hecho fáctico de que algo sea tenido por correcto no constituye ninguna prueba de su corrección. En consecuencia, tampoco nos interesa la cuestión de cómo se ha llegado históricamente a alcanzar ciertos ideales, por ejemplo, sobre la relación del juez con la ley. Lo único que se plantea es determinar qué decisión debe ser hoy tenida por correcta.

Por otra parte, el problema se encuadra en la praxis actual, y de ahí se deriva ya una concreción histórica. No debe buscarse una respuesta absoluta e intemporal a la cuestión de la rectitud de una decisión, que, por ejemplo, se deduzca de la «idea» de la decisión judicial; esto además no tendría tampoco ningún valor práctico. El método de la aplicación del derecho debe descubrir la idea rectora de la praxis actual, y utilizarla de manera que sirva a modo de una suerte de autorreflexión sobre sus fines y medios. Que la praxis se haga consciente de su sentido supone un progreso científico. Por eso, cuando se toma como objeto de reflexión la praxis moderna, el propio sentido de la praxis queda de esta forma históricamente clarificado. Sin embargo, no por ello la investigación ha de definirse como una investigación histórica. Si ese fuera el caso, debería comenzar determinando cómo se ha desarrollado históricamente nuestra praxis actual, o aclarando qué factores fueron responsables de su génesis y cuáles lo son aún hoy. No se trata aquí de una explicación causal, sino del principio que debemos tener por constitutivo de nuestra aplicación del derecho. Lo que aspiramos a precisar es el criterio específico de corrección o de rectitud que rige nuestra praxis judicial. En este sentido, no debe buscarse el nexo de dependencia de nuestro principio en un determinado estadio histórico, aunque efectivamente haya estado presente en el desarrollo de nuestra práctica jurídica, como puede ser el caso de una cierta clase de burócratas estatales que profesionalmente aplican leyes escritas. No es de recibo, por ejemplo, un punto de vista que sostenga que, puesto que la aplicación del derecho se ha desarrollado en estrecha relación con la exégesis del derecho romano, es preciso investigar en el presente las consecuencias de esa relación que aún sean perceptibles. Una investigación de ese tipo tiene su propio objeto, pero su valor y su sentido descansan en otra esfera y, precisamente porque de la efectividad empírica de aquel momento no se puede deducir nunca una conclusión sobre la rectitud de la decisión, no forma parte de nuestro problema. Se trata de mostrar cómo el criterio de rectitud o corrección que vamos a definir permite su aplicación a los antecedentes fácticos de la praxis y cómo el postulado del que se deduce dicho criterio rige de hecho la vida jurídica y no es deducido, por ejemplo, de una etérea región de conceptos o no es una «norma *coelitus hausta*». De lo que sucede, no cabe, ciertamente, concluir lo que debe suceder. Ahora bien, no por eso la investigación se encuentra obligada a dirigirse a una medida atemporal de rectitud que resulte enemiga de todo contenido y con la cual la praxis no sabría cómo proceder. Tampoco es necesario determinar unas categorías del pensamiento jurídico. Más bien la reflexión valorativa de la praxis vigente se encuentra ligada a un postulado de facto eficaz, desde el que se debe determinar la rectitud o corrección de la decisión judicial. Esa referencia a un postulado eficaz que hace posible que el problema no se presente en clave histórica ni científica, sirve a la tarea de conocer lo correcto de una decisión en la actual praxis judicial. La validez empírica del postulado fundamental posibilita la relación entre la reflexión valorativa, de por sí siempre independiente de todo lo empírico, y el modo de manifestarse de la «praxis judicial moderna» que resulta determinado empíricamente. Ciertamente, de lo que en la praxis moderna acontece en la realidad de los hechos no se puede inferir qué sea lo correcto; sin embargo, tampoco se puede tomar como punto de partida para dar respuesta a la cuestión sobre qué se deba considerar correcto en la praxis judicial actual, un postulado construido arbitrariamente, sino sólo aquel que resulte empíricamente válido en la propia praxis. La deducción de la medida a la cual se tiene que ajustar la decisión se deriva de un postulado y no de sus antecedentes empíricos; de la vigencia empírica del postulado procede sencillamente la legitimación que le posibilita poder llegar a ser considerado como una valoración inmanente de la praxis judicial moderna empíricamente determinada; también de su vigencia empírica procede su elección de entre todos los diferentes postulados que entran en cuestión. Ahora bien, lo decisivo para la elección del postulado no se encuentra en el alcance de su vigencia empírica sino en su conveniencia para la práctica jurídica, y en el «sentido» de su empeño por encontrar una decisión correcta, por ofrecer una explicación unitaria.

La finalidad es llevar el método de la práctica jurídica moderna a una fórmula que dé respuesta a la cuestión: ¿cuándo podemos decir hoy de una decisión judicial que es correcta?

Quienes se dediquen a la práctica del derecho deberán perdonar que en aras de la claridad metodológica, nos entretengamos con algunas observaciones previas para acotar el problema.

El presente libro tiene por objeto ciertamente poner de manifiesto que, en relación con la valoración de la práctica judicial, la validez formal de una ley positiva no significa sencillamente que se pueda hallar una respuesta suficiente a la cuestión de la rectitud de la decisión apelando sin más a la «legalidad». El criterio práctico de la rectitud de una decisión por un lado, y lo que la labor jurídica del hacedor del derecho (*Rechtsstoffes*) considera «derecho vigente», por otro, se enfrentan entre sí como dos tipos de validez. No se trata de contraponer valer y ser, norma y realidad empírica, ley que vale abstractamente y «vida cotidiana», Ciencia Jurídica normativa y ciencia social explicativa, sino de encontrar el tipo de validez propia de la praxis en el contexto de un mismo terreno del saber en el que anida la contraposición de dos tipos de validez. No se trata de constatar nuevos tipos de hechos, de acumularlos estadísticamente, y derivar de ellos por caminos «inductivos», como pudiera ser la conformidad del juicio del juez con el derecho natural, la mayor o menor certeza del enjuiciamiento de un acusado. Y mucho menos se debe recurrir a las enseñanzas de la psicología colectiva o social, por ejemplo, acerca de la magistratura, de sus relaciones con la abogacía[1], o a los efectos de una ley en el pueblo, o de los precedentes en el espíritu del juez. La presente investigación no es una investigación sociológica ni psicológica, sino jurídica, que no por ello desconoce el significado que la sociología y la psicología pudieran tener para la vida jurídica, como mostrará este mismo trabajo. (En cualquier caso no se le debe hacer el reproche de que el tema se ha centrado en aquello que más le ha interesado al crítico.) Este libro no pretende ser una investigación sociológica, fundamentalmente porque su objeto de estudio no es ni la interacción entre personas, ni la morfología de la sociedad, ni la especificidad sociológica de la magistratura o de la abogacía, sino el método de la acción práctica, el principio del que debe proceder la acción de un determinado colectivo de personas; siendo así que la expresión «colectivo de personas» individualiza sólo provisionalmente la actividad, pero no implica una referencia a un momento sociológico o social-psicológico en su significado habitual.

¿Cuándo cabe afirmar que es correcta la decisión de un juez? Generalmente se considerará correcta si resulta «legal», es decir, si se corresponde con el derecho

---

[1] En conversaciones privadas, muchas veces he escuchado de boca de eminentes prácticos del derecho que la contraposición entre la «jurisprudencia de conceptos» (*Begriffsjurisprudenz*) y la «jurisprudencia sociológica» (*soziologischer Rechtsprechung*) debe ponerse en relación con el antagonismo que media entre jueces y abogados.

positivo vigente. Si se asume el presupuesto de la legalidad de una decisión como criterio de su rectitud, entonces se parte de la vinculación del juez a la ley. La contestación a la cuestión acerca de la rectitud de la decisión es de fácil respuesta para los juristas en el caso de que la ley prescriba al juez unívocamente juzgar un supuesto de hecho de determinada manera. Cuando existe una prescripción legal positiva, ésta debe ser obedecida por el juez; el juez debe observar de modo estricto la letra de la ley y el uso del lenguaje de la vida cotidiana, y en ningún momento puede decidir lo que no está regulado de manera indubitable por la ley. Si esto es así, cabe afirmar con fundamento que existe una gran probabilidad de que todas las decisiones judiciales sean rectas. Pero semejante principio encuentra su propia refutación en que tiene la finalidad de ordenar al juez decidir exclusivamente cuando está seguro de que decide correctamente, y de abstenerse en caso de duda. Con un «postulado» de partida como este no se ganaría demasiado, porque es justo de los casos de duda de donde procede el interés, tanto práctico como científico, por encontrar tal criterio.

Solo es posible mencionar un caso en el que la rectitud de una decisión se puede inferir inmediatamente de la determinación legal positiva. Según el artículo 565 de la Ley de Enjuiciamiento Civil (ZPO), en el supuesto de revocación de una sentencia por una instancia de casación, hay que devolver el asunto al tribunal que dictó el fallo objeto de apelación, para que en una revisión posterior proceda al dictado de la decisión final. El tribunal de apelación se ve obligado a efectuar un enjuiciamiento correcto, entendiendo por tal el que tiene como resultado un fallo coincidente con el que ha producido la instancia de casación. Este caso es un ejemplo de deducción directa de un juicio nacido de una imposición de la ley positiva, y contiene la deseada respuesta «positiva» a la cuestión de la corrección de una decisión. De modo que si la primera instancia tiene por fundamento de su nueva decisión la interpretación jurídica mantenida por la instancia de revisión, entonces la decisión será sin duda correcta según establece el derecho positivo[2].

Este ejemplo no prueba, sin embargo, que la vinculación del juez a la ley sea un punto de partida adecuado para analizar la cuestión de la rectitud de la decisión. El artículo 565 de la Ley de Enjuiciamiento Civil (ZPO), que se ampara en la legalidad de la decisión de primera instancia, no dice nada acerca del contenido de la legalidad. Podría caber que la decisión de la instancia de casación no fuera legal en su contenido, y entonces la sentencia de la primera instancia, que corresponde al artículo 565 de la Ley de Enjuiciamiento Civil (ZPO), tampoco debería serlo. Se trataría sólo de una corrección formal, que no contradiría la objeción que los partidarios de la «legalidad» no se muestran capaces de superar: es inútil porque resulta incapaz de dar respuesta a la cuestión que verdaderamente se dilucida y porque su contenido es sin duda problemático.

La única norma de derecho positivo que se pronuncia sobre la relación entre la ley y el juez, es el artículo 1 de la Gerichtsverfassungsgesetz (GVG), que dice: el

---

[2] En una situación semejante se encontraba el juez romano que obtenía la formula del pretor y según ella sencillamente condenaba o absolvía.

poder judicial debe ser ejercido a través de jueces independientes, no sometidos más que a la ley[3].

El precepto comporta, como es sabido, un reconocimiento de la teoría de la separación de poderes, en particular de la independencia de la función judicial respecto de la Administración. Es obvio, pues, que con ello se prescribe una vinculación del juez a la ley, en el sentido de que el juez sólo debe aplicar aquella ley que sea clara; es decir, significa que el juez es considerado, tal y como reza el conocido aforismo de Montesquieu, como «la bouche qui prononce les paroles de la loi». Sin embargo, defender que este postulado pretende establecer también el imperio de ciertos métodos de interpretación de la ley, supone intentar incluir en una misma afirmación dos cuestiones de por sí diferentes, las cuales no deben ser objeto de idéntica consideración. Y es que el precepto antes citado, remite a la «ley», lo que conduce a la conclusión de que proscribe cualquier limitación extralegal a la libertad de movimiento o disposición jurídica; para hablar de un modo práctico, estipula que no cabe una «justicia ministerial» (*Kabinettsjustiz*). El juez debe someterse a la ley. Ahora bien, acerca de en qué consiste ese sometimiento, es decir, qué hay que entender por la ley y su contenido, no dice nada el § 1 GVG. Si se aborda con los medios

---

[3] Hay que citar aquí también el § 48 de la Ley de Funcionarios Coloniales (*Kolonialbeamtengesetzes*). Sobre ella y sobre las numerosas disposiciones ministeriales referidas en el § 1 GVG, se puede consultar el artículo de Doerr, «Begriff und Grenzen der richterliche Unabhängigkeit», en la *Rhein. Zeitschr. f. Ziv.- und Prozessrecht*, III, pp. 425 ss., que se ocupa fundamentalmente de la independencia del juez en materia de inspección, mientras aquí la única cuestión que interesa es la que versa sobre la corrección jurídica de una decisión.

de la interpretación histórica, entonces habría que interpretar que a lo que el juez debe atenerse, para someterse al sentido claro de la ley, es a la «voluntad de la ley» o del «legislador». Consiguientemente, el juez no debe hacer otra cosa que subsumir bajo la ley. Y de ahí parece deducirse entonces que una decisión judicial es correcta cuando puede ser presentada como el resultado de la subsunción bajo una ley, es decir, cuando resulta legal, y en ese sentido se utiliza aquí el término. Admitir ese predicado quiere decir que sólo el contenido manifiesto de la ley importa al juez, de lo demás no se ocupa. Sin embargo, sólo una mínima parte de los supuestos que se le ofrecen al juez para dictar sentencia pueden ser resueltos acudiendo al simple y claro contenido de la ley. Sería impensable que se pudiera resumir la regulación exhaustiva de la realidad multiforme de la vida en unos pocos artículos, de los cuales simplemente procediera la interpretación de cada caso concreto. Ello provoca una situación que ha permitido a un jurista inglés calificar la afirmación de la vinculación de la sentencia, y el juicio que encierra a la ley, de «ficción pueril»[4]. Es un hecho que hay un derecho «eficaz» y un derecho «ineficaz», y que la praxis judicial concibe el contenido de la ley tan pronto de un modo amplio como estricto, es decir, que entiende como «legalidad» de una decisión la relación a un contenido que no se encuentra sin más explícito en la ley, sino que viene mediatizado por construcciones harto complejas. Todo

---

[4] Austin, *Province of Jurisprudence*, vol. II, p. 265 citado en Hatschek, «Engl. Staatsrecht», en el *Handbuch des Öffentl. Rechts*, IV, II, 4. I, p. 101. La distinción que propondremos más adelante entre derecho «eficaz» e «ineficaz» se encuentra en Ehrlich, *Burians Jur. Blätter*, 1988, p. 484, también *Zukunft*, 14 (1906), p. 236.

esto hace necesario que la apelación a la vinculación del juez a la ley vaya acompañada de la prohibición de la negativa a juzgar, que significa que el juez no puede apelar al silencio o a la oscuridad de la ley o a un supuesto «estado de necesidad del juez»; conflicto éste que ha sido descrito por Radbruch[5].

En los últimos años se ha venido debatiendo en innumerables ocasiones acerca de si, para que el juez proceda a emitir su resolución, sería suficiente o no el mero recurso a las disposiciones del derecho positivo, cuando las exigencias de la vida del tráfico jurídico exigen crecientemente una decisión, y también en aquellos litigios en los que no parece existir una regulación legal aplicable al caso. Pareciera como si el juez debiera ser algo distinto de la boca que pronuncia las palabras de la ley, algo diferente de una máquina de subsumir, de un autómata de la ley o como quiera que se le haya denominado cuando se ha querido menospreciar su función. De todas formas, nadie se sustrae hoy en día a la opinión de que por ley, esa a la que el juez debe atenerse según establece el artículo 1 de la Gerichtsverfassungsgesetz (GVG), haya que entender un significado diferente de su clara literalidad. De hecho, los elementos que influyen en la vigencia de las «leyes» son: las continuas revisiones del texto de la ley, las modificaciones impuestas por la irrupción de infinidad de nuevos conceptos científicos, su conversión en un sistema, las montañas de libros que con frecuencia han llegado a ser publicados respecto de un solo artículo de la

---

[5] *Archiv für Sozialwissenschaften*, N. F. 4 (1906), pp. 355 ss. La expresión «Notstand des Richters» (estado de necesidad del juez) ha sido utilizada por Schlossmann, *Der Irrtum über wesentliche Eigenschaften*, Jena, 1903, p. 63, y por Sohm, *Deutsche Jur. Zeitg.*, 1910, p. 115.

ley, las bibliotecas de precedentes. Si, a pesar de todo esto, alguien admite todavía la existencia de una «legalidad», si ante «las inevitables desviaciones del derecho respecto de la ley, que afloran en la administración de la justicia»[6] ese alguien cree que se da el debido cumplimiento del postulado de la vinculación, de la sumisión a la ley, entonces ese jurista se verá en la obligación, exigida por la ciencia, de explicar qué entiende por contenido de la ley y por sumisión a ese contenido. La referencia al artículo 1 de la Gerichtsverfassungsgesetz (GVG) no dice nada al respecto. Es claro que existen muy pocos casos que permiten una simple subsunción al texto de la ley, de manera que quien pretenda atenerse a la exigencia de la «legalidad» se encontrará obligado a aplicar determinados métodos para indagar el contenido «apropiado» o inapropiado de la ley (visto desde la perspectiva del contenido que manifiesta); de ahí que sea en torno a esos métodos alrededor de lo que gira absolutamente la cuestión. El problema consiste entonces en determinar con qué justificación el contenido de la ley, que ha sido obtenido con la ayuda de esos métodos, puede ser denominado «ley», y el juicio que se ha fundado sobre ella, puede ser considerado «legal». Lo más importante sería, entonces, comprobar cómo es posible que el juez, tomando como referencia el artículo 1 de la *Gerichtsverfassungsgesetz* (GVG), se someta a semejantes métodos de interpretación[7]. Sobre eso el citado artículo no dice ni una sola palabra, y que-

---

[6] O. Bülow, *Gesetz und Richteramt*, Leipzig, 1885, p. IX.

[7] Ahí reside también la respuesta a la más reciente conclusión del § 1 GVG tal como la expone Neukamp, D. J. Z., 1912, p. 47; según la cual toda desviación de la hermenéutica tradicional se declara una trasgresión de la ley, un ataque al § 1 GVG.

da frustrada toda posibilidad de encontrar en él una respuesta a la pregunta por cuándo se puede considerar correcta una decisión judicial.

La hermenéutica tradicional no dispone, por tanto, del recurso de remitirse al artículo 1 de la Gerichtsverfassungsgesetz (GVG), o al menos, debe interpretarlo con sus métodos para a renglón seguido proceder a declararlos «legales», en el sentido de conformes a derecho. No se debe pasar por alto por qué esa determinación, en la medida en que se la quiere hacer valer para justificar la corrección de la decisión judicial, haya de contener algo más que una indicación a las órdenes positivas del derecho civil y procesal penal sobre las formas que hay que observar en la construcción de los juicios; por ejemplo, ante la exigencia de fundamentar la sentencia, esto es, de incluir en el fallo las razones que justifican la decisión judicial. En relación con la utilidad, o sea, con la capacidad de proporcionar un criterio para enjuiciar la corrección del contenido de una decisión judicial, el artículo 1 de la Gerichtsverfassungsgesetz (GVG), en cierto sentido, reitera la posición del artículo 565 de la ley de Enjuiciamiento Civil (ZPO). Este precepto dice tan poco a efectos de obtener un criterio material que permita enjuiciar la rectitud de la decisión judicial, como lo hacen los referidos preceptos del código civil y procesal, que se limitan a estipular simplemente la responsabilidad del juez en las decisiones «no legales». No precisa cómo se puede vincular el juez a la ley; tampoco si esa obligación del juez desaparece o resulta atenuada en ciertas circunstancias. Para los métodos de interpretación no se puede deducir nada de ese artículo sin incurrir en una manifiesta *petitio principii*. De ello no cabe esperar una respuesta al interrogante fundamental[8].

Las tradicionales explicaciones sobre la interpretación que se encuentran en los compendios y comentarios se limitan a exponer los métodos de interpretación, tal y como sucede *de facto* en el ejercicio cotidiano de la jurisdicción. En su decir, es posible poner de manifiesto el «verdadero» contenido de la ley acudiendo a diferentes procedimientos: interpretación *extensive* (extensiva) y *restrictive* (restrictiva), analogía y el argumento desde su contrario (*argumentum e contrario*). El método, que más tarde criticaremos ampliamente, admite dos presupuestos que no prueba: 1. Que los diferentes métodos de interpretación determinan o eventualmente pueden llegar a determinar el «verdadero» contenido de la ley; 2. Que una decisión judicial es correcta, cuando se interpreta la ley de manera recta. Conviene evitar incurrir en este error y debemos señalar, desde el mismo momento de efectuar el planteamiento de la cuestión, que no es procedente identificar la pregunta de cuándo una decisión judicial ha sido

---

[8] Ésa es la finalidad de los comentarios del § 1 GVG, en la medida en que se cuestiona sobre nuestro tema, vid. Doerr, *op. cit.*, pp. 443 ss. Lo mismo vale para las indicaciones sobre el juramento profesional (Zitelmann, vid. Schlossmann, *op. cit.*, p. 39). Tampoco nos hubiera ayudado el art. 3 del *Codice Civile* italiano, el cual (en la traducción de Donati, *Archiv für Rechts- und Wirtschaftsphilosoph.*, III, p. 287) dice: El sentido de la aplicación de la ley no es otro que el que procede del significado propio de las palabras en su contexto, y según la finalidad del legislador (?). Cuando un litigio no pueda ser resuelto con arreglo a determinaciones legales exactas, entonces se tomarán en consideración (!) las determinaciones de litigios u objetos semejantes (?). Si a pesar de todo el litigio continúa siendo dudoso, deberá decidirse de acuerdo (!) a los principios generales del Derecho.

adoptada correctamente con la cuestión de cuándo ha mediado una interpretación correcta.

La idea de la «legalidad» de todas las decisiones judiciales es hoy algo superado[9]. La «lucha por la Ciencia Jurídica», que arranca y encuentra justificación en los insatisfactorios resultados del tradicional método de interpretación y en el que la Escuela «moderna» y «del derecho libre», al menos en Alemania, centraron en un principio su esfuerzo de oposición[10], se alzaban contra la teoría de la unidad lógica del derecho, contra la existencia de numerosas lagunas legales, y contra la insuficiencia y la pobreza de los procedimientos de la teoría tradicional de la interpretación jurídica, acentuando el hecho psicológico de que en la toma de decisión del juez que dicta sentencia, en realidad, resultan más decisivos los momentos intuitivos e irracionales, que las esforzadas deducciones y construcciones orientadas a descifrar la letra de la ley. Quienes participaban de aquella orientación entendían que la metodología positivista vigente era en realidad una indigna y ridícula suma de conceptos y construcciones que oscurecía el camino a recorrer para encontrar la verdadera decisión, y que impedía saber dónde realmente debería ser bus-

---

[9] «Creo que hoy es posible decir que el dogma de la inexistencia de lagunas legales, de la unidad lógica del derecho o de la correspondencia de las decisiones con las fuentes, ha quedado obsoleto» dice Jung (*Positives Recht*, Giessen, 1907, p. 41). Jung fue uno de los primeros autores en poner de manifiesto los absurdos lógicos y las arbitrariedades en que incurría la hermenéutica tradicional en su artículo «Vor dem logischen Geschlossenheit des Rechts», Berlín, 1900, en la *Festgabe der Giessener Jur. Fakultät für Dernburg*, pp. 131 ss.

[10] Como subraya Rogge, *Methodologische Vorstudien zu einer Kritik des Rechts*, Berlín, 1911, p. 3.

cada, a saber: en la conciencia jurídica, en la ponderación de intereses, en la referencia a las necesidades del tráfico jurídico, en las consideraciones sociales. La interpretación extensiva o restrictiva, la analogía construida desde la «igualdad» (siempre problemática), o incluso a través de la «semejanza» (igualmente problemática) de las «causas jurídicas», los argumentos *e contrario* eran aplicados sin invocar ningún principio metodológico claro, en una promiscua indiferencia que permitía trasladar un resultado previamente escogido a la solución de un problema completamente diferente. En todo este proceso de construcción lógica del razonamiento jurídico, el sujeto que lo practicaba era consciente de lo atrevido de su proceder, un atrevimiento que con independencia de proporcionar o no una resolución aceptable, resultaba en cualquier caso inevitable. Es comprensible que semejante situación ofreciera un flanco fácil a la crítica de la Escuela del derecho libre. En cualquier caso, donde más se evidenciaba la insuficiencia de todo el razonar tradicional de la argumentación jurídica era en aquellos supuestos en que se procedía por analogía y en base al *argumentum e contrario*. Y ello no tenía nada de extraño. Nada más sencillo que mostrar las incoherencias lógicas y los errores en que se incurría al pretender deducir, acudiendo a la analogía, un gran número de preceptos del principio que encierra otro precepto, en un proceso de «consecución lógica», de pura «relación entre consecuencia y causa»[11].

---

[11] Así se define la analogía en la mayoría de las ocasiones. Las expresiones que aparecen entrecomilladas en el texto están tomadas del trabajo de Tröhl, *Einleitung in das deutsche Privatrecht*, Berlín, 1851, pp. 154-155.

Con este proceder se aspira a una deducción puramente lógica de los conceptos; se pasa por alto, sin embargo, que por un camino puramente lógico se pueden ordenar los conocimientos, pero no se puede aumentar su contenido, e incluso se olvida que entre premisa y consecuencia cabe un silogismo, pero que entre consecuencia y premisa en ningún caso existe una relación estable[12]. Si así fuera, entonces, estaría justificado deducir de un fin último del derecho, entendido como un todo cerrado y sistemático, cada una de las decisiones concretas[13]. La teoría precedente opera siempre con

---

[12] Que tanto la analogía como el argumento *e contrario* son una reflexión teleológica lo han percibido particularmente: Jung, *Logische Geschlossenheit*, p. 140. Kantorowicz (Gnaeus Flavius), *Der Kampf um der Rechtswissenschaft*, Heidelberg, 1906, p. 26 (cfr. con Graf Dohna en *Jur. Lit. Blatt*, 18, p. 157, quien «en cada frase de su inteligente escrito dice firmar» las explicaciones de Kantorowicz). Heck, Goldschmitdts Z. f. d. g. H. R., 37, p. 278, y en este sentido resulta particularmente profundo, Brütt, *Die Kunst der Rechtsanwendung*, Berlín, 1907, p. 79. En cualquier caso parece adecuado concluir que la desorbitada riqueza lógica de los conceptos jurídicos y la particular promiscuidad de la enorme prole de sus representaciones toca ahora aparentemente a su fin. Afirmaciones anteriores en relación con esa cuestión son las de Wach, *Handbuch des Zivilprozessrechts*, I, p. 256, para quien la analogía sirve no a la pura lógica, sino al «conocimiento de lo que es racional»; ver también Schein, *Unsere Jurisprudenz und Rechtsphilosophie*, Berlín, 1889, pp. 158 ss. De interés son a ese propósito las notas sobre la palabra «lógico» de Sternberger, *Einführung in der Rechtswissenschaft*, I, Bd., Leipzig, 1912, p. 119.

[13] Simmel, *Arch. f. Sozialw.*, XXXIII, 1911, p. 4. «En la medida en que se concede la existencia de un fin último objetivo de carácter permanente en cualquier construcción jurídica, es posible construir en cierta medida a partir de él cada una de las determinaciones individuales del derecho, acudiendo, en principio, a un modo de argüir puramente racionalista. Únicamente a semejante objetivo le es concedido proceder de un acto supralógico que no requiere cristali-

«conceptos» lógicos y pretende presentar y hacer pasar por pura lógica lo que en verdad es una construcción teleológica, incurriendo entonces en el error lógico de que ante la necesidad es posible deducir lo general de lo particular, el *genus* de la *specie*[14]. También en el supuesto del argumento *e contrario* se trata de una construcción teleológica, en la que se extraen conclusiones ante el silencio de la ley. Ese tipo de argumentos pueden acertar algunas veces, pero hacerlos pasar por «lógicos», por generalmente válidos, implica incurrir en falsedad. Lo ilógico de todo este proceder argumentativo se demuestra en que tan pronto se acude al razonamiento lógico como al razonamiento *e contrario*, sin

---

zar como la estructura lógica que se exige a cualquier razonamiento singular que dimana de él. Se trata de un acto de conciencia no de lógica». Al establecimiento de un fin supremo de ese tipo al que caben aplicar todas y cada una de las palabras de Simmel, van Calke le otorga la denominación de teoría perfeccionista, véase *Politik als Wissenschaft*, Leipzig, 1899, y *Ethische Werte im Strafrecht*, Berlín, 1904.

[14] Un solo caso de ese error, la deducción del concepto de culpa de su «modo», lo he tratado en mi obra *Über Schuld und Schuldarten*, Breslau, 1910, § 1. (Las digresiones metodológicas ocasionales [por ejemplo, p. 130] encuentran su justificación en la presente investigación.) Conviene citar el lugar donde Aristóteles refiere este error: ἔτι ὡς ἐν τοῖς λόγοις τὸ πρῶτον ἐνυπάρχον ὃ λέγεται ἐν τῶ τί ἐστι τοῦτο γένος, οὗ διαφοραὶ λέγονται αἱ ποιότητες (item ut in rationibus quod primum inest, quod dicitur in eo quod quid, hoc genus, cuius differentiae dicuntur qualitates). Τῶν μεταὶαφυσιχὰ Λ 28.1024b y 1. c. B. 3. 998b: χἂν εἰ ἔστι τὴν τῶν ὄντων λαβεῖν ἐπιστήμην τὸ τῶν εἰδῶν λαβεῖν, καθ' ἃ λέγονται τὰ ὄντα, τῶν γὲ εἰδῶν ἀρχαί τὰ γένη εἰσίν (cum autem singula cognoscamus per definitiones, principia vero definitionum genera sint, necesse est definitorum etiam principia genera esse) [Se refiere a *Metafísica*, IV 28. 1024 b y 1. c. II. 3. 998 b. *N. de la T.*]. Para comparar, Stammler, *Theorie der Rechtswissenschaft*, Halle, 1911, pp. 6-7.

que en ningún caso se explicite el principio lógico que está en la base de ese operar alternativo. Cierto que existe un fundamento, una reflexión teleológica que determina que las argumentaciones lógicas sean un «instrumento», un medio para fundamentar resultados a los que se ha llegado de otro modo. Los conceptos jurídicos son tan poco fértiles como pudiera serlo cualquier concepto[15]; fértil sólo es el fin. Se ha demostrado que «la razón sirve al bien y al mal»[16]. Efectivamente se ha demostrado, para parafrasear la genial expresión de Hegel, «la mentira inmortal del método del entendimiento y de su razonar»[17].

Con todos estos argumentos refutaba no hace poco la Escuela del derecho libre[18] las tesis de la hermenéutica

---

[15] De modo aun más agudo formula Gruppe esta tesis, Antaeus, 1831, p. 276, Citado por Vaihinger, *Die Philosophie des Als ob*, Berlín, 1911, p. 392: «Los conceptos se originan en la praxis lingüística y tienen sólo una aplicación práctica; de ellos mismos no cabe deducir nada teorético; no se puede "derivar" nada de ellos; son sólo medios no contenidos, sólo abreviaturas y ayudas para la expresión». Para la realidad de los conceptos es novedoso Kohler (*Arch. f. Rechts- und Wirtschaftsphil.*, III, p. 324), aunque en otro contexto.

[16] Jordan, «Bemerkungen über den Gerichtsgebrauch, dabey auch über den Gang der Rechtsbildung und die Befugnisse der Gerichte», *Arch. f. d. ziv. Praxis*, Bd. 8 (1925), p. 219, quien además (por ejemplo, p. 208) acentúa nuevamente vehementemente muchas cosas.

[17] *Grundlinien der Philosophie des Rechts*, Berlín, 1821, p. 11. Véase, por ejemplo, la nota 1 [Corresponde a la Observación del § 3. *N. de la T.*].

[18] Conservaremos de momento esta definición para caracterizar una corriente de pensamiento jurídico que se articula desde esa característica. Su nombre indica por sí mismo muy bien a qué refiere, esto es, a un derecho libre, es decir, no positivo (Ehrlich y Kantorowicz), y que, por tanto, se sitúa en paralelo con las corrientes de-

tradicional del derecho todavía vigente. Los efectos de su crítica sólo pueden ser calificados de fulminantes. Su éxito fue también desacostumbrado, particularmente en comparación con intentos anteriores de aspiraciones semejantes[19], y hoy ha llegado afortunadamente tan lejos que una conocida cita de Bergbohm ya no puede atemorizar a nadie[20]: «Quien llena los habituales vacíos del sistema jurídico positivo —advertía Bergbohm— con elementos procedentes de un sistema no positivo no importándole de dónde sean deducidos, aquel que cree firmemente que las normas jurídicas, los preceptos, deben ser y que no cabe ponerlos en cuestión por el hecho de pertenecer a otro sistema de derecho diferente, merece la consideración de creyente en el derecho natural». Hoy es posible hablar de derecho natural[21] sin

---

fensoras de la libertad religiosa o que ambicionan liberarse de un romanismo enemigo de la vida o de las tendencias reaccionarias del derecho natural (Rogge). La posición de este trabajo sobre los diferentes aspectos que consideramos válidos de las aportaciones originadas por la Escuela del derecho libre se irá exponiendo en el curso de la explicación, y en los capítulos siguientes.

[19] Ver sobre esto el comentario referido en la nota II de la conclusión. Ahí no está recogida la objeción de falta de originalidad, que queda aplazada, lo que no obsta para señalar que en tales corrientes no resta espacio para preguntarse por la originalidad o la no originalidad. Véase las explicaciones de E. Rosenbaum, *Ferdinand Lasalle*, Jena, 1911, pp. 2 ss.: «que el concepto de originalidad en sentido propio no se funda de ningún modo en la prioridad o la independencia de los pensamientos».

[20] *Jurisprudenz und Rechtsphilosophie*, Leipzig, 1892, p. 134.

[21] Ehrlich, *Freie Rechtsfindung und freie Rechtswissenschaft*, Leipzig, 1903, p. 23: «El derecho natural ha perdido ciertamente como tal su poder sobre los espíritus, pero su semilla ha germinado: la Ciencia Jurídica alemana en muchas direcciones es inconscientemente heredera de su contenido». O Kantorowicz, *Kampf um der Rechtswissenschaft*, p. 10, donde se habla de la «resurrección del

ser tomado por un ideólogo o por un soñador y la frase *fiat justitita pereat mundus*, que sólo era una expresión particularmente efectiva del ideal de autenticidad implícito en cualquier resolución judicial, ha perdido aceptación y fuerza motivadora, y no vale ya como disculpa[22]. En cualquier caso no es este el objeto de nuestro estudio; como tampoco lo son las ventajas que ha propiciado la nueva Escuela del derecho libre en aras a sacar a la luz nuevos problemas: el lugar de la Dogmática Jurídica (*Jurisprudenz*) en la teoría de la ciencia; la relación entre psicología y Dogmática Jurídica (*Jurisprudenz*); o entre sociología y Dogmática Jurídica (*Jurisprudenz*), no forman parte de nuestras preocupaciones. Lo único que aquí importa es que la praxis judicial no se puede explicar por referencia a la ley positiva. De ahora en adelante contrapondré a este error la siguiente formulación de Unger: la ley se encuentra llena de lagunas, el derecho carece de ellas. Cierto es que aquí no se explica, o al menos resulta discutible, lo que deba entenderse por derecho.

Y ahora, de nuevo para volver a nuestro problema: un sector de los adversarios de la visión tradicional,

---

derecho natural en figuras cambiantes». Stammler llama a su «derecho recto» un «derecho natural con un contenido variable».

[22] Ya Leist, *Über die dogmatische Analyse römischer Rechtsinstitute*, Jena, 1854, p. 68, ha hecho la siguiente advertencia al respecto: «La sentencia *fiat justitia pereat mundus* que ha ayudado frecuentemente a encubrir la oposición a la "naturaleza de la cosa" se da la vuelta simplemente a sí misma; no tiene fundamento en el mundo, sino más bien lo asalta». No hay que perder de vista que en esta ocasión Leist se enfrenta a la realidad empírica de la norma. La refutación de la frase vale sólo para el caso en que se presente como contenido de la *justitia* el resultado de su particular método de interpretación.

parte del *factum* psicológico de que son los momentos «voluntaristas» los que obran en el fallo del juez que decide una sentencia. Según ese decir la sentencia ha sido concebida antes de que se haya establecido su fundamentación, es decir, con anterioridad a que pueda ser deducida desde la premisa de la ley. De ahí se extraen conclusiones que permiten responder a la cuestión del cuándo una decisión puede ser considerada correcta[23]. Se dice que el intérprete, o el juez en último término, se deja llevar por su sentimiento, de lo que se deduce, de modo más o menos explícito, que es superfluo conservar la argumentación como eslabón intermedio; en la construcción del fallo, parecería bastante más razonable y más auténtico apelar abiertamente a la recta conciencia del juez y a su saludable sentido común, antes que seguir representando semejante comedia. Lo que pueda verdaderamente hacer el juez, en términos psicológicos, al tomar una decisión, determinará después la rectitud de la misma. Generalmente se señala con gran rotundidad hasta qué punto un juicio se encuentra me-

---

[23] Así lo hace en concreto Rumpf, *Gesetz und Richter. Versuch einer Methodik der Rechtsanwendung*, Berlín, 1906, cap. IV. Una interpretación suya en Brütt, op. cit. p. 182. Antes había llamado la atención sobre ese punto Schlossmann, *op. cit.*, p. 35, «nosotros en realidad andamos» sin pensar en la génesis psicológica de la decisión. Particularmente frecuentes son este tipo de reflexiones en Fuchs, por ejemplo en *Die Gemeinschädlichkeit der konstruktiven Jurisprudenz*, Mannheim, 1909, pp. 30-31 y 38. Véase también, a modo de ejemplo, Friedrich, *Die Bestrafung der Motive und die Motive der Bestrafung*, Berlín, 1911 (el lugar a que se refiere en *Arch. f. Rechts. u. Wirtschaftsphil.*, III, p. 207). H. U. Kantorowicz no forma parte de este contexto, porque orienta el problema de la praxis judicial de un modo psicológico y no se pregunta por la «rectitud». Al menos así lo afirma claramente en su trabajo *Zur Lehre vom richtigen Recht*, Berlín, 1909.

diatizado por consideraciones extralegales, de lo que se sigue que el inextricable debate acerca de la significación que encierra la letra de la ley, no puede conducir a un resultado acertado.

En cualquier caso, esta conclusión en su ilimitación es incorrecta. De la confrontación con el origen psicológico de una decisión no se puede extraer ningún criterio que permita precisar correctamente su rectitud. A ningún jurista se le ocurriría intentarlo en su praxis. Todos saben que la sentencia dictada por un juez que ha sido objeto de un soborno, y que tiene su origen en una acción injusta, puede ser tan justa como injusto pudiera llegar a ser el juez que no ha sido sobornado. La decisión del juez que tiene a sus espaldas una vista de seis horas tendrá en su favor una certeza psicológica mucho mayor que la que se toma al comienzo de la sesión; pero, ¿qué criterio podría deducirse de ello para valorar la corrección y certeza de su fallo? La fundamentación del juicio no puede confundirse con la explicación psicológica causal del enjuiciamiento. Para poner un ejemplo: un muchacho que por el hecho de tener las extremidades torcidas llega a la conclusión de que la tierra es redonda no ha hecho un descubrimiento digno de aprecio. La fundamentación pertenece al juicio, y la opinión verdadera no es conocimiento. Ahora bien, si por su parte un sabio del siglo XVII hubiera comprobado que todos los que creen que la tierra es redonda han llegado a esa convicción a fuerza de comprobar la existencia de personas con extremidades torcidas, ¿ello probaría, por ventura, que la tierra es plana o incluso un dado? ¿O es justamente porque con el transcurrir del tiempo el descubrimiento de aquel muchacho terminó resultando probado científicamente, por lo que su opinión vino a ser digna de aprecio, de modo que pudo reivindicar su método como un camino sencillo e inmediato que para alcanzar semejante conclusión no precisa de técnica alguna? Ni lo uno ni lo otro. Al argumento psicológico se le podría plantear la cuestión de por qué el juez o el intérprete jurídico no se dejan guiar inmediatamente por su sentido jurídico, sino que se ven obligados jurídicamente (y también esto es sentido jurídico) a «construir», y a tener por decisiva para la fundamentación de su juicio, la lógica de su construcción dogmática (*Konstruktionsjurisprudenz*) y no las consideraciones sentimentales. La cuestión de si con ello estarían siendo injustos, no resulta tan evidente como en la actualidad se acostumbra a decir. Se puede verificar el siguiente paralelismo: no porque un fariseo explique al mundo los motivos inmorales que están en el origen de sus actuaciones con argumentos morales, se debe concluir que toda actuación que invoque fines morales es falsa por el simple hecho de que un hipócrita que pretende encubrir sus verdaderos objetivos utilice la moralidad como subterfugio, antes al contrario, tal vez fuera posible pensar que se asiste a un triunfo de la moralidad, a la que el hipócrita con su hipocresía rinde tributo. Se trata aquí, naturalmente, de ponderar la relación entre motivos reales y pretendidos, y las consecuencias que de ella se derivan para el enjuiciamiento tanto de unos como de otros. No cabe, sin embargo, extraer consecuencias de ese comportamiento psicológico para construir una valoración de los motivos[24]. De

---

[24] Incluso si un psicoanalista de la escuela de Freud, irreprochable y perfecto en su lógica, se hubiera referido a una decisión jurídica diciendo que tiene su origen psicológico en los afectos infantiles, en sublimaciones e introspecciones, no hubiera condicionado

una investigación psicológico-experimental del proceso en el alma del juez no se puede concluir cuándo debe ser tenido por justo su juicio. Al suponer que debe ser tenido por correcto el juicio que hoy de facto se considera como recto, se pone de manifiesto una grave falta, a saber: un criterio de rectitud es presentado como la representación de lo correcto[25]. En el mismo momento en que una decisión es tomada —da igual como se haya originado—, en su fundamento subyacen ciertas normas, que no guardan ya ninguna relación con la génesis psicológica individual o social de la decisión concreta, o de la representación dominante, y que surgen en una esfera completamente diferente.

Ahora bien, todos los oponentes de la vieja teoría de la interpretación, que en su mayoría participan de la crítica a la relación de causalidad entre explicación genética y reflexión normativa, tienen en común el hecho

---

los fundamentos del razonamiento jurídico (algo que Freud no aceptaría en absoluto).

[25] Hegel, *op. cit.*, p. 5 [se corresponde con el § 2 de la *Filosofía del Derecho*. (*N. de la T.*) (He utilizado la traducción española de Juan Luis Vermal, *Principios de la Filosofía del Derecho o Derecho Natural y Ciencia Política*, Edhasa, Barcelona, 2005)]: «El modo en que este concepto es por sí en su verdad y el modo en que está en la representación no sólo pueden, sino que también deben ser distintos, en cuanto a su forma y a su configuración. No obstante, si la representación no es también falsa en cuanto a su contenido, se puede perfectamente mostrar cómo el concepto está incluido y presente en ella de un modo esencial; en otras palabras, la representación puede ser elevada a la forma del concepto. Pero no puede ser de ninguna manera medida y criterio del concepto por sí mismo necesario y verdadero, sino que, por el contrario, debe tomar de éste su verdad, y rectificarse y conocerse a partir de él». Este párrafo, como el de la p. 8 de la obra citada, conservan su significado, aunque se entienda por «concepto» algo diferente de lo que entiende Hegel.

de situar en el lugar que tradicionalmente ocupa la vieja doctrina de la interpretación jurídica otras nuevas teorías de la interpretación que se mueven en el marco del derecho positivo, dentro del ámbito de la ley positiva. Objetivo común de todas ellas es encontrar «normas suprapositivas» que trasciendan al derecho positivo y que por ser más flexibles y capaces de adaptarse a los hechos confieran al juez mayor libertad de juicio. El «derecho» que aplica el juez recibe un nuevo contenido desde fuera, es decir, desde el exterior de la propia ley positiva. Esos supuestos «metalegales» deberían ser aprovechados en cada una de las decisiones y debieran poder ser empleados como fundamentos de la decisión del juez. Si, por ejemplo, se parte de un determinado «ideal cultural», cabe la posibilidad de deducir, desde ese ideario o postulado, la lógica a la que responden las normas, lo cual redunda en una mayor certeza de su contenido e ilustra al juez en relación con las lagunas legales o incertidumbres del derecho positivo. Es así como se amplía el espectro de normas que permiten al juez tomar su decisión y emitir sentencia, y se remedian las dificultades e impedimentos de hecho que lleva implícita una rigurosa observación del tenor literal de la legalidad positiva, que prescribía al juez el método interpretativo tradicional. Se trata de un proceder que contribuye, es evidente, a construir fácilmente aquellos juicios que se corresponden con el sentido jurídico, con la «sensibilidad jurídica propia de una determinada época cultural» (Berolzheimer). Lo problemático es que precisamente el punto clave para poder hacerlo exige recurrir a esas instancias o supuestos extrapositivos. Hasta qué punto ello resulta lícito es algo que no puede ser abordado en este momento en el que lo único que pretendemos es plantear el problema. Ahora bien, conviene insistir en que estas últimas observaciones establecen la «legalidad» como criterio de rectitud de la decisión, y que se diferencian de las viejas teorías de la interpretación, en lo referente a este punto, únicamente en que cuando emplean la palabra «legalidad» entienden cosas diferentes por ley, lo cual, sin embargo, no les exime del deber de proceder a aplicarla y a interpretarla. Tampoco este punto de vista permite discernir entre el criterio que fundamenta una interpretación correcta y el criterio que hace posible una decisión correcta. Del dato de que todas las elucubraciones interpretativas de las diferentes corrientes tengan por cierta semejante indistinción, se obtiene un nuevo punto de partida para construir nuestra reflexión. Provisionalmente debo repetir que la cuestión que aquí importa es estudiar aquello que hace referencia a la rectitud de la decisión del juez.

CAPÍTULO II

LA VOLUNTAD DE LA LEY

La praxis judicial actual pretende identificarse con la aplicación de la ley. Como principio legítimo de esa aplicación invoca, bien la «voluntad del legislador», bien la «voluntad de la ley», y a la pregunta por la rectitud de la decisión judicial responde diciendo que una decisión judicial es correcta cuando ha sido prevista por el legislador en el derecho positivo; es decir, cuando decide tal y como lo determinó la legítima instancia legisladora o, al menos (se añade sin el menor escrúpulo, como si no fuera una cosa totalmente diferente), cuando decide cómo esa voluntad lo hubiera hecho de haber previsto ese caso. Tanto la sentencia, como la ley, toman su fuerza de esa voluntad, cuyo contenido encierra la ley, y junto con la fuerza, adquieren una, al menos aparente, legalidad, es decir, el criterio de su corrección. Para utilizar la tan apreciada expresión lingüística en esta materia: la sentencia se origina en la fuente de la ley[1].

Si todo procede de una «voluntad», entonces lo más atinado sería considerar la voluntad real del legislador constitucional o del concreto «legislador» empírico como norma. Ello implicaría el llegar a intuir los procesos psíquicos de las personas que jugaron un papel en la construcción de las leyes, cuyos contenidos representativos concretos se convertirían en factores normativos. En esta concepción se acepta implícitamente que el concreto supuesto de hecho que precede a toda sentencia estaba previsto ya en el contenido de aquella representación y que lo que ulteriormente se expresa como fallo judicial es exactamente lo mismo que los «legisladores» históricos hubieran sentenciado de encontrarse en el caso. No es posible deducir sin más la sentencia de la letra de la ley. De ahí que sea preciso examinar si en algún lugar se encuentran consideraciones del autor de la ley susceptibles de contribuir a disipar las dudas respecto del sentido y alcance de su con-

---

[1] En lo que sigue se intentará hacer una crítica de la metodología jurídica dominante siempre por referencia a los intereses de este trabajo. De ahí que se aborde la cuestión de la «voluntad» de la ley o del legislador. No se pretende, sin embargo, exponer una visión exhaustiva del tema, ni hacer una historia de las teorías sobre la cuestión. La brillante crítica de la hermenéutica tradicional de Sternberg, *Allg. Rechtslehre* (I) I. § 12 es, a su modo, concluyente y no hay necesidad de incluirla aquí. En la medida en que las tesis de este trabajo y las de Sternberg («en la actualidad, exclusivamente la mediación del derecho objetivamente justo puede ser regla de todas las operaciones jurídicas» y «el verdadero legislador es la voluntad ética general, por referencia al desarrollo de su proceso psicológico», p. 139. Nota I) difieren sustancialmente, nos permitimos una detallada explicación de la teoría dominante en relación con la «voluntad» legítima de la ley.

tenido. Se presupone, por tanto, que la letra de la ley no es idéntica con el verdadero querer del legislador, sino que la voluntad real de éste la precede. Caso de que un reyezuelo del siglo XVIII sancione una ley que disponga: «en mi reino debe valer la dote romana como régimen matrimonial legal», y suponiendo que se verifique históricamente sin objeciones que él entendía por dote una comunidad general de bienes, entonces, según la concepción referida, la aplicación de la ley debe respetar su verdadera voluntad y, por tanto, considerar la comunidad general de bienes como régimen matrimonial. Esto es, naturalmente, un ejemplo, que no ha acaecido en la historia de forma tan extrema; ahora bien, en lo esencial, la concepción de que sólo la voluntad real puede ser normativa, procede de un modo semejante. Los llamados trabajos preparatorios de la ley, las justificaciones y «materiales preparatorios», que acompañan a un proyecto de ley, las manifestaciones de los miembros del gobierno ante las comisiones legislativas del Parlamento, etc., adquieren una gran importancia en este modo pragmático de ver las cosas, porque en su hacer se confunde no sólo simplemente el legislador jurídico con el portador histórico de esa función, sino también el «legislador» histórico con el legislador constitucional. Para el lego en la materia es muy claro: ley es aquello que el legislador, es decir, aquel que «hace» la ley, quiere o, al menos, de hecho ha querido, y eso ha de poder verificarse de algún modo. Si aún vive, sencillamente cabe dirigirse a él y preguntarle; en caso de que haya muerto, va a resultar sin duda más difícil llegar a conocer cuál fue su voluntad, pero con el desarrollo de la moderna investigación histórica, al menos no será imposible descubrirla. En un libro de texto de la «hermenéutica» jurídica[2] se utiliza, por ejemplo, la siguiente comparación: si alguien recibe una carta ilegible y busca descifrarla, piensa en quien la envía; quizás conoce su carácter, su modo de hablar, su letra, el fin de la carta y otros indicios útiles para descifrarla y así consigue leer la carta. En esa situación se encuentran el juez y el intérprete legal ante la ley que no es clara. La mímica de un abogado en la discusión de una ley, su tono de voz y sus gestos, son considerados, desde esta concepción, un medio de interpretación serio. Si la comparación con la carta es válida, entonces se puede citar a Plinio: *Nam sermonem vultus, gestus, vox ipsa moderatur: epistola omnibus commendationibus destituta malignitati interpretantium exponitur*, una cita a la que generalmente se hace referencia. Por otro lado, esto no suele ser tenido en consideración en la praxis, donde se apela con tanta frecuencia[3] a lo que el redactor de la ley «vio»; forma de proceder que viene a

---

[2] Lang, *Beiträge zur hermeneutik des römischen Rechts*, 1857, p. 64, quien se refiere al «hermeneuta teológico intelectual» Germar y a la interpretación teológica y jurídica como si fueran idénticas. En esta obra, en las pp. 64-65, se encuentra el citado texto de Plinio. Lang se merece también ser citado por su empeño por la claridad metódica. Eso es, por supuesto, todo. Como el «sólido fundamento» (S. I) expone la totalidad de la teoría de la interpretación, se queja de que las leyes «en las manos de los exégetas se convierten en niños malcriados» (p. XV), previene ante los «cantos de sirena» de Jhering (del que tiene presente la frase introductoria del artículo del *Jährbuch*, Bd. I) y se burla de la «procelaria de la jurisprudencia futura» sin calar el problema metodológico.

[3] Incluso un sabio como Lenel esgrime (en su tratado sobre el error en Jhering, *Jahrbuch*, XLIV) el argumento de que se debería haber tratado del error en la teoría de Savigny y en las Pandectas, porque hubiera influido en el autor del § 119 B. G. B. Contra él se ha manifestado Schlossmann, *op. cit.*, p. 23.

excusar la necesidad de ofrecer una explicación minuciosa. Esta interpretación del legislador, caracterizada por Sternberger como «fetichista», se basa en una confusión evidente entre el órgano del Estado y las personas concretas que actúan como sus correspondientes operadores. Utiliza la expresión «voluntad» de un modo ingenuo; quizás con una referencia histórica implícita al juez del Estado absoluto, el cual se tenía a sí mismo en cada una de sus sentencias por un funcionario del Príncipe, cuya voluntad concreta debería actuar, esto es, hacer efectiva[4]. Ello no obsta, naturalmente, para que en el día a día se tomen decisiones que en absoluto tengan conciencia de estar expresando la voluntad del legislador. En esta concepción, tanto las excepciones como los resultados de la interpretación de la ley son reconducidos a la presunta voluntad del legislador. Sin duda, este modo de ver las cosas atina más con lo que es la esencia de la interpretación, que aquella otra que sostiene que la interpretación no genera ningún nuevo contenido, sino simplemente desvela el que ya estaba implícito en la ley. Se apela a la frase: *tam conditor quam interpres legum solus imperator juste existimabitur* (C. I. 12 C. I. 14). Y las tesis XLIII y XLIV de *Positiones juris*, que presentó Goethe para su doctorado, rezan: *omnis legislatio ad Principem pertinet. Ut et legum interpretatio.* Esto era auténticamente consecuente. Sin embargo, en la praxis se terminan construyendo legisladores ideales, cuya voluntad expresa solamente lo que es razonable, y que desplazan al

---

[4] Así Adickes, *Stellung und Tätigkeit des Richters* (Gehestiftung), Dresden, 1906, p. 10, quien refiere a Stölzel, *Brandenburg-Preussens Rechtsverwaltung und Rechtsverfassung*, 1888, II, pp. 137-138.

legislador histórico. La legislación de las «Constituciones constitucionales» (*kostitutionellen Verfassungen*⁵) insinuaba ya esta transformación. Hoy en día se insiste una y otra vez, en contra de la autoridad de la voluntad histórico-fáctica del legislador, en que en el imperio alemán no existe en absoluto un legislador personal. De ahí que se hable solamente de la voluntad de la ley.

Las contradicciones e inconsecuencias prácticas que lleva consigo la teoría del respeto a la voluntad del legislador tienen su causa en que no se quiere admitir que se está operando con una ficción. Si se tomara conciencia de que en vez de con la «voluntad» del legislador real se está operando con una serie de momentos y contenidos «metapositivos»; y si la teoría de la interpretación se construyera desde esa conciencia, entonces se alcanzarían resultados valiosos tanto para la teoría como para la práctica. Muy por el contrario, sin embargo, la ficción se convierte en dogma⁶, y se asu-

---

⁵ Se refiere a un tipo de Constitución que aparece ya en 1816 en Sachsen-Weimar como un compromiso entre el poder monárquico y las libertades liberal-burguesas. Schmitt describe ese momento histórico en su *Teoría de la Constitución* al hablar del nacimiento de la Constitución, diciendo que las Constituciones «constitucionales» son Constituciones que surgieron sobre la base del principio monárquico. [*N. de la T.*]

⁶ Vaihinger, *Die philosophie des Als Ob*, Berlín, 1911, pp. 220 ss.: «El alma tiene la tendencia a equilibrar todos los contenidos de las representaciones y a establecer ininterrumpidamente relaciones entre ellos. La hipótesis (y como aparece en la p. 221, mejor, la ficción) se contrapone a esta visión en la medida en que no se puede colocar en una serie con las demás representaciones objetivas [...]. La representación verdadera tiene un peso estable, la hipótesis sólo un peso lábil: la psique, sin embargo, tiende a hacer estable todo contenido psíquico [...]». También en el caso de la ficción el alma está inclinada a acabar con el incómodo estado de tensión, que está

me pacíficamente que lo que opera como si fuese la voluntad del legislador, lo es realmente, y consecuentemente se llega a inventar al correspondiente legislador. Todo el aparato teórico posterior depende de ese legislador; se construye y se reforma desde él, en vez de partir del hecho de que se trata sencillamente de una ficción, de un «como si», cuya peculiaridad y contenido es justamente lo que se encuentra en cuestión. La progresiva orientación hacia la «voluntad de la ley» se construye de modo semejante y no es pensable sin la previa construcción del legislador ni desde un punto de vista formal ni material. Depende de la voluntad del legislador en la medida en que se le contrapone. Ella confiere vigencia a la voluntad del legislador. En primer lugar, en la realidad de los hechos resulta imposible transmitir en un tiempo y espacio determinado el contenido real y psicológico de la voluntad de una determinada persona, por ejemplo, de Justiniano o de Federico el Grande; pero, además, es absurdo intentarlo cuando se trata de la voluntad de una asamblea legislativa, por ejemplo, del senado o de cualquier otra asamblea compuesta por un colectivo de personas. En segundo lugar, la teoría de la «voluntad del legislador» desconoce la esencia de la ley. La ley no es un contenido fijo inamovible, sino una «fuerza constantemente viva» (Wach). Ley es sólo aquello que ha sido publicado como tal. Los materiales preparatorios de la ley, las recomendaciones o acuerdos de las comisiones, las opiniones privadas no son, como tales, ley. Por otro lado, esta teoría

---

dado con ella, a saber, el tratar algo que no está presente como si lo estuviera. «Así se convierte la ficción sencillamente en dogma: el como si se convierte en un porqué» (p. 222).

que pone el énfasis en la voluntad del legislador como criterio definitivo para determinar qué es el derecho se hace heredera de los viejos métodos de interpretación de la ley que no ponían especial énfasis en inquirir cuál fuera la voluntad del legislador. Según tales métodos, la voluntad de la ley es, a veces, más restringida que su letra, en ocasiones, más amplia. Así, de cuando en cuando (la determinación del momento concreto queda al albedrío del tacto [*Takt*] del juez) del silencio de la ley se deduce una conclusión que lleva a la voluntad contraria; otras veces (también aquí puede el intérprete precisar el cómo proceder) para suplir el silencio de la ley, se busca un supuesto de hecho semejante para el que se dispone de una regulación, de modo que puedan aplicarse «análogamente» las determinaciones válidas que resulten al caso; en el supuesto extremo, cabe buscar una analogía en la totalidad del espíritu del orden jurídico. Como se puede ver, la analogía introduce una indeterminación de tal calibre que, desde hace ya más o menos cien años, es considerada por algunos un «vicio de la interpretación»[7]. Gracias a estos artificios se puede inferir de la ley todo cuanto se quiera. Si faltara una cierta regulación en la aplicación de los argumentos ofrecidos por los diferentes métodos de interpreta-

---

[7] Rudhart, *Das Recht des deutschen Bundes*, Stuttgart, 1822, p. 9. Jordan, *op. cit.*, p. 227, le cita y opina que, cuándo se deba aplicar la analogía, «no se puede determinar por reglas generales; el ingenio y el juicio acertado (!) encontrarán analogías, donde la cabeza superficial busca en vano» y no olvida agudamente añadir «y viceversa». Expresiones similares que, en el intento de buscar una explicación metódica clara, responden con un razonable «tanto peor si el sentido común de alguien no dice suficiente», se las encuentra uno en este tema a cada paso y, ciertamente, no sólo entre los defensores de la explicación que estamos considerando.

ción, entonces bastaría con decidir en cada caso cuándo debe aplicarse un procedimiento de interpretación u otro. El elevado número de controversias jurídicas muestra hasta qué punto de este modo de proceder está ausente cualquier necesidad[8].

Tanto de la teoría que pone el énfasis en la voluntad de la ley como criterio definitivo para determinar qué sea el derecho, cómo de la que lo pone en la voluntad del legislador, interesa aquí lo siguiente: ambos puntos de vista se encaminan a dilucidar la corrección de la interpretación, no, en cambio, la corrección de la decisión en la praxis, la cual en ambos casos se considera «supuesta». Los dos procedimientos buscan interpretar, es decir, transmitir el contenido y el alcance

---

[8] Cuán insegura y vacilante es la hermenéutica tradicional en sus expresiones sobre su propio método se muestra en la sólo aparentemente clara frase de Rümelins, *Kanzlerreden*, Tübingen, 1904, p. 67: «A la pregunta por qué es o qué ha sido objetivamente derecho vigente, no puede responder el sentido jurídico; si intentara hacerlo, se encontraría bajo la sospecha de emplear una técnica científica, sometida a la ley de la hermenéutica y de la crítica histórica, aunque se puede afirmar que también aquí es posible añadir a la interpretación lógico-gramatical de las palabras una comprensión simpática de la intención en la creación jurídica del legislador» (ídem, p. 275). El modo en que el «aunque se puede afirmar» que la «comprensión simpática» se anuda con la técnica científica, contiene el siguiente jeroglífico indescifrable: 1. Depende de la intención del legislador (probablemente del histórico); 2. De ahí toma la técnica científica la capacidad de transmitir esa intención; 3. Parece que existe una relación entre la técnica científica y la comprensión simpática, de modo que se pueden unir; esa capacidad de sumarse supone una cierta homogeneidad y entonces hay que preguntarse: 4. Cómo es que entonces el sentido jurídico «no puede responder nada» a la cuestión de qué sea objetivamente (?) derecho vigente. Y 5. El derecho vigente objetivo, ¿no es algo diferente del contenido de la intención jurídica del legislador?

de una norma jurídica. Contra ellos la crítica de los últimos años ha denunciado que no están capacitados para realizar una mediación de ese tipo. A esta crítica habría que añadir otra, a saber: que ambos puntos de vista identifican la correcta interpretación con la decisión correcta. Esto es, sin embargo, lo que se pone en duda aquí. El contenido de la ley que se acepta como válido, precisamente porque lo aplica el juez, aparece en una nueva esfera, su función es ya otra; del mismo modo que el resultado de la aplicación de la ley a un caso concreto se diferencia del contenido abstracto de la ley. En ambas visiones, se diga lo que se quiera, falta la relación del precepto jurídico vigente abstracto e inmaculado al caso único, al tiempo que identifican confusamente el problema de la corrección de la interpretación (que se refiere fundamentalmente al contenido abstracto de la ley y al caso particular sólo en la medida en que la determina) con el problema de la corrección de la decisión judicial. A las teorías que ponen todo el énfasis en la voluntad de la instancia legisladora hay que preguntarles si es lo mismo interpretar rectamente y decidir rectamente o si, más bien, la corrección de la interpretación es un presupuesto de la corrección de la decisión, pero que no la genera; de modo que para enjuiciar la rectitud de una sentencia deberían entrar en juego otras consideraciones; y aún más, si, entre esas consideraciones, no debería variar el lugar que ocupa la interpretación, de modo que ella tenga su propia jurisdicción y no quede confinada a ser un presupuesto general para enjuiciar la rectitud de la decisión.

Tres prestigiosos autores han hecho hincapié en la normatividad de la voluntad del legislador y en particular de los textos que acompañan a la ley[9]. Con ello han logrado que la «opinión dominante» declare normativo el «contenido ideal positivo» de la ley, evitando así el uso de la expresión «voluntad del legislador»[10]. En su lugar se habla de la «voluntad de la ley». Pero también en esta expresión se hace preciso aclarar el vago concepto de «voluntad», del mismo modo que en la expresión «voluntad del legislador» se hacía preciso desvelar el fantasma del «legislador». La «voluntad» es, sin embargo, un fantasma peor[11]. Como si se estuviera ante una prueba, se dice con seguridad que el resultado de

---

[9] Binding, *Handbuch* I, pp. 471 ss. Wach, *Handbuch des Z. P. R. I.*, pp. 254 ss. Kohler, en Grünhut 1886, XIII, pp. 1 ss. Como ya en ellos se encuentran referencias bibliográficas completas, sólo citaré Thibaut, *Theorie des logischen Auslegung des römischen Rechts*, Altona, 1806, el cual, como también Kraus, en Grünhut 32, pp. 613 ss., hace consideraciones válidas sobre la seguridad jurídica (véase el capítulo siguiente) y el frecuentemente citado tratado de Schlossmann, *Irrtum über wesentliche Eigenschaften*, Jena, 1903, § 7.

[10] No han bastado las impresionantes voces de Binding, Wach y Kohler para crear desde la praxis una referencia constante a los materiales y una gran indeterminación sobre su relación con el texto de la ley. Véase la nota IV al final de este libro.

[11] Bacon de Verulam caracterizó la «voluntad del legislador» como una unión entre los *idolum fori* y los *idolum theatri* y una *suppositio phantastica* (Mauthner, *Wörterbuch der Philosophie*, München, 1910, pp. 75 ss., ha traducido *idolum* por «fantasma», de ahí la expresión en el texto. Bartoldy dice en la traducción anotada de S. Maimon, Berlín, 1793, pálidamente, «prejuicios»). Es de hecho una extraordinaria creación: una «voluntad» que siempre quiere el bien (*Reichsgericht*, Ziv. S., Bd. 67, p. 70), que siempre ha pensado en lo más importante (R. G. 67, S. 66, 68, p. 329), que se expresa del modo más rico posible (R. G. 73, p. 137), a la cual no se puede confiar nada, porque se comporta como las «personas débiles de voluntad» (Huhlemann en D. J. Z., 1911, p. 570), que tiene una «orgánica tendencia hacia el fin» y que debería ser extremadamente fecunda para todos, cuando esos animales encantados sean útiles.

una interpretación es la voluntad de la ley. Se habla también del «fin» de la ley y, con esa objetivación del fin, se hace referencia al fin que cualquier persona razonable hubiera perseguido en el caso de que una ley se ponga en cuestión. De este modo, lo que se intenta poner en relación[12] realmente es la teoría de la corrección de una sentencia judicial con la interpretación del proceder de una voluntad particular; con lo que se demuestra propiamente la inutilidad de la teoría de la «voluntad de la ley» como fundamento de la aplicación del derecho. Ésta depende de la obra de un legislador razonable tanto como la teoría de la «voluntad del legislador». Mientras el significado de esa «voluntad» no esté claro, es ciertamente indiferente que uno imprima a sus argumentaciones la impronta de la «indudable voluntad del legislador» o de la «indudable voluntad de la ley». Cuando se busca la corrección de la sentencia que debe dictar el juez en el mandato de una supuesta voluntad, entonces se acaba quedando encerrado en la ficción de que los resultados de la interpretación de la ley han de ser aceptados como si fueran leyes, es decir, mandatos. Lo que se busca para enjuiciar la aplicación del derecho es una voluntad segura. Es a ella, una vez descubierta, a la que el juez ha de quedar vinculado. Su sentencia viene a ser así un caso particular de esa voluntad. La sentencia correcta es de este modo la «voluntad verdadera». Ella manda, el juez obedece. El juez y la ley se encuentran frente a frente. Así entendida, la posición del juez es la de un funcionario en un Estado de Derecho. Su actividad hay que contextualizarla siempre te-

---

[12] En particular Danz, *Die Auslegung der Rechtsgeschäfte*, 3 Aufl., Jena, 1911.

niendo esto en cuenta. Ahora bien, si la cuestión se plantea de otra manera, a saber: si lo que se busca es un criterio de evaluación para la aplicación del derecho, es decir, para dictar sentencia, las cosas se ven de otro modo y aparecen otras categorías de análisis que, al menos conceptualmente, se pueden diferenciar de estas. Aunque pueda haber coincidencia en el contenido, el jurista debe poseer la habilidad y la capacidad de abstracción, al menos, para distinguir entre la cuestión de los deberes del juez en tanto funcionario y aquella otra sobre la rectitud de una sentencia judicial. Estas dos cuestiones no son idénticas en la medida en que, a pesar de que el juez como funcionario esté obligado a decidir con rectitud, a una obligación del tipo «decidir rectamente» antecede un criterio de rectitud, el cual, sin embargo, no está contenido en aquella obligación. A esto se puede replicar que la ley misma es el mandato, contiene el mandato. En cualquier caso, la «naturaleza imperativa» del precepto jurídico no es en primera instancia evidente. En segundo lugar, si la rectitud de la decisión está implícita en el mandato, entonces ha de tratarse de un mandato que se da al juez (y no, por ejemplo, al pueblo). Y, ¿qué pretende ese mandato? Claramente que el juez decida como está previsto en la ley. Ahora bien, decidir de esta manera supone, en primer lugar, acertar con la relación de adecuación que se establece entre la ley y el supuesto de hecho que ha de ser juzgado; y en segundo lugar, comprender adecuadamente el contenido de la ley (de los casos que no están previstos en la ley no se habla apenas). ¿Podemos asegurar con la pura deducción del contenido del mandato, que estas dos acciones discurrirán según lo prescrito, también en los casos de duda? En la ley no hay más que un contenido manifiesto.

Según la interpretación dominante, el juez debe en todo momento obedecer un mandato, cuyo contenido debe ser determinado generalmente por él mismo; de donde se deduce necesariamente que el enjuiciamiento de esa determinación, es decir, la pregunta acerca de su rectitud, no puede ser deducida del mandato mismo, pues el contenido mismo del mandato ha de encontrarse al mismo tiempo que el enjuiciamiento sobre su rectitud.

El contenido de esa «voluntad» que pende sobre el juez es siempre ya resultado de la interpretación; la cual, por su parte, no puede ser legitimada por su resultado. (En cualquier caso, la utilidad práctica del resultado no es un tipo de legitimación que se deduzca del contenido del mandato autorizado.) Todo acto de interpretación es una acción, una síntesis autónoma y creadora de un «legislador», se trate de una interpretación intensiva o extensiva, de una analogía o de «una prueba *e contrario*». El legislador se construye, no se reconstruye. El jurista que crea un sistema transforma viejas ideas e introduce otras nuevas. No hace falta ser un gran filósofo para darse cuenta de que siempre hay un antecedente que el civilista caracterizará como una especie de «concreción», como una transformación del material en una nueva construcción. «La interpretación, sea aclaratoria, extensiva, reductora, transformadora, crea un nuevo precepto jurídico. Cuando se niega esto, porque se dice que éste ya estaba contenido en la letra de la ley, se pasa por alto que la interpretación científica, al menos, ha puesto de manifiesto de qué manera lo está» (Thöl)[13]. Sigue siendo problemático el

---

[13] *Op. cit.*, p. 144, donde se enfrenta a Puchta (*Pandekten*, § 16) y subraya que la Ciencia del Derecho es necesariamente productiva

afirmar en este caso que la «voluntad de la ley» proporciona una regla y que la «legalidad» es un criterio sufi-

---

y no receptiva. Que él cometa el error de hacer de la ciencia jurídica una «fuente del derecho», es consecuencia de presuponer que todo aquello que se entiende como normativo para la decisión debe ser una ley; un error que volveremos a tratar, al abordar la interpretación que hace del juez un órgano creador de derecho, por razón de que él crea derecho a partir de fuentes que no son la ley. Por otra parte es inobjetable la frase de Sternberg, *Allg. Rechtsl.*, 1904, § 12 (p. 138): «No existe una diferencia material entre interpretación y legislación». Se trata aquí del precedente lógico en la aplicación del derecho y no de si el juez crea un derecho formal vigente o de si una praxis mantenida produce un derecho consuetudinario. Se muestra así que la «vinculación a la ley» o la «legalidad» no son criterios apropiados para evaluar la corrección de una decisión, puesto que en cada sentencia la ley parece adquirir un contenido nuevo. Hay que mencionar aquí la frase de Schlossmann, *op. cit.*, p. 34 (que se dirige contra Binding, *Handbuch*, I, p. 456): «Me parece que está presente un ὕστερον πρότερον, cuando se pregunta cómo se debe interpretar y aplicar la ley, y se entiende por ley todo lo relativo a la vida jurídica; sea como resultado de la investigación de la ciencia jurídica, sean las normas constitucionales conferidas por su fuerza o sea, por otro lado, como consecuencia de las disposiciones intelectuales de las personas que están influidas físicamente por ella». Sería, de todas formas, una confusión querer hacer del presente libro un ensayo de «sociología jurídica» (Kantorowicz, *Verhandlungen des Ersten Deutschen Soziologentages*, Tübingen, 1911, p. 276), porque en él se diferencie el derecho eficaz del derecho vigente. Aquí quiero mostrar solamente la insuficiencia de un cierto criterio de corrección de la sentencia judicial que se apoya fundamentalmente en hechos psicológicos. Ciertamente la cantidad de contradicciones lógicas internas en que incurre la «teoría de la legalidad» no inclina en su favor. (Dicho sea de paso, las investigaciones sociológico-jurídicas tienen sus propios problemas). Supone un desconocimiento, tanto de la doctrina del derecho práctica (*Rechtslehre*) como de la praxis judicial y una confesión de la vieja hermenéutica, el que Stammler afirme en *Die Lehre von dem richtigen Rechte*, Berlín, 1902, p. 4: «siempre se circunscriben [las consideraciones de la doctrina del derecho (*Rechtslehre*)] a una restitución técnica de un contenido

ciente de rectitud para la sentencia. Quien intente seguir pensando seriamente la teoría de la voluntad de la ley, se verá inmediatamente atrapado en una red de dificultades y de jeroglíficos irresolubles, se verá enredado en ficciones sin valor y en presunciones, de tal modo que la única ventaja de la «voluntad de la ley», a saber, su simple evidencia, pierde rápidamente su valor. Sencillamente, esa voluntad no es congruente con lo que toda persona razonable entiende por la letra de la ley, sino que se llega a ella a través de complicadas operaciones, hasta el punto de que es preciso repensar el lugar que ocupa la letra de la ley en la teoría de la interpretación, puesto que de ningún modo se la puede dejar de lado. ¿Acaso pone ella los límites dentro de los cuales se mueve la sentencia? ¿Es ella la tierra firme alrededor del océano en que navega la interpretación? O, ¿es simplemente el punto de partida, la isla en el mar ante cuyo espacio infinito se sitúan los intérpretes? ¿O hay que pensarlas como dos penínsulas que, al igual que los lados de un ángulo, pueden alargarse, de modo que la interpretación trata de permanecer en un espacio delimitado dentro de ese alargamiento de las penínsulas? Éstas son preguntas no sólo importantes,

---

de voluntad que está dado y que ha de ser interpretado con interés, porque está ahí». O también en la p. 607: «Esta fuera de duda que en muchos casos sólo se puede afirmar con seguridad el sentido real (?) de los preceptos jurídicos y de las instituciones, cuando uno ve cómo nacen en la situación concreta. Después, la historia del derecho es un medio útil para entender el resultado de la positivización de un derecho». En las pp. 313-314 la aplicación del recto derecho expresada en la praxis depende de que «la voluntad real del derecho escrito se le imponga (al juez) [...] y es muy posible que se produzcan dudas y peleas sobre si se corresponde un caso particular con la intención real de una cierta ley», etc. También *Theorie der Rechtswissenschaft*, Halle, 1911, pp. 340 ss., pp. 358 ss.

sino además pertinentes y en la expresión «voluntad de la ley» no encontramos ni siquiera un débil punto de apoyo para poder responderlas. Pero aún más: ¿qué momento en el proceso de obtención de la voluntad de la ley es normativo: «el contenido ideal objetivo» que tenía la ley en el siglo XVIII o el que tiene cien años después si es que la ley permanece vigente? El «sentido» de las numerosas determinaciones del *Bürgerliches Gesetzbuch* (BGB)[14] será dentro de veinte años diferente al actual. ¿Dónde está entonces esa voluntad, que se aplica de modo inmutable, «porque estaba ya presente ahí»?, ¿dónde está el contenido seguro bajo el que se subsume? ¿Qué significa el, de muchos modos denominado, «contexto histórico»[15] en el que la ley se ha originado? ¿Dónde se halla la «patria del pensamiento legislador» (Jhering)? ¿Cómo puede la fe en la «voluntad de la ley» responder a todas estas preguntas? Se dice frecuentemente: esa es

---

[14] El *Bürgerliches Gesetzbuch* es el Código Civil de Alemania. [*N. de la T.*]

[15] Puchta, *Pandekten* (7), 1853, p. 27 (la cuenta como «interpretación lógica»). Stölzel, *Staatliches und staatloses Ausland*, Berlín, 1910, interpreta el § 4 Str. G. B. yendo a la historia de su origen y dice entonces, pp. 64-65, nota I: «En el mejor de los casos, la convicción general de que cualquier otra interpretación no es sostenible científicamente está fundada en el conocimiento de su origen histórico». Sin que con ello se ponga en duda el acierto del resultado de Stölzel, hay que señalar, contra una frase formulada de ese modo, que la importancia de una prueba debe asegurar que está ordenada a la posibilidad de una revisión de las pruebas. Un resumen de los diferentes elementos en Kohler, *Grünhut* 23, p. 234: Sólo la letra de la ley es normativa; ésta, sin embargo, debe ser interpretada según el modo de pensar, el tiempo en que se origina, el contexto y el espíritu del nuevo tiempo; también las consideraciones «político-legales» son medios de interpretación; véase también *Entsch. des Reichsgerichts in Zivilsachen*, Bd. 54, p. 382, y Jhering, *Geist des Röm. Rechts* (5), II. 2, pp. 463 ss.

la ventaja de nuestra teoría, que con el paso del tiempo sucede que la «voluntad» crece y se desarrolla del mismo modo que lo hace el derecho, que es un organismo vivo. Muy bien. Sin embargo, en primer lugar, parece imposible subsumir algo bajo un «organismo vivo»; en segundo lugar, no se sabe en concreto cómo se comportan las diferentes formas que puede adquirir esa voluntad respecto del contenido manifiesto de la ley; en tercer lugar, continúa resultando una incógnita cómo resolver la paradójica situación de una voluntad que, al tiempo que aplica el derecho, constituye para sí misma una incógnita; y, por último, la palabra «organismo»[16] viene a ser de nuevo un fantasma que no aclara nada.

---

[16] Esa expresión goza aun de una popularidad explicable, aunque desde hace tiempo haya también quejas respecto de su indeterminación. También contra el uso de la palabra que hacen Savigny y Jhering; véase Leist, *Dogmatische Analyse*, 1854, p. 123. Pfersche, *Methodik der Privatrechtswissenschaft*, 1881, pp. 39-40. Jung, *Logische Geschlossenheit*, 1900, p. 140, nota. 1; y sobre la psicología de su aplicación en las ciencias sociológicas, particularmente en Schäffle, Leroy-Beaulieu, *Revue des deux mondes*, 1888, p. 920; así como las hirientes palabras de Gumplovicz, *Grundriss der Soziologie* (2), 1905, p. 23. Por supuesto ninguna representación es posible sin imágenes. Una reflexión «natural-simbólica» podría ser útil y necesaria (así lo dice Kuntze, *Der Wendepunkt in der Rechtswissenschaft*, 1856, pp. 66 ss.); pero en el punto decisivo remite a una vaga y poco clara analogía, que, más que solucionar la cuestión, lleva a confusión. El trabajo de Schäffle ha demostrado en el ámbito de la sociología los pocos progresos que permite esa analogía. No hay que perder de vista que para que las expresiones de la teoría filosófica del organismo sean «fecundas» para la jurisprudencia, han de permitir al menos una objetividad crítica. Por ejemplo, la «autoplástica del derecho», la «autotelia del derecho», su «entelequia», etc., o cuando alguien ve como un hecho científico el valorar la representación del paralelismo psicofísico que han hecho los filósofos al tratar de la relación del desarrollo del derecho y de la sociedad.

El análisis que acabamos de realizar muestra hasta qué punto es inapropiado acudir a la «voluntad de la ley» para encontrar un criterio adecuado de corrección para la sentencia judicial. No se trata, por ejemplo, de confrontar el orden jurídico vigente (es decir, que debe valer) con el orden jurídico empírico; o, dicho de otro modo, el deber ser de la ley, con lo que la ley es en los hechos de la praxis. Más bien se trata de mostrar que el material jurídico que se utiliza en cada caso concreto para encontrar la decisión judicial y las reglas de utilización de ese material no son idénticos; para poder dignificar la praxis deben añadirse otras valoraciones. (De ello se deducirá que hay que distinguir radicalmente entre praxis y doctrina del derecho [*Rechtslehre*]). Para la investigación teórica sobre el alcance y el contenido de una norma vigente y de sus relaciones sistémicas es indiferente que el contenido de la ley haya resultado también de una investigación; el legislador encontrado por esa vía podría actuar él mismo como su propio juez, aunque sea resultado de la interpretación. La interpretación jurídica cuenta, como toda actividad científica, con presupuestos indemostrables y siempre ha de volver a ellos. También las citadas explicaciones de Vaihinger sobre el significado y la justificación del «modo de pensar del como si» son importantes en este punto, porque restan solidez a la objeción de que el resultado de la interpretación no es la voluntad real. En la medida en que admite de antemano que esta voluntad sólo puede ser pensada como si fuera la voluntad real, lleva a que esa objeción carezca de sentido. (Aquí, más que atender a esa objeción, se ha mostrado la inutilidad de esa ficción.) Para el método de la praxis la cuestión se presenta de otra manera. Dejando ahora a un lado la insuficiencia e inseguridad con la que se construye la figura del «legislador» a través de palabras y expresiones, gracias a consideraciones relativas al «fin» (él mismo, de nuevo, construido sin claridad), a «la circunstancia histórica» y al «espíritu del presente»; se da la circunstancia, relevante desde el punto de vista metodológico, de que la *praxis* misma construye el «legislador» al que apela, el cual no es, por tanto, algo extraño a ella, algo impuesto desde fuera e independiente de ella. Se construye al legislador como se podría construir al habitante de la luna y así se consigue que la praxis se acomode mejor a las necesidades del tráfico jurídico. Sin embargo, esta ventaja no está en la intención de la teoría de la «voluntad de la ley». Su intención es simplemente vincular al juez al contenido seguro de la ley. Ahora bien, se ha mostrado que ese tipo de vinculación es imposible cuando quiere ir más allá de la determinación del lugar del juez en la estructura del Estado de Derecho. Esa vinculación es lógicamente imposible cuando pretende ser el criterio de la rectitud material de una decisión judicial. En ese caso es mejor callar acerca de su irreconciliabilidad con los hechos de la vida jurídica[17].

---

[17] W. Leist (*Über die dogmatische Analyse römischer Rechtsinstitute*, Jena, 1854, p. 28) ha aplicado un pensamiento ingenioso de Lichtenberg a la dogmática de un modo muy bello: «Cuando nuestra especie desaparezca de la tierra y venga otra, nuevamente organizada, a ocupar nuestro lugar, ¿qué idea tendrá del cuerpo de la mujer, caso de que para él no se haya conservado ningún vestido femenino del periodo anterior? Reímos y nos damos importancia, con razón, porque no se nos ocurre lo más mínimo estudiar el cuerpo envuelto desde su envoltura. Y, ¿qué hacemos cuando estudiamos Derecho?» Leist está hablando de la contraposición entre el derecho empírico y el vigente; es decir, está haciendo sociología del derecho.

Los métodos de interpretación actuales se han forjado en el correr de los siglos ajenos a la necesidad de encontrar una decisión judicial recta, gracias a la confluencia de métodos de interpretación teológicos, filológicos e históricos[18] y en conexión con las consecuencias derivadas de la función del juez, es decir, con la cooperación de elementos muy heterogéneos; de modo que no contamos propiamente con un sistema (efectivamente imposible con esa procedencia), sino con usos, de cuya observación se puede deducir una cierta probabilidad práctica. La teoría que entiende la «legalidad» como criterio de corrección de una decisión judicial necesita de esa doctrina de la interpretación para poder mantener en pie el criterio de la «legalidad». Ahora bien, este criterio debe ser afinado aún más: según él, una sentencia judicial es correcta cuando puede ser subsumida bajo el (relativamente) seguro contenido de las normas. La sentencia susceptible de ser subsumida es la correcta. En último término, por tanto, la «legalidad» entiende la subsumibilidad (con perdón) como criterio de corrección de una decisión judicial. Es imposible, sin embargo, con el tiempo, hacer como si no existieran dificultades prácticas derivadas de la eficacia del sentido jurídico, de las necesidades del tráfico jurídico, etc., para la aplicación del derecho. Por supuesto que también se ha negado esto. Brinz[19] ha descrito esta

---

[18] Sobre la historia de la relación entre la interpretación jurídica e histórica: Stitzing, *Geschichte der Deutschen Rechtswissenschaft*, I. Abt., pp. 88 ss. Véase, por ejemplo, Lamprecht, *Annalen für Naturphilos.*, I, p. 444.

[19] *Krit. Vierteljahrsschrift*, 15, p. 162; sobre este tema las explicaciones conceptuales de Zitelmann en su escrito «Lücken im Recht», 1903. El autor mencionado en la cita de Brinz es Adickes (*Zur Lehre von den Rechtsquellen*, 1872).

ceguera ingeniosamente como sigue: «La sed de más fuentes del derecho no está justificada *a priori* [...] el *horror vacui* que tiene el constituyente tiene ante sí el derecho mismo; no existe un espacio sin norma (*rechtlos*) en el derecho». Efectivamente, señala Brinz al final abiertamente: «Por supuesto aquí es tesis contra tesis. Pero, ¿en qué puede ayudar nuestra Biblia contra los incrédulos?». No ayuda realmente nada. Ahí está el problema. Con su negación no se resuelve nada; tampoco con que en los casos en los que la praxis se desvía o va más allá del derecho vigente se declaren casos de excepción[20]. Entonces debería haber una respuesta abierta a la pregunta: ¿son las decisiones sobre esos casos de excepción acertadas o falsas, siendo así que no son legales?, ¿se hace el juez responsable de ellas, a pesar de tener tras de sí la totalidad de la praxis y de que la responsabilidad no es imputable en la práctica? Habitualmente se responde a esta cuestión diciendo que propiamente esas decisiones son ilegalizables, a continuación se lleva a cabo una discusión sobre el poder de los hechos, y, finalmente, se suspende la legalidad como criterio de rectitud.

El enorme poder que ha tenido sobre los espíritus la concepción de la «legalidad» de la decisión impulsa a buscar una idea de ley que salve la subsumibilidad. De modo que, cuando el procedimiento de subsunción no

---

[20] Schlossmann, *Der Vertrag*, Leipzig, 1876, p. 180: «Basta un solo caso de consciente y equilibrada desatención de la ley para echar abajo toda la teoría vigente de las fuentes del derecho, puesto que un dogma científico *simul cum in aliquo vitiatum est, perdit officium suum*». Jhering, *Scherz und Ernst* (10), 1909, p. 325, lo critica y dice que un solo juez que haya olvidado su deber puede sacudir de un modo increíble la ley. Un caso típico de la confusión de la norma vigente con la eficaz, de la cual, por otra parte, tampoco está libre Schlossmann.

arroja resultados aceptables, de un modo natural, se achaca esa falta a la concepción de la ley y se la intenta modificar hasta que lleguen a serlo. Ésta es la idea que orienta la Escuela del derecho libre. Coloca junto al derecho positivo un derecho libre «suprapositivo»; por ejemplo, un derecho derivado de juicios de valor morales o de «normas culturales», y, consecuentemente, la legalidad de las decisiones adquiere un sentido más amplio que el que tenía en el viejo método. Mantiene en pie, de modo formal, el criterio de la legalidad y sigue la senda de la vieja teoría de la interpretación, que ya había intentado ampliar el contenido de la ley, aunque sin éxito. Ahora bien, con semejante ampliación del concepto de «ley» se arrebata a la «legalidad», entendida en el contexto del proceso de subsunción del caso particular bajo la ley, todo su valor como criterio de corrección de la sentencia judicial. Si el Tribunal Supremo[21] al tiempo que aplica la ley «ciertamente con sus lagunas», la acomoda «a las exigencias del tráfico civil», está implícitamente combinando dos criterios diferentes para evaluar la corrección de su juicio: por un lado, el criterio de «legalidad», por otro, la acomodación a las necesidades del tráfico jurídico. Es fácil reconocer la heterogeneidad de ambos criterios en las referidas palabras del Tribunal Supremo. Si, a pesar de todo, se sigue apelando a la legalidad como único criterio de corrección, entonces resulta que la palabra «legalidad» se convierte en una tautología vacía, en un resumen de todos los criterios efectivos desde la perspectiva de los hechos, y consiguientemente la argumentación empieza a girar en torno a su justificación.

---

[21] *Entscheidungen in Ziv.-Sachen*, Bd. 20, p. 325.

Los esfuerzos por construir las normas desde la idea de derecho, o derivándolas de un «ideal cultural», o de la «naturaleza de la cosa» (por otra parte poco popular actualmente) o de las necesidades de la vida del tráfico jurídico[22], están siempre orientados a la necesidad de que la subsunción bajo la norma sea posible de modo efectivo, es decir, a construir una norma con un contenido[23] (relativamente) fijo[24], por respecto al cual se pueda legitimar la decisión judicial. Efectivamente, cuando lo que está en cuestión es la rectitud de la decisión judicial, estamos ante una reflexión normativa. Ahora bien, la reflexión normativa no implica necesariamente que por un lado se piensen de modo abstracto los supuestos de hecho y sus consecuencias jurídicas, y después se mida por esta reflexión abstracta la senten-

---

[22] Otros refieren el sano tacto jurídico y la sana razón humana y, entonces, cuando se les pregunta discretamente por la legitimación activa y la sustanciación, ponen boca abajo la discusión, en la medida en que dicen a quienes les interrogan: las reglas «exteriores» sirven solo a las cabezas débiles, «si quisieran vanagloriarse de su pensamiento, entonces sería mejor que no interpretaran». Puchta, *Vorlesungen über das heutige römische Recht*, editado por Rudorff, 5.ª ed., 1862, como si un espíritu fuerte se distinguiera por sus sentimientos inarticulados.

[23] Eso quiere decir: El contenido, que para el juez y la sentencia es normativo, es un contenido fijo. Que cambie con el correr de los tiempos, que no exista ningún derecho natural con un contenido fijo, no es tema de discusión en este momento. Aquí no se trata del desarrollo del derecho y su contenido, sino que aquí sólo está en cuestión el momento en el que el juez dicta sentencia; y el contenido que le es ordenado en ese caso es fijo y está relativamente determinado.

[24] También Neukamp percibe el problema fundamental que intenta responder la Escuela del derecho libre en «Methode der Lückenausfüllung im Recht», D. J. Z., 1912, pp. 44 ss. Más en Sternberg, *Einführung in die Rechtswissenschaft*, Leipzig, 1912, I, p. 135.

cia concreta. La reflexión normativa no presupone necesariamente una relación estática de ese tipo. Cuando en el curso de la explicación que sigue lleguemos a deducir el criterio de corrección de una decisión judicial, a saber, que una decisión judicial se tiene hoy por recta, si se puede esperar que otro juez (como un tipo empírico) hubiera decidido del mismo modo; también se está procediendo a efectuar una reflexión normativa y, sin embargo, no se presupone por un lado una «ley» y por otro una decisión judicial concreta para, en esas circunstancias, llegar a la subsumibilidad. Las teorías de la legalidad han proscrito ya de hecho el viejo método de interpretación, aunque utilicen su técnica hasta en los pormenores. Para ellas, interpretar, en el sentido de fijar un contenido legal y subsumir bajo él la sentencia judicial relativa a un caso concreto, opera como el único modo posible de conservar la perspectiva normativa. Deberían observar que existen otras perspectivas normativas (por ejemplo, la de la ética) que, a diferencia de lo que ocurre en la Dogmática Jurídica (*Jurisprudenz*), no necesitan construir un método de interpretación para considerarse tales. Teniendo esto en cuenta, se vislumbra la posibilidad de encontrar un criterio de enjuiciamiento de la corrección de la sentencia judicial diferente de la «legalidad», y que, por tanto, pueda prescindir del contenido claro y del «que lo que uno quiera ver, haya de ser visto de modo semejante por todos». Si el criterio muestra su carácter normativo y cumple su tarea mejor que el criterio de «legalidad» no habrá razón para rechazarlo. Sería un malentendido banal el pensar que como el juez ya no tiene la obligación de decidir «legalmente», entonces, puede actuar con arbitrariedad. No hay duda de que, también en ese caso, la ley sigue siendo regla para el juez; ahora bien, eso no obsta para que la «legalidad» no baste como criterio específico de corrección de la sentencia judicial. Es preciso buscar un nuevo criterio.

Bajo la expresión «legalidad» de una sentencia se esconde una impenetrable maraña de presupuestos indemostrables, de presunciones y ficciones, los cuales tienen, sin duda, el valor práctico de posibilitar una administración de justicia que se corresponda mejor con las exigencias del tráfico jurídico. Además, la praxis judicial pertenece a aquellas cosas «que no se producen sin su propia ilusión». Pero una metodología científica debe hacerse consciente de las ficciones y examinar su utilidad. Si lo que se acaba mostrando es que esas ficciones oscurecen la verdadera relación de la aplicación del derecho con la ley y, además, interpretan falsamente el ya de por sí mal entendido postulado de la vinculación de la ley, entonces son reprobables. Es el caso de quien, teniendo la obligación de aplicar la ley, ensaya una sentencia que no satisface ni a él, ni a nadie, y sigue construyendo hasta que encuentra una sentencia que procede de la ley, a la cual denomina inmediatamente «verdadera voluntad» de la ley. Si realmente la praxis judicial es otra cosa, sería triste que se dedicara a esto. En cualquier caso, hay que tener claro que «la verdadera voluntad» no es nada más que una ficción que consiste en que interpretamos nuestra construcción y su resultado como si fueran la verdadera voluntad de la ley. Es cierto que hoy no se denomina «verdadera» la voluntad de la ley, sino que, con un alto sentido de rectitud, se presenta el siguiente sofisma: una sentencia es correcta cuando se corresponde con la voluntad de la ley, aunque no se pueden considerar incorrectas aquellas sentencias que no se correspondan abiertamente con el contenido manifiesto de la ley. Solución: eso es sólo apariencia; puesto que, por supuesto, esas también se corresponden con la verdadera voluntad de la ley. Una argumentación de ese tipo apoya su confusión en tres pilares que tienen un fundamento diferente tanto en el método como en el contenido, pero que se suelen denominar del mismo modo. La voluntad de la ley es: 1. Un mandato al juez; 2. El contenido ideal objetivo de la ley; 3. El contenido de una ley recta, que se denomina «verdadero». En su dignidad lógica y en su valor cognoscitivo, estos tres pilares están más o menos al nivel de la frase: uno siempre vuelve a su primer amor; si uno volviera al tercero, entonces ese sería el primero. Nuevamente se dice con frecuencia: el juez debe decidir como lo hubiera hecho el legislador. Ésa es una ficción heurística con un gran valor práctico. No debe, sin embargo, pasarse por alto que oculta el hecho de que suspende la «legalidad» como criterio de la corrección de una sentencia. Porque, como lo hubiera hecho el legislador, por supuesto, no lo ha hecho él.

El juez no puede convertirse en un *legibus solutus*; pero hay que buscar un criterio útil que no sea el de la «legalidad». El criterio de rectitud específico de la praxis judicial sólo puede deducirse de una reflexión sobre la praxis judicial misma[25]. Se verá que el temor a esa

---

[25] Conviene volver a insistir: La cuestión no es cómo la praxis participa en la producción jurídica. Es un hecho que la praxis ayuda a crear derecho. Es también un hecho que la aplicación práctica de un determinado precepto jurídico tiene en sí misma un significado psicológico, algo sobre lo que se volverá en el curso de la exposición: del «fenómeno psicológico de que una persona racional normal considere válido un orden jurídico, se deriva que se observe un

autonomía metodológica por miedo a que eso lleve consigo una inseguridad jurídica general, no es fundado. Aquí se ha mostrado abundantemente que el criterio de la «legalidad» no es capaz de lograr ni siquiera una sombra de determinación del derecho[26]. Pero, por suerte, el método de la praxis es mejor que el que la praxis tiene como propio.

---

precepto, y si ese precepto se observa y dura largo tiempo, se desprende que su observancia llegue a durar aún más tiempo». Así, Zitelmann, *Gewonnheitsrecht und Irrtum*, en *Arch. f. d. ziv. Praxis*, 66, p. 459. Es fácil ver que las leyes psicológicas y sociológicas que rigen el origen del derecho, se muestran válidas también en la aplicación de ese derecho. En una reflexión sobre la práctica jurídica es importante considerar esas teorías (véase el interesante libro de Lazarsfeld, *Das Problem der Jurisprudenz*, Wien, 1908, que está orientado a las ideas sociológicas de Gumplowicz y apunta agudamente a una serie de pensamientos centrales: por ejemplo, pertenece a la esencia de la controversia judicial real que en la ley no se pueda encontrar una decisión). La frase de que el poder social o la justicia producen la sentencia judicial, presupone una teoría sociológica y concierne a la explicación causal del origen de la decisión judicial; no a su corrección. En este contexto conviene traer a colación el argumento que Zitelmann, *op. cit.*, p. 373, esgrime contra la teoría de la voluntad en el derecho consuetudinario: «Ahí, sin duda, se ha originado el poder legislativo de un modo diferente, por ejemplo, bastante frecuentemente a través de usurpación despótica por parte de una personalidad enérgica».

[26] Stampe, *Unsere Rechts- und Begriffsbildung*, Greifswald, 1907, p. 37, dice incluso: «cuando el derecho complementario se hace con esos medios, nadie puede estar seguro de su derecho». Eso sería acertado si sólo existiera como criterio de la corrección de una decisión la «legalidad». Rabel, *Rhein. Z. f. Ziv.- u. Proz.-Recht*, III, p. 468, dice de la comprensión del comentario de Düringer-Hachenburg sobre la cuestión de la imposibilidad de la producción: «¿Debe ser eso derecho libre?, entonces debería ser derecho proscrito». (Éste es sólo un ejemplo de cómo la «legalidad» y la determinación del derecho se tratan como idénticas, siendo así que apenas lo son.)

CAPÍTULO III

EL POSTULADO DE LA DETERMINACIÓN DEL DERECHO[1]

En los últimos tiempos se viene diciendo que la ley con sus disposiciones no aporta ninguna novedad. Se

---

[1] Como transición del capítulo anterior a este es oportuno citar las, por lo demás importantes y hasta ahora poco advertidas, afirmaciones del conocido artículo de Jung, «Positives Recht», Giessen, 1907, p. 45, nota I: «... también para el derecho escrito es dudoso que se pueda decir que la obediencia debe ser obedecida, que el juez no está vinculado a instrucciones, etc. La vinculación consiste en que una desviación de las conductas, que incluso pudiera llegar a derivar en su opuesto, se percibe como un ataque a la conducta contraria, porque una comunidad concreta hasta ahora lo había observado de un determinado modo o porque se había manifestado en favor de su observancia. Y con ello el derecho positivo tiene el fundamento de validez más concluyente que puede tener, es decir, el mismo que el del "derecho recto" y que el derecho en absoluto». Yo no sé si Jung podrá consentir en los resultados de este trabajo; pero la orientación de su punto de partida está expresada en esas frases

funda en el orden de la vida y en las costumbres, representa las concepciones morales de un tiempo y un pueblo, las ideas culturales; en resumen, la institución legisladora asume, en lo que concierne al contenido de su acción, un carácter más propiamente ordenador y recopilador que creador. Puesto que hay una «*rapport, que les lois ont avec les principes qui forment l'esprit général, les moeurs et les manières d'une nation*»[2].

Las consideraciones de esta clase, en la medida en que conciernen en sentido estricto a la Dogmática del Derecho (*Jurisprudenz*), tienen un doble sentido. En primer lugar, de ellas pueden deducirse preceptos técnico-legales y político-legales: *c'est au législateur à*

---

con una claridad alentadora. También hay que nombrar aquí a Sternberg, *Einführung in der Rechtswissenschaft*, I. Bd. Leipzig, 1912 (Neuauflage der *Allgemeine Rechtslehre*, I. Bd., 1904). La nueva edición de esta obra apareció cuando este libro estaba ya terminado. Puesto que no he justificado la ocasional referencia en la notas a la importancia del libro de Sternberg, debo destacar ahora lo siguiente: Sternberg hace la importante distinción entre derecho científico y derecho subalterno acientífico (§ 12). Incluye dentro de este último aquellas prescripciones que, en las explicaciones del texto que sigue (en las cuales se hará completamente comprensible esta nota), se mencionan como ejemplos típicos de determinaciones jurídicas con una relativa indiferencia respecto del contenido. La diferencia está en que el trabajo presente no ve que a esas determinaciones (particularmente aquellas sobre plazos y cifras) haya que oponer un derecho importante o un derecho científico; más bien justamente en ellas se hace patente el elemento de la regulación abstracta, indiferente respecto del contenido. Se hace particularmente claro más adelante que ese elemento es, sin embargo, una parte constitutiva de toda determinación del derecho. (Lo mismo vale para el derecho «instruccional» de Kohler.)

[2] Montesquieu, *Esprit des Lois*, Amsterdam, 1758, T. II, Livre XIX. Título del capítulo. [La traducción es: «relación que las leyes tienen con los principios que forman el espíritu general, las costumbres y las maneras de una nación». *N. de la T.*].

suivre l'esprit de la nation, lorsqu'il n'est pas contraire aux principes du gouvernement[3]. En segundo lugar, se ponen en relación con la interpretación de las leyes; y es en este aspecto en el que la teoría tradicional de la interpretación coincide con las aspiraciones de la Escuela del derecho libre. Llegado el caso, esas consideraciones podrían resultar de gran importancia para llegar a descubrir «la voluntad de la ley». Si el contenido de la ley está definido por las percepciones valorativas del pueblo o por las consideraciones del tráfico jurídico, entonces forman parte de la voluntad de la ley que simplemente les presta su legalidad. Se genera así la presunción de que, en la duda, la ley siempre quiere lo que es conforme al tráfico jurídico, es decir, lo justo entendido en el sentido de los juicios de valor dominantes, etc.

En el contexto de la reflexión sobre la verificación del contenido de la ley se pone de manifiesto que esas consideraciones son válidas sólo para una parte de la ley e incluso se puede decir que con relación a una parte dentro de esa parte. Sin embargo, no son capaces de determinar el contenido de la ley para las partes restantes, bien porque su materia resulta extraña a esos elementos extralegales (por ejemplo, los plazos de prescripción), bien porque, en concreto, la indeterminación de esos elementos extralegales no permite una respuesta definitiva (por ejemplo, la ponderación que mide la pena para cada uno de los delitos).

---

[3] Montesquieu, *op. cit.*, art. V, T. III [La traducción es: «el legislador debe seguir el espíritu de la nación, cuando no es contrario a los principios del gobierno. *N. de la T.*]. Libro 29, art. XV previene de «choquer la nature des choses» [contradecir la naturaleza de las cosas. *N. de la T.*].

Estos casos ponen de manifiesto un dato fundamental de la vida jurídica, a saber, que muchas veces importa más el hecho de regular que el contenido concreto de la regulación. Salvo unas pocas excepciones, toda ley contiene ese momento que un civilista denominaría «aleatorio». Hasta cierto punto siempre es necesario que se «introduzca» algo, un contenido determinado. El tipo más puro de una determinación de contenido «aleatorio» lo representaría, por ejemplo, la orden de policía que establece que los vehículos deben circular por la derecha. Es, de hecho, indiferente que se decida circular por un lado u otro, ahora bien, es importante conocer el lado desde el que hay que ordenar la conducción y, por tanto, que se pueda contar con que generalmente se circulará por la derecha. Muy probablemente, también en este caso, lo que ha podido hacer la orden policial es sancionar las inveteradas costumbres del tráfico. De cualquier manera, el contenido mismo de esa costumbre no descansa en la reflexión sobre si es útil, moral o justo el circular por la derecha, sino más bien en que así se ha decidido.

Existen numerosas determinaciones jurídicas cuya naturaleza, en expresión de Savigny[4], descansa en una «relativa indiferencia»; cuyo contenido no es susceptible de consideraciones relativas al sentido jurídico o a la justicia distributiva y cuya elección se abandona a un mecanismo casual; casual en el sentido de que no se puede conocer su eficacia, es decir, en el sentido de que

---

[4] *System* I, p. 36, donde él ofrece una lista de ejemplos, en particular de preceptos jurídicos, que contienen determinaciones numéricas. Véase, también, Thöl, *op. cit.*, p. 137, y *Handelsrecht,* I, p. 46; también Jhering, *Geist* (5), I, pp. 51 ss. Zitelmann, *Lücken im Recht*, p. 29. Örtmann, *Gestzeszwang und Richterfreiheit*, 1909, p. 19.

no se puede dar una explicación causal. Este momento de arbitrariedad respecto del contenido está presente en todo derecho, tanto en la orden policial, como en las disposiciones formales del derecho civil y las especialmente ricas del derecho procesal, como incluso en las leyes penales que, en congruencia con las percepciones morales, asignan una pena a un supuesto de hecho. En este último ejemplo, el momento de la arbitrariedad se pone de manifiesto a la hora de fijar los límites máximos de la pena: no es fácil fundamentar desde el punto de vista del contenido que el máximo de una pena de cárcel sean cinco años. Una excepción a este ejemplo parece ser la pena de muerte por asesinato, porque en esa pena absoluta se expresa la conciencia jurídica, al menos de una parte de los juristas, de un modo tan claro que en este caso el significado en sí abstracto del decidirse pasa totalmente inadvertido ante la determinación del contenido de la decisión. Éste no es, de todas formas, el punto más extremo de la determinación del derecho, puesto que incluso en esta ocasión persiste el significado abstracto del decidirse (que es distinguible de la sanción jurídica de una norma).

Si se parte de la significación del momento del simple ser estipulado, del decidirse, entonces aparece en el primer plano de la reflexión una función del orden jurídico, cuya relación con la sentencia judicial, hasta donde yo alcanzo a ver, sólo ha recibido una particular atención por parte de Hegel[5]: el derecho puede pensar-

---

[5] *Grundlinien der Philosophie des Rechts*, Berlín, 1821, p. 214 [En realidad el texto que cita Schmitt es del § 214 que se corresponde con la p. 212 de la ed. de 1821 y no con la p. 214, como él dice. *N. de la T.*]: «No se puede determinar *racionalmente* ni decidir por la aplicación de una determinación proveniente del concepto si para

se desde la perspectiva de que su sentido consiste, sobre todo, en dar una regla. Desde este punto de vista, la ley positiva escrita, publicada de una determinada manera, sería el ideal de ley. Efectivamente, este ideal de ley define actualmente lo que se considera legal. El momento abstracto de la regulación, cuyo contenido se genera por referencia a determinadas «fuentes» y es considerado «aleatorio», es lo que confiere a la ley escrita su fuerza fáctica. Sin embargo, no se debe pasar por alto que se podría llegar con mucha mayor certeza a una ley que se corresponda con el sentido jurídico del

---

un determinado delito lo justo es una pena corporal de cuarenta golpes o de cuarenta menos uno, ni si corresponde una multa de cinco táleros y veintitrés centavos, o una pena de prisión de un año o de trescientos sesenta y cuatro días, o de un año y uno, dos o tres días, sin embargo, un golpe de más, un tálero o un centavo, una semana o un día de prisión de más o de menos son una injusticia. La razón misma reconoce que la contingencia, la contradicción y la apariencia tienen su esfera y su derecho, *aunque limitados*, y no se preocupa por igualar estas contradicciones y convertirlas en algo estrictamente justo. Aquí únicamente está presente el interés de la *realización*, el interés de que se determine y decida, de cualquier manera que sea (dentro de un límite). Esta decisión pertenece a la certeza formal de sí, a la subjetividad abstracta, que debe atenerse exclusivamente a interrumpir y fijar en algún punto *dentro de aquel límite*, para que haya algo fijo, y a razones determinantes tales como un número *redondo* o a algún número arbitrario como cuarenta menos uno». La diferencia fundamental entre las explicaciones del texto y esta frase de Hegel es que aquella «certeza formal de sí» (la cual, naturalmente, tampoco para Hegel viene asociada a la sanción judicial o a la fuerza normativa de una decisión) no se piensa como un tipo de contrapeso libre y pasivo de la norma jurídica, como algo que está en una relación «no racional» con el derecho y que tiene su ámbito limitado, sino como un elemento y un ingrediente de toda configuración jurídica, que puede ser aislada por mor de la reflexión conceptual y tomada como punto de partida de una investigación metodológica.

pueblo por la vía de la creación jurídica consuetudinaria. La razón de la primacía del derecho legal sobre el consuetudinario estriba fundamentalmente en la preferencia que manifiesta el postulado de la determinación del derecho por lo legal[6]. La justicia no es, por tanto, inmediatamente normativa para el juez[7], sino en la medida en que ha sido transformada, como si fuera una justicia de segunda mano; de lo que debe ocuparse el juez es simplemente de una sencilla subsunción bajo la ley, o ligándolo con el § 826 del *Bürgerliches Gesetzbuch* (BGB), debe atribuir una reclamación por omisión, que la praxis haya elaborado previamente. Entre el juez y la justicia aparece siempre un tercer poder que transforma la materia de la justicia en otro tipo de conglomerado, que coloca en manos del juez una masa bien trabada. Naturalmente que la aspiración de ambos, tanto del legislador como del juez, consiste en ser «justos». Pero entre la justicia sustancial (en particular la del caso concreto) y su realización en la vida cotidiana se encuentra la exigencia esencial de todo orden jurídico de determinar el derecho. La superioridad del postu-

---

[6] L. Seuffert, *Über richterliches Ermessen*, Akad. Festschrift, Giessen, 1880, p. 9 («La libertad de la discrecionalidad jurídica que habita en el derecho consuetudinario»). Bülow, *Gesetz und Richteramt*, Leipzig, 1885, p. 18. Ehrlich, «Lücken im Recht», en *Burians Jur. Bl.*, 1888, p. 449. Schlossmann, *Irrtum*, p. 38. En la p. 40 se encuentra una anotación importante: ahí se recuerda que también el pretor era originariamente libre; pero, sin embargo, se vincula a sí mismo por la publicación de la *lex annua*, la cual, posteriormente, bajo Adriano se convirtió en una ley permanente. Véase, también, Sternberg, *Allgem. Rechtsl.*, 1904, p. 139, nota.

[7] Para poner un ejemplo concreto se podría hacer un paralelo entre la justicia y el derecho positivo y la determinación del tiempo según la posición del sol y, por ejemplo, el tiempo de centro Europa.

lado de la determinación del derecho se muestra en que, precisamente porque apela a la justicia, queda caracterizado como un postulado de justicia[8]. Así las cosas, es comprensible que mientras el juez mantenga vivo el sentido de justicia no deje de tomar en consideración la letra de una ley clara. Existe la convicción de que no prestar atención a una ley clara supone un peligro para el tráfico jurídico, incluso si la ley se percibe como «contraria al tráfico jurídico». El tráfico jurídico prefiere amoldarse a una ley incómoda que verse obligado a resarcir los daños que se puedan derivar de no haber seguido la letra de una ley clara. Todas estas consideraciones se derivan de la idea de que lo que la ley pretende en primer lugar es convertirse en positiva. Cómo lo haga, es una cuestión secundaria. Este punto de vista realza el momento que aparentemente deja de lado el «contenido» del orden jurídico, momento que, por otra parte, pertenece él mismo

---

[8] Así, por ejemplo, Brinz en el comentario de Adickes «Lehre von den Rechtsquellen», *Krit. Vierteljahresschr.*, 15, p. 162, donde da la razón a Adickes en el punto en que «caracteriza la subsunción bajo resoluciones previas como un postulado de justicia y, por tanto, donde sea posible se debe medir con la misma medida». Adickes había dicho en la misma obra, pp. 44-45: a la justicia de la sentencia judicial corresponde que «el juicio sobre puntos que ya han sido una vez decididos, contenga de nuevo una decisión similar». Él remite, como Thöl, *op. cit.*, § 54, al significado de los precedentes para el fundamento de la decisión. Sohm, *Kirchenrecht*, pp. 1-2: «el derecho depende fundàmentalmente de la forma (*summum jus, summa injuria*) y debe depender, en primer lugar, de la forma, puesto que sólo así consigue llegar a una sentencia [...] que se eleve sobre las personas». O Reichel, *Arch. f. Rechts- und Wirtschaftsph.*, III, p. 535: «la más alta regla del derecho» es la justicia, «pero su fin más próximo es el orden» (de lo que Reichel saca unas consecuencias totalmente diversas de lo que dice el texto).

al contenido[9]. La particular importancia de ese momento en la Dogmática Jurídica (*Jurisprudenz*) ha sido fre-

---

[9] Hay que mencionar en este contexto al menos una teoría sobre el derecho consuetudinario, que parece no ser entendida por muchos defensores del sentido jurídico. Esa teoría ve el criterio de corrección del derecho consuetudinario no en las convicciones internas sobre la corrección de una práctica o en esas convicciones en su conexión con una costumbre, sino solamente en la duración de una práctica. Una práctica contiene sencillamente una regulación unívoca y basta a la necesidad de la determinación del derecho. En esta nota no es posible hacer un tratado sobre el derecho consuetudinario. Baste con la indicación a algunas expresiones. Las expresiones como «orden externo fijado», «parte de un orden constitutivo», etc. (Regelsberger, *Krit. Viertelj.*, IV, p. 345. Stahl, *Philosophie des Rechts*, (2) II, 1, pp. 187 ss.) u otras expresiones como «ejercicio es publicación» (Vangerow, *Pandekten* (7), § 14, notas 2 y 3, conciernen estrechamente a la determinación del derecho. Zitelmann, «Gewohnheitsrecht und Irrtum», *Arch. f. d. civ. Praxis*, 66, p. 461, entiende la cuestión como en último término psicológica: la práctica objetiva de un precepto como precepto jurídico produce la idea de su sucesiva validez. Con ello funda la validez jurídica del derecho consuetudinario en procesos psicológicos; y con el mismo argumento, tomado del derecho consuetudinario, liquida la teoría de la voluntad, al indicar que desde el punto de vista psicológico no existe una voluntad general (p. 370). El significado psicológico de la determinación del derecho tiene para esta investigación otro significado que este que Zitelmann ha introducido; porque, como se ha mencionado, la cuestión de la producción jurídica es diferente de la de encontrar el criterio para una decisión judicial correcta. Más adelante dice Zitelmann, p. 419, los «grandes edificios especulativos» de los filósofos no incluían una teoría sobre el origen del derecho. La metodología de la aplicación del derecho los excluía (con razón) del mismo modo. Después sigue, «aquí sólo está en su derecho la reflexión más sobria». Cierto. Pero, ¿debe ser ésta psicológica? Zitelmann ha contradicho agudamente las teorías del derecho consuetudinario de Savigny y Puchta diciendo que esas teorías confunden «la reflexión jurídico-formal con la filosófico-material» (p. 428). La invocación a la psicología en vez de a la filosofía se corresponde también con una confusión de ese tipo. La expresión clásica de la

cuentemente la causa de que muchas personas serias, con una fuerte conciencia de justicia, tengan la Ciencia Jurídica por algo poco satisfactorio y puramente superficial. Por otra parte, los reproches que hacen a la Ciencia Jurídica valen también para el derecho mismo, como ya hizo notar Stahl contra Von Kirchmann[10].

---

posición contraria es el gran trabajo de Puchta sobre el derecho consuetudinario (II vol). También los trabajos de A. Sturm sobre el derecho consuetudinario tienen la intención de acentuar el contenido del precepto jurídico, lo cual queda subrayado con un giro mal entendido en el aforismo: «Cien años de injusticia no hacen una hora de justicia».

[10] *Rechtswissenschaft oder Volksbewusstsein? Eine Beleuchtung des von Herrn Staatsanwalt v. Kirchmann gehaltenen Vortrags: "Die Werthlosigkeit der Jurisprudenz als Wissenschaft"*, Berlín, 1848. Aprovechando esta ocasión hay que decir que el juicio que esta conferencia (que tuvo lugar en 1847 y no como dice Rumpf en *Volk und Recht*, Oldenburg, o. J., en el «fantástico año 1848», cfr. Landsberg, *Gesch. der Rechtswissenschaft*, III, 2, p. 317) tuvo desde muy pronto (por ejemplo por obra de Neukamp, quien en su *Einleitung in eine Entwicklungsgeschichte des Rechts*, Berlín, 1895, p. 144, habla de un «estilo de frases ampuloso», o a través de Nussbaum en *Wolfs Z. f. Sozialw.*, IX, 1906, p. 3), fue definitivamente ejecutado en el libro de Sternberg, *J. v. Kirchmann und seine Kritik der Rechtswissenschaft*, Berlín, 1908. Una crítica anónima de la conferencia de Von Kirchmann sobre la Dogmática Jurídica (*Jurisprudenz*) «de un maestro de esta ciencia» [Rudorff], que fue celebrada por Neukamp, y una «apología» de la Dogmática Jurídica (*Jurisprudenz*) de Retslag, que fue igualmente una respuesta a la conferencia de Von Kirchmann, han sido citadas en otro lugar por su interés histórico, sin que por ello hayan de considerarse de particular importancia; también el juicio de Nussbaum sobre la respuesta de Stahl «brillante y olvidada inmerecidamente» es una exageración. El gran significado histórico de la conferencia se deduce de una interesante anotación de Kuntz (*Wendepunkt der Rechtswissenschaft*, quien aún en 1856 dice que parece «como si fuera la impresión profunda y general, la que generara aquel ataque, dominado a través de la vivacidad de la resistencia que se le opone»). Este

También la lucha contra el mal llamado «formalismo»[11] lo es contra ese *especificum* del orden jurídico, que necesariamente es el punto de partida de toda investiga-

---

trabajo no se ocupa de la pregunta por si la Dogmática Jurídica (*Jurisprudenz*) es una «Ciencia»; en todo caso esa cuestión debiera orientarse hacia la división fundamental entre la doctrina del derecho (*Rechtslehre*) y la praxis judicial. El situar la actividad judicial en el contexto de una ciencia es un grave problema, que aún no está resuelto. En cualquier caso, los millones de disputas por la terminología no ofrecen un buen material preliminar. Están cuajadas de errores. Por eso niega Nussbaum, *op. cit.*, p. 10, la calificación de la Dogmática Jurídica (*Jurisprudenz*) como «arte», con el argumento de que no tiene efectos estéticos. No se puede suponer que, por ejemplo, Zitelmann entienda por «arte» algo así, cuando emplea el término en ese contexto. Tampoco es de recibo ese malentendido, a pesar de que, por ejemplo, Brinz (*Rechtswissenschaft und Rechtsvergleichung*, Augsburg, 1877, p. 4) o Schlossmann (*Der Vertrag*, Leipzig, 1876, pp. 186 ss.) consideren la Dogmática Jurídica (*Jurisprudenz*) en tanto praxis, como un arte.

[11] La palabra forma se utiliza en esta expresión como contrapuesta a un determinado contenido (que se deriva de la justicia sustancial); sin embargo, lo que así se denomina debe ser ya en sí mismo un contenido y algo sustancial. Si no fuera así, se podría tener el precepto jurídico por un mero recipiente de la justicia e incluso llegar a pronunciar la sentencia: ¡la forma pasa, el contenido permanece! De ningún modo se trata de algo semejante como ha argüido Stammler al explicar el derecho como una forma de la vida económica (contra esa explicación se dirigió Max Weber, *Arch. f. Sozialw.*, N. F., 6, p. 142, con el argumento: la regla jurídica no puede ser una «forma» de la vida social, puesto que se piensa como debiendo valer y en ese sentido no cabe que sea una forma del ser; la regla jurídica empírica es, más bien, dirá, un componente del ser, no su forma). Contra las explicaciones de Stammler en su *Theorie der Rechtswissenschaft*, Halle, 1911, pp. 7 ss. Berolzheimer, *Arch. f. Rechts- u. Wirtschaftsphilosophie*, 1912, p. 319, pretende que materia y forma sean una sola cosa, de modo que no se pueda separar la forma de la materia, aunque eso no sea útil para la reflexión teórica. Para Stammler, quien en *op. cit.*, pp. 7 ss., protestó vehementemente, comprender la distinción entre forma y contenido, sea espacial o

ción metodológica sobre la praxis judicial. Esto no quiere decir que los jueces deban ser «formalistas» (definición ésta que es más caracterológica que jurídica), sino que el criterio de la rectitud de una decisión judicial no puede derivarse ni de un ideal de justicia sustancial, ni de la utilidad.

Cuando se dice que el contenido de la regulación legal es hasta un cierto punto indiferente, se está haciendo referencia a su fin. Ahora bien, para resolver la cuestión de la corrección de una sentencia judicial, debería tomarse como punto de partida un postulado que resulte eficaz en los hechos. De ahí que las reflexiones

---

temporalmente, implica tener en cuenta el método de conocimiento; las formas son para él la forma del pensar jurídico, no partes espaciales de la materia jurídica (*op. cit.*, p. 182). También es posible que Berolzheimer entienda por materia lo que Stammler designa como contenido, con lo que su objeción queda vencida, puesto que justamente Stammler subraya la imposibilidad de llevar a contradicción forma y contenido. Es difícil hacer objeciones concretas a Stammler, porque es imposible fijar sin doble sentido su concepto fundamental, el «querer»; y Stammler, en contraste con sus, por lo demás penetrantes, esfuerzos por la claridad, deja precisamente esa palabra desesperanzadamente en la equivocidad, sin una explicación añadida, de lo que da testimonio, por ejemplo, la siguiente frase: «El juicio construido por los juristas nunca puede por su fundamentación alcanzar un resultado material diferente de aquel particular querer jurídico que es sopesado formalmente por ellos a partir de la imposibilidad de una interpretación unitaria» (p. 358). Si aquí el contenido del querer es el contenido de la representación de un sujeto empírico, entonces es inconcebible sin una relación mística la imposibilidad de una divergencia entre ese contenido y las construcciones de los juristas. Pero el «querer» es de nuevo una construcción e incluso una construcción que ha sido hecha con el mismo método que el citado «juicio construido», de modo que no tiene sentido asombrarse de la identidad de los resultados. Eso sería como asombrarse de que los resultados que derivan de la multiplicación por una determinada cifra sean divisibles entre ella.

sobre el postulado de la determinación del derecho en la vida jurídica sean absolutamente necesarias. Ahora bien, la relevancia de este postulado no implica que el legislador bajo ciertas condiciones sea indiferente al contenido, y que, consiguientemente, el juez deba orientarse solamente a la determinación de ese contenido. Al apelar a ese postulado de la determinación del derecho no estamos buscando reglas de interpretación para el juez, ni tampoco fines más altos que determinen la sentencia de un juez vinculado al mandato y al fin de la ley. Lo que sencillamente se intenta mostrar es que la centralidad de la norma fundamental de la determinación del derecho está justificada en la investigación metodológica.

Un libro recientemente publicado[12] ha subrayado la diferencia entre el modo de pensar sociológico y el jurídico, el causal-explicativo y el normativo, con una consecuencia impresionante, y es que el recurso a fines sustantivos en la construcción de un concepto jurídico formal es el «más grosero de todos los errores metodológicos». De la manera en que este libro plantea el problema se deduce su posicionamiento. Su tema es el método de la aplicación del derecho, no la elaboración científica del derecho positivo o la construcción de los conceptos jurídicos. En consecuencia, sus presupuestos metodológicos son diferentes de aquellos de la teoría del derecho vigente (*Theorie des geltenden Rechts*), la cual, precisamente por prescindir de todo lo que no se deduzca conceptualmente de la ley, no puede tener nada que ver en esencia con el método que es propio de

---

[12] Kelsen, *Hauptprobleme der Staatsrechtslehre*, desarrollado a partir de *Lehre vom Rechtssatz*, Tübingen, 1911. La expresión que se cita más abajo en el texto es de la p. 457.

la praxis. Tampoco se puede entender como una objeción a los puntos de vista de ese libro la consideración de que no aborda las cuestiones centrales (y actuales) relativas al método de la praxis judicial, puesto que más bien expresa abiertamente su incompetencia para ello y se conforma con señalar que, cuando se trata de abordar la cuestión del juicio de un juez, cesa la competencia de la construcción jurídica[13]. El método de la aplicación de las normas jurídicas no es idéntico al que corresponde a la elaboración científica de las normas jurídicas. Nunca se llegará a subrayar suficientemente la gran diferencia entre ambos. Casi todas las teorías poco claras sobre la ley y el juez tratan con conceptos como legislación, interpretación y judicatura del modo más arbitrario; de manera que, tan pronto imponen los métodos de la interpretación al método de la praxis, como lanzan un discurso sobre la judicatura que crea derecho o

---

[13] *Op. cit.*, p. 508 (sobre la facultad discrecional en la actividad administrativa): «La pregunta por cómo puede ser regulada la facultad discrecional por la norma jurídica —como ya se ha expuesto suficientemente en el planteamiento del problema— no es un problema jurídico, sino moral o político». Esta cuestión es indiferente para el orden jurídico. «Porque en el dilema entre derecho positivo o derecho natural lo importante no es cómo, es decir, por qué camino, con qué medios de interpretación se halle el contenido de las normas jurídicas a partir de las fuentes del derecho, sino que ese contenido en principio sólo pueda ser deducido de las leyes positivas, que cada norma jurídica legitime su contenido concreto solamente y definitivamente apelando a la ley positiva. Queda como una cuestión abierta, si ese criterio formal, además, permite diferenciar el positivismo del iusnaturalismo», pp. 510-511. «La división dentro del ejecutivo entre jurisdicción y administración es de naturaleza singular y de escaso significado» (p. 441, nota 1). Para una investigación metodológica sobre la praxis judicial, todo lo que en esas frases se considera accesorio es esencial.

sobre el carácter «quasilegislador» de la sentencia (Unger); consecuentemente a nadie puede extrañar que dichas teorías estén minadas de contradicciones y antinomias. Aplicar el derecho no es lo mismo que legislar o interpretar, aunque la interpretación preceda generalmente a la aplicación del derecho. «La mezcla de *praxis* y teoría es una pura imposibilidad y precisamente, por eso, se han de dividir el trabajo». De esas palabras de Leist[14] se deriva la necesidad de encontrar un método específico para la praxis judicial; para lo cual no se necesita poner como disculpa el advenimiento histórico de la división del trabajo, como parece haber hecho Leist. La praxis judicial es ya, por su mismo concepto, algo significativamente diferente de la Ciencia Jurídica (*Rechtswissenschaft*). Esta última aspira a encontrar un sistema cerrado de normas, en sí coherente. La aplicación del derecho, sin embargo, se interesa (desde el punto de vista lógico y psicológico) por el caso individual, para el que procura encontrar la sentencia correcta. Los resultados obtenidos por la elaboración científica del material jurídico son sólo medios para esta tarea.

La Dogmática Jurídica (*Jurisprudenz*) se sitúa frecuentemente del lado de la matemática y se la envidia por las ideas claras y seguras con las que trabaja, porque «su objeto de estudio son los fenómenos, por decirlo así, en el espacio y no afectados por el tiempo, comprendidos como elementos que forman partes de un todo, de un organismo lógico»[15]. Por eso el positivismo

---

[14] *Über die dogmatische Analyse römischer Rechtsinstitute*, Jena, 1854.

[15] Pachmann, *Über die gegenwärtige Bewegung in der Rechtswissenschaft*, Berlín, 1882 (conferencia traducida del ruso), en algunas de cuyas partes, el modo normativo de argumentar de la

es tenido por los juristas como un ideal; el porqué entre no juristas adquiere también frecuentemente aprobación es otra cuestión[16]. Sin embargo, ya nadie acepta que el método de la praxis judicial pueda ser concebido, aunque sea remotamente, de esa manera. Si la doctrina del derecho (*Rechtslehre*) rechaza la inclusión de intereses en la formación de los conceptos jurídicos, porque de otro modo el concepto jurídico quedaría «diluido en cera»[17], la praxis judicial (*Rechtspraxis*), por el contrario, no lo rechaza, cierto que no en el sentido de que lo que se deba hacer justamente en ella sea sociolo-

---

jurisprudencia es enfrentado con gran claridad al modo explicativo-causal de las ciencias sociales (por ejemplo, pp. 20 ss. y 48 ss.), lo cual no le impide considerar el precepto jurídico como un mandato (p. 80) y sacar un paralelismo: Dogmática Jurídica (*Jurisprudenz*): Ciencia social=Anatomía: Psicología (p. 81), como Jhering ha hecho público. Stoerk ha señalado contra él (*Grünhut*, XII, 1885, p. 175, sobre la metodología del derecho público), que de ahí se deriva un «juego de bolas dialéctico»; pero sus argumentos (también aquellos contra Pferche, *Methodik der Privatrechtswissenschaft*; Graz, 1881) han sido extraídos de la praxis. «La división entre derecho formal y social» es «irrealizable», porque el primero sólo puede cumplir su tarea (servir como medida objetiva de las formas de la vida) con ayuda del segundo (p. 178). (Esta frase contiene una justificación de la separación entre teoría y praxis propuesta en el texto.) De nuevo Binding se ha expresado (D. J. Z., 1911, pp. 558-559) sobre la cuestión: es una falta metódica «el o bien desnudar los conceptos jurídicos de su naturaleza jurídica o apoyarlos en un suelo o fundamento ajurídico», con lo que se está refiriendo particularmente a las «ya impertinentes perspectivas oscilantes de la nacional economía que pretenden ser dominantes».

[16] Las explicaciones de Cohen en su «Ethik des reinen Willens» han sido refutadas por H. Kantorowicz en el *Arch. f. Sozialw.*, N. F., 13, pp. 602-604.

[17] Así Preuss en *Schmollers Jahrb. f. Ges. u. Verw.*, 1900, p. 369. En Pachmann, *op. cit.*, p. 39, se habla de «demolición de la ciencia jurídica».

gía, sino en el sentido de que tiene su propio método y su propio criterio de rectitud. La praxis judicial utiliza los conceptos de la Ciencia Jurídica si le parecen adecuados y siempre de un modo particular. No cabe peor comparación para entender la relación que existe entre la teoría del derecho (*Rechtstheorie*) y la práctica judicial, que la que se establece entre la anatomía, o cualquier otra disciplina de la medicina, y la práctica médica. La teoría del derecho (*Rechtstheorie*) o bien se pone al servicio de la praxis, facilitando su actuación, en la medida en que le suministra la legalidad que debe ser aplicada; o bien se entiende como autónoma, en cuyo caso debe condescender a que la praxis se apropie de los resultados, a los que ha llegado después de un esforzado trabajo —un destino que quizás comparte con la ciencia médica, sin que por ello esté justificado el hacer comparaciones entre el método de la medicina y de la Dogmática Jurídica (*Jurisprudenz*)—.

Sólo a partir del postulado de la determinación del derecho se puede llegar a la conclusión de que la praxis judicial debe tener su propio criterio de corrección. Este modo de proceder quedará legitimado si ese criterio está libre de contradicción y si es aplicable a la totalidad de aspectos de la praxis. Ya se ha mostrado que la «legalidad» no es un criterio suficiente. La mayoría de los argumentos en favor de la «legalidad» proceden de consideraciones acerca de la determinación del derecho. Es sorprendente hasta qué punto penetran en la praxis judicial los pensamientos deducidos del postulado de la determinación del derecho. Hoy no se busca como criterio de rectitud de la praxis judicial una praxis ideal, sino un «autoconocimiento a partir de los medios» (Ed. Meyer) de la praxis moderna. La búsqueda de un principio de la praxis que sea autóctono se considera Ciencia Jurídica por razón de su objeto y de su método. (Si uno se digna a calificarla como «ciencia», tendrá la sensación de que se inclina hacia lo más competente; sin embargo, el valor de esas investigaciones no depende de su calificación). La transformación del material jurídico se diferencia de la doctrina del derecho técnica (*technische Rechtslehre*) en que su objeto es una actividad humana para la que ha de encontrarse un principio rector (rector en sentido normativo); y se diferencia de la actividad intelectual, tal como la considera Stammler en su doctrina del derecho «teorética» (*theoretische Rechtslehre*), en que no busca ni reglas generales para el enjuiciamiento del derecho, ni la pura forma del pensamiento jurídico, sino el método de una praxis.

El insistir en la diferencia de la solución que se propone, se debe al temor, no infundado, a las malas interpretaciones. Difícilmente se encuentra un tema en el que la capacidad de malinterpretar las opiniones ajenas facilite tanto la discusión como la cuestión de la metodología de lo jurídico. El anhelo de unidad entre teoría y praxis pierde de vista hasta qué punto los métodos de la doctrina del derecho (*Rechtslehre*) y de la praxis judicial (*Rechtspraxis*) deben ser cosas fundamentalmente diferentes, y hasta qué punto el reproche de «ingenuidad» rebosa de *petitiones principii*. Por supuesto que la doctrina del derecho (*Rechtslehre*), entendida como teoría del derecho vigente, no tiene nada que ver con la referencia a supuestos de hecho concretos, pero tampoco con la subsunción de los casos concretos bajo la ley que está prevista para la aplicación del derecho. La interpretación de un precepto legal por la doctrina del derecho (*Rechtslehre*) y su «interpretación» por el juez[18] son cosas esencialmente diferentes, aunque sólo sea porque el juez interpreta sólo con vistas a aplicar el derecho, es decir, a dictar sentencia. La subsunción está supuesta tanto en la actividad del juez como en la del jurista. Efectivamente el teórico del derecho también subsume, puesto que con su interpretación amplía la ley acrecentando el número de objetos susceptibles de llegar a ser subsumidos bajo ella. De ahí que no sea de extrañar que el «principio de subsunción» se considere la esencia absoluta de la regulación justa, y, consiguientemente, que se pueda hablar de un «logicismo de la justicia» (*Logicismus der Gerechtigkeit*)[19]. La actividad de subsunción del teórico, sin embargo, es diferente de la de quien se dedica a la praxis. Quien está involucrado en la praxis, al subsumir, lo que hace es operar con conceptos jurídicos. La actividad del teórico, sin embargo, va más allá; determina el contenido de la ley y lo subsumible bajo ese contenido, es decir, su actividad es parecida a la del legislador. Se imagina casos posibles y si toma alguno de la vida real, lo hace a modo de

---

[18] Binding, *Handbuch*, I, pp. 451-453 distingue entre interpretación teórica y práctica. Esta última piensa los fenómenos vitales como reales, aquélla como posibles. Binding no investiga esta contraposición con más profundidad.

[19] Sternberg en *Arch. f. Rechts- u. Wirtschaftsphilosophie*, II, p. 297, con ocasión de un comentario de Gareis, *Vom Begriff der Gerechtigkeit*, Giessen, 1907, donde subraya la frase de Gareis: «La regulación de la justicia se diferencia del bajo nivel del oportunismo (principio de utilidad) y del alto nivel del amor al prójimo por su relación inmediata con la ley del pensamiento, el "principio de subsunción"». En lo que sigue se verá que la impugnación de la «subsunción» de una sentencia bajo la ley como criterio de la corrección de la misma, no contradice esas frases que quieren apuntar un criterio de justicia.

ejemplo. Eso mismo hace también el legislador en la configuración de la ley: parte de numerosos casos reales para deducir la ley bajo la que se subsumirán posteriormente tantos casos como sea posible. Al juez, sin embargo, sólo le atañe un caso concreto[20]. Incluso si la actividad del juez consistiera en indagar si el caso que tiene ante él es uno de los considerados posibles por el legislador o por el teórico, se debería encontrar para su acción un método totalmente peculiar, puesto que no es la suya una interpretación científica. Ésta enumera[21] los casos pensados como posibles, agranda o reduce esa enumeración, mientras que la actividad del juez consiste en hacer constar que está presente *in concreto* un determinado caso. Incluso, aunque se exija que cada sentencia sea acorde con las «fuentes», no se debería equiparar el método de la praxis con el de la teoría, puesto que bajo la ley sólo se puede subsumir un supuesto de hecho, pero no una decisión. Esto ya indica que la «subsumibilidad» no puede valer como criterio de corrección de una sentencia judicial. Teniendo en cuenta sólo ese criterio, lo único que se podría concluir es que una sentencia judicial es correcta porque subsume correctamente. Ahora bien, llegados a este punto, es preciso caer en la cuenta de que la seguridad sobre la

---

[20] Stötzel, *Gruchot*, 22, p. 286: «La actividad intelectual que consiste en llegar a formular, desde el punto de vista del legislador, un nuevo modo de pensar jurídico y aquella que, desde el punto de vista del juez o del abogado, consiste en subsumir una cuestión que procede de la vida bajo aquel pensamiento jurídico» es «exactamente la contraria». En todo caso, son actividades tan diferentes que sus métodos no pueden ser iguales.

[21] Stammler, *Theorie der Rechtswissenschaft*, Halle, 1911, p. 578: El derecho ya formado tiene la finalidad «de decidir en los preceptos jurídicos ya constituidos, posibles casos jurídicos futuros».

corrección de la subsunción no puede resolverse con una nueva subsunción. Precisamente ésta era nuestra razón para negar el criterio de «legalidad» o, lo que es igual, la «subsumibilidad» como criterio para determinar la corrección de una sentencia judicial, y para indagar acerca de la posibilidad de un nuevo criterio libre de objeciones. A este fin sirven las disquisiciones respecto de la determinación del derecho. Al aceptar la determinación del derecho como postulado estamos ya admitiendo una forma de pensar el derecho normativa. La reflexión sobre el significado fáctico de la exigencia de determinar el derecho nos ha conducido rectamente hasta nuestro problema: la necesidad de encontrar un criterio de corrección específico para la praxis judicial.

El hecho de que este postulado sea el único que puede dar razón de los casos en los que es más importante el adoptar una decisión que el modo en que se decide, nos inclina a elegirlo (con preferencia, por ejemplo, al de «justicia») para llegar a descubrir el citado criterio. Pues para esos casos no ofrecen respuesta, ni el criterio de justicia sustancial ni cualquiera de los demás referidos.

Es cierto que con frecuencia se crea una regulación simplemente para dotar de sentido a un supuesto de hecho. Es una muestra de que la seguridad jurídica tiene un significado central para la totalidad de la vida jurídica. Sería un error, sin embargo, confundir el punto de partida y los argumentos de, por ejemplo, un Bentham[22],

---

[22] *Works*, ed. por John Bowring, Edinburgh, 1943, II, Bd., pp. 299 ss., en particular pp. 307 y 311 (vid. la nota más abajo). La edición francesa de los *principles of the civil code*, que apareció en 1820 y que es la que se cita generalmente, no me fue accesible para la confección de este trabajo. No tendría sentido el reunir las nume-

con lo que aquí se está exponiendo. Bentham explica que sin seguridad jurídica (*Rechtssicherheit*)[23] todo se solventaría en la guerra y la lucha, nadie podría disfrutar de los frutos de su trabajo, desaparecerían la laboriosidad y las ganas de emprender y se haría imposible una sociedad fundada en la división del trabajo. Desde el punto de vista psicológico, cada ciudadano espera que la vida siga su curso tal como hasta ese momento lo ha hecho, y que los cambios se verifiquen tan paulatinamente que no se genere ningún desorden. Esa expectativa, la «*expectation*», es el fundamento de la seguridad jurídica. En consecuencia, el legislador ha de construir las leyes de un modo tan claro que cualquier persona racional las pueda comprender al primer golpe de vista y se encuentre, por tanto, en condiciones de seguirlas. También el intérprete debería poder comprender la ley en su literalidad, del mismo modo que lo hace cada ciudadano. Toda interpretación que se exceda del significado literal de la ley es un atentado a la seguridad jurídica, el *inestimable good*, que en un caso de conflicto debe preceder incluso a la justicia.

Lo más interesante en Bentham es, por un lado, la claridad con la que saca conclusiones del significado general del derecho en la vida social y de los deberes de

---

rosísimas oportunas máximas de muchos posibles autores. Tales máximas aparecen generalmente de modo incidental y siempre sin la finalidad de llegar a un principio metódico para el enjuiciamiento de la praxis judicial; generalmente se quiere defender con ellas el principio de la «legalidad» y probar su importancia para la economía nacional, lo que también pretende Bentham.

[23] Aunque tratándose de Bentham quizás debería haber traducido «Rechtssicherheit» por «certeza jurídica», he optado por respetar la formulación de Schmitt, que es como se habitúa a denominar actualmente la cuestión referida. [*N. de la T.*]

la legislación para la aplicación del derecho; y, por otro, la naturalidad con la que acentúa la relación entre el «destinatario» de la ley, que para él, sin entrar en más cuestiones, es el pueblo[24], y la interpretación práctica. En su teoría, la actividad del juez ha de enjuiciarse desde la actividad (político-estatal) del legislador. Esto no quiere decir que la «voluntad del legislador» sea norma para el juez. Simplemente significa que ambas acciones disponen del mismo criterio de rectitud, a saber: deben corresponderse con la expectativa general, la *expectatio*; su acción debe ser previsible. Tomando el punto de partida ofrecido por Bentham se llegaría a conclusiones contradictorias sobre la posición del juez, según las cuales su actividad sería «quasi legislativa» y, por tanto, requeriría de él que en los casos de duda piense como lo hubiera hecho el legislador e incluso que dicte sentencia como lo hubiera hecho éste de haberse encontrado ante ese caso concreto. Sin duda, si a Bentham se le presentara una conclusión en la que el

---

[24] Hegel, *Grundlinien der Philosophie des Rechts*, Berlín, 1821, § 215: «Es una y la misma injusticia colgar las leyes tan altas que ningún ciudadano las pueda leer, como hizo Dionisio el tirano, que sepultarlas en un enorme aparato de libros, recopilaciones de juicios y opiniones que se apartan de las decisiones tomadas, costumbres, etc., y además en una lengua extranjera, de manera que el conocimiento del derecho vigente sólo sea accesible a quienes están especialmente preparados para ello». Vid. Zitelmann, *Die Kunst der Gesetzgebung*, Dresden, 1904, p. 15, quien plantea la alternativa: ¿popularidad o agudeza lógica? Aquí se trata no de una perspectiva de técnica legal, sino sólo del contexto de la comprensión de los «destinatarios de las normas» con reglas de interpretación, como se puede encontrar en el libro de M. E. Meyer, *Rechtsnormen und Kulturnormen*, Breslau, 1903, pp. 26 ss., sin que tenga por qué ser aceptada su concepción de los destinatarios de las normas o de los factores de interpretación.

juez adquiriera esta prominente posición, la reprobaría inmediatamente. Para él la pregunta por si el juez debe crear o simplemente promover un nuevo derecho, no procede. Toda desviación de la clara y evidente letra de la ley, cualquier interpretación que no sea meramente gramatical, todo «construir», toda transferencia significativa de la regla de un objeto a la de otro, representa un inaudito delito, para cuya descripción encuentra las más violentas palabras[25].

---

[25] Vale la pena citar el lugar completo. Se dirige también contra algunos que se saben libres de la «rígida ortodoxia», que quieren aplicar la ley según su «espíritu libre», contra el abandono de la «legalidad» como criterio de la sentencia, que repentinamente introduce la «seguridad jurídica», aunque la «legalidad» ciertamente quede ahí como una palabra vana. Bentham dice, *op. cit.*, p. 325: «Interpretar significa cosas totalmente diferentes en la boca de un jurista y en la boca de otra persona: interpretar el pasaje de un autor es mostrar el significado que tenía en su mente; interpretar una ley en el sentido de un romanista es rechazar la intención que está expresada claramente en ella en orden a sustituirla por otra presumiendo que este nuevo sentido se corresponde con la intención actual del legislador. Con esta manera de proceder no hay seguridad. Cuando la ley es difícil, oscura, incoherente, el ciudadano siempre tiene la oportunidad de conocerla: da una ciega advertencia, menos eficaz de lo que sería necesario, pero siempre útil; se perciben los límites del mal que puede llegar a padecerse. Pero cuando el juez se arroga el poder de interpretar las leyes, es decir, de sustituir su voluntad por la del legislador, todo viene a ser arbitrario —nadie puede prever el curso de lo que su capricho puede emprender—. No es suficiente el mirar solamente este mal en sí mismo: tan grande como pueda ser, es insignificante en comparación con el lastre de sus consecuencias. Se suele decir que la serpiente puede introducir su cuerpo en la oquedad a través de la cual pasa su cabeza: debemos prestar atención a esa cabeza de la corrupción legal [...] Aunque la usurpación de un poder superior a la ley pueda ser útil por sus efectos inmediatos, debe ser considerado como terrorífico cara al futuro. El bien que resulta de un poder arbitrario tiene unos límites muy estrechos: no hay, sin embargo, ninguno para el mal, para el peligro que

Pero Bentham cultiva el derecho político y la sociología, no la Dogmática Jurídica (*Jurisprudenz*). Por eso, para él, el aspecto abstracto del declarar o decidir está relacionado con la seguridad jurídica de un modo puramente exterior, algo que merece la pena subrayar aquí[26]. Para dilucidar ese aspecto no interesa su significado económico o psicológico, sino el momento de indiferencia respecto del contenido que encierra en sí todo precepto jurídico, y que hace imposible admitir como criterio normativo general cualquiera que refiera inmediatamente a un contenido, como es el caso del postulado de la justicia (en el sentido de la valoración dominante de un pueblo).

Al llamar la atención sobre el significado empírico (la palabra certeza jurídica [*Rechtsgewißheit*] recuerda demasiado al proceso psicológico de la «*expectation*») de la determinación del derecho, no se pretende, ni probar la corrección del criterio, ni ofrecer una regla de interpretación. Lo que se quiere simplemente es mostrar que ese principio metodológico no es extraño a la praxis actual; no se le impone desde fuera, porque la praxis se orienta fundamentalmente a dictar sentencias que sean previsibles. El anhelo del constructivismo racionalista de obtener una prueba lógicamente concluyente no es más que un método erróneo para ese fin. El

---

procede de él [...] Él (el juez) está siempre seguro de salvarse, sea por el sentido literal, sea por el interpretativo [...]».

[26] Efectivamente Bentham no quiere ofrecer ningún método para la aplicación del derecho. Su punto de partida, el egoísmo de las personas, puede ser una ficción justificada (vid. Vaihinger, *op. cit.*, pp. 354-357), pero concierne a su teoría sociológica y a su teoría del Estado. En la aplicación del derecho él no ve ningún problema.

ingenio, ante el cual ha desaparecido hoy verdaderamente todo respeto[27], debería contribuir a la determinación del derecho.

Teniendo en cuenta estas reflexiones no debe extrañar entonces nuestra posición ante el criterio de corrección de una sentencia, frente a quienes siguen empeñándose en enumerar los contenidos por razón de los cuales una sentencia determinada quedaría legitimada. Es preciso rechazar este último punto de vista, aunque sólo sea porque en algunos casos la sentencia del juez se puede comportar de modo indiferente respecto de esos contenidos. Se trata de todos aquellos casos que requieren absolutamente de una decisión, hasta el extremo que viene a ser hasta cierto punto indiferente cuál llegue a ser ésta. Algo similar a lo que ocurre en el caso de una ley que se comporta de modo indiferente respecto de un contenido extralegal[28].

---

[27] Tratar de adentrarse en leyes bastante complicadas y acometer subsunciones acertadas bajo ellas no es en sí una prueba de una cultura intelectual elevada. Los pueblos primitivos lo hacían de manera asombrosa. Junod (*Les Ba-Rongas*, 1898) nos informa, por ejemplo, de los Ba-Rongas (una estirpe negra africana con culto fetichista) y Mary Kingsley (*West-African Studies*, 1899), de que los africanos occidentales se mueven con mucha «lógica» y con una sagacidad asombrosa en las complicadas prescripciones de su religión y su derecho (citado en *Kultur der Gegenwart*, I, Abt. III, p. 10, en el artículo de Ed. Lehmann). Por suerte no parece que hoy valga ya como un ideal esa sagacidad de los Ba-Ronga.

[28] Lo difícil que es conservar la claridad metódica en el tratamiento de la cuestión de la determinación del derecho lo muestra el siguiente ejemplo. Pagano lucha en la *Rivista italiana*, p. 1, *Scienze Giur*, XLIX, pp. 70-71, contra las explicaciones de H. Rolin (*Prolegomènes à la science du droit. Esquisse d'une sociologie juridique*, Bruxelles, 1911), quien afirma: uno podría hacer abstracción del art. 544 Cod. Civ. con su definición de propiedad («la propiété est le droit de jouir et de disposer des choses de la manière la plus abso-

La sentencia judicial se comporta respecto a su fundamentación de un modo diferente a como lo hace la ley respecto de sus «motivos». No existe equiparación posible en este punto. Que en los nuevos tiempos se suela asimilar con frecuencia el ejercicio del juez al del legislador, no varía en absoluto la diferencia de principio que existe entre la acción de ambos. Para muchos, ciertamente, las semejanzas en el contenido de la acción y en los procesos psicológicos bastan para hacer desaparecer cualquier diferencia metodolológica.

La total autonomía de la ley respecto de los materiales que acompañan su elaboración se pone claramente de manifiesto en el modo de su publicación; en su apoyo se han hecho valer muchas consideraciones en torno a la seguridad jurídica[29]. Ahora bien, tales consideraciones, que conducen a una separación extrema entre la

---

lue») y el hecho de la propiedad seguiría existiendo. Pagano, que considera el derecho una ciencia deductiva de principios racionales, dice, eso ya no es jurisprudencia. Rolin pasa por alto la *delimitazione e la garantia, che costituiscono l'oggetto propio ed immediato della norma giuridica* —como si la delimitación no fuera ya algo perteneciente a la ciencia social y como si tuviera que ver entonces con la deducción de *principi razionali*—.

[29] Kraus (*Grühnhut*, XXXII, 1905, pp. 613 ss.) ha señalado con acierto que el pasar por alto los materiales de la ley proviene de la necesidad de seguridad jurídica. Consecuentemente, llega a los resultados de Bentham; sin embargo, en la segunda parte de su artículo fía todo a la «justicia», por lo cual para él ya no viene a cuento la cuestión del significado abstracto del declarar. En este punto hay que hacer aún mención de que Dahn (*Behrends Z. f. Ges.*, 1872) dice del derecho, que «no es un orden jurídico arbitrario, sino racional» (p. 562) y que «cien años de injusticia no hacen un año de justicia». Así acaba la interesante anotación: «hablando con sinceridad: la "justicia" tiene con la jurisprudencia mucho menos que ver que lo que acostumbran a aceptar los laicos y algunos juristas benévolos».

ley y los materiales de la ley y, sobre todo, que llevan a considerar esa separación como algo insignificante para la interpretación de la ley, hablan de la necesidad de una fundamentación para la sentencia. No hay juicio sin fundamentación. La fundamentación pertenece a la sentencia. No simplemente porque hace comprensible el tenor de la misma y porque, junto con el supuesto de hecho, colabora a individualizarla, sino, sobre todo, porque la cuestión de la corrección de una ley implica un problema completamente diferente al de la corrección de una sentencia. Esta última descansa en un orden jurídico ya existente. Por esa razón, su corrección depende de las determinaciones legales positivas. A partir de ahí se ha extraído de una forma casi trivial la conclusión de que la sentencia correcta se debería deducir lógicamente de la ley y se pasa por alto, sin embargo, que el problema reside justamente en la determinación de la relación de dependencia entre la sentencia y la ley, en su fundamento y sus límites. La sentencia debe estar fundamentada, es decir, debe exponer por qué es correcta en la situación jurídica en la que tiene lugar. Respecto de la ley, sin embargo, no tiene sentido cuestionarse algo así.

En la reflexión sobre la relación del contenido de la norma jurídica con un «complejo normativo prejurídico»[30] se puede trazar una línea entre un punto en que ese contenido prejurídico determina unívocamente el contenido de la ley, hasta otro punto en el que el contenido es indiferente y lo esencial es, en último término, que se haga una declaración normativa. Una línea simi-

---

[30] Expresión de M. E. Mater en *Z. f. d. ges. Strafrechtswissenschaft*, 32, p. 496.

lar es pensable como expresión de la relación de la sentencia judicial con los contenidos que se ponen de manifiesto en la fundamentación. En lo que concierne a la interpretación, cuanto más se acerca la norma jurídica al punto de la indiferencia respecto del contenido, menos susceptible es de una interpretación que no sea idéntica con la letra misma de la ley. La interpretación literal está en una relación funcional con la importancia del momento de la declaración abstracta. Se puede ver una interesante confirmación histórica de lo que estamos diciendo en el hecho de que allí donde la ley se entiende como un acto arbitrario de un solo individuo (en particular de un dios), prevalece exclusivamente la interpretación literal. En el próximo capítulo se verá la gran importancia que tiene para la sentencia del juez la determinación del punto en que descansa su fundamentación en relación con el contenido. El hecho de que sea posible una relación de indiferencia respecto del contenido, muestra cuán poco los criterios que toman pie de los contenidos «prejurídicos» pueden esclarecer todas las formas de la praxis judicial. Ni el pensamiento de la «legalidad», es decir, de la conformidad de una decisión con las fuentes, ni el de su justicia o conformidad con la cultura o con la razón, pueden ofrecer un criterio a la praxis judicial. En el próximo capítulo se explicará hasta qué punto está en condiciones de hacerlo la idea de determinación del derecho.

CAPÍTULO IV

LA DECISIÓN CORRECTA

Habida cuenta de que la «legalidad» carece de valor como criterio de corrección de una decisión judicial, que los criterios que se refieren a complejos normativos «prejurídicos» se ven obligados a ignorar objetos importantes de la vida jurídica y que, finalmente, hemos de encontrar un criterio autóctono («*autochthones*») para la praxis judicial, la siguiente fórmula no tiene por qué resultar paradójica o provocadora:

> Una decisión judicial es correcta si se puede esperar que otro juez hubiera decidido del mismo modo. Por «otro juez» se entiende aquí el tipo empírico de jurista moderno.

La estrecha relación de esa fórmula con el postulado de la determinación del derecho es evidente y se va a deducir con detalle en la argumentación que sigue a continuación. En primer lugar, hay que subrayar que la fórmula explica muchas de las manifestaciones de la praxis judicial moderna, hasta tal punto que ellas mismas suponen un argumento en favor de esta fórmula. Entre esas manifestaciones cabe mencionar en particular el principio de la colegialidad y el fenómeno de los «fundamentos de la decisión». En segundo lugar, la fórmula contiene una solución sin contradicciones para las complicaciones que se derivan de que, de un lado, la autoridad de la ley debe quedar protegida, pero, de otro, a veces habrá que tomar decisiones *praeter* y en ocasiones *contra legem*, las cuales, a pesar de que apenas puedan considerarse acordes a las fuentes, pueden ser consideradas rectas —resulten o no amparadas en precedentes jurisprudenciales del Tribunal Supremo y en su reiterada praxis—. Que la «legalidad» de la decisión no deba identificarse con su corrección, no significa que quede suspendida toda regla objetiva y que entonces todo termine dependiendo de la subjetividad del juez[1] —si la fórmula, además, explica el significado de los precedentes y es capaz de ponerlos en sintonía con el resto de sus explicaciones, entonces prueba su justificación como principio normativo de la *praxis* judicial actual—.

Sobre la cuestión de si los tribunales colegiales resultan o no preferibles a los jueces individuales, se discutirá largo y tendido. En cualquier caso existe una estrecha relación entre la preferencia por el juez individual y determinados modos de concebir el método de la praxis[2]. En la praxis judicial dominante, la preferencia por

---

[1] Esto es propiamente evidente; pero tal como están hoy las cosas, es necesario una vez y otra subrayar estas evidencias para que sean atendidas.

[2] Kantorowicz piensa que la colegialidad y la apelación son una protección contra los excesos de subjetividad; sin embargo, en

el principio de colegialidad se expresa en el hecho de que el número de los jueces que tienen que decidir sobre un asunto aumenta con la consideración de su importancia. No se puede justificar ese hecho con explicaciones triviales como decir que tres personas ven más que una y siete más que cinco. Porque, en primer lugar, es algo bastante relativo, y, en segundo lugar, es sabido que el procedimiento en los tribunales colegiados consiste en que un ponente estudie y prepare el asunto y que lo exponga al colegio, lo cual hace problemática la justificación por la capacidad de «ver más» de la mayoría. La discusión en los consejos gira exclusivamente en torno a cuestiones jurídicas sobre las que es preciso llegar a un acuerdo. Los numerosos ataques al «sistema de un juez ponente» están fundados en el desconocimiento del significado de la mayoría en la administra-

---

«Kampf um die Rechtswissenschaft» (p. 41) hace depender todo lo demás de la personalidad del juez y niega los juicios válidos en general. Sería de todos modos una confusión el fijar a Kantorowicz en esta última tesis. Medida de su posición es la tesis en *Zur Lehre vom richtigen Recht*, Berlín, 1909, p. 25: El juez debe atender a «su sentido de justicia que se expresa de modo autoritario» y, según su parecer, rellenar las lagunas legales. El derecho hallado de este modo es «aportado por el juez para la aplicación sin retrotraerse a su propio sentir». Sobre el descubrimiento de normas heterónomas trata en su conferencia «Rechtswissenschaft und Soziologie» en las actas del I Deutschen Soziologentages (en la conferencia publicada se encuentran también las referencias bibliográficas, en las cuales la postura de Kantorowicz resulta *contra legem judizieren*). Para poner un ejemplo de que en las discusiones sobre esas cuestiones todo es posible, hay que mencionar que Hompel (*Arch. f. R. u. W.*, III, p. 562) ha conducido *ad absurdum* el punto de vista expuesto por Kantorowicz en «Kampf um der Rechtswissenschaft» al poner de manifiesto que bajo ciertas circunstancias podría el juez decidir discrecionalmente, caracterizándolo así como el producto del entusiasmo de un superhombre nietzscheano desequilibrado.

ción de justicia. Gracias al recurso a la mayoría, se compensan las particularidades que caracterizan las concepciones jurídicas de los individuos que componen el colegio judicial. Se alcanza así también una determinación del derecho general, una comunicabilidad (es decir, una conceptualización intelectual) del fundamento de la decisión, a través de las cuales la decisión se hace previsible y calculable, y se remite a la totalidad de la praxis judicial. Se han escuchado quejas relativas a que en esas decisiones mayoritarias de los colegios se pierde la personalidad del juez[3]. Sin embargo, para el derecho entendido como un orden constitutivo, la originalidad como tal puede tener muy poco sentido, puesto que todas las representaciones sobre el poder y la dignidad de la «personalidad» son categorías extrajurídicas[4]. Es cierto que el criterio de la corrección de una decisión judicial en la praxis actual (y en toda praxis judicial) no puede transferirse a procesos sentimentales de los individuos o a sus convicciones subjetivas. Antes al contrario, debe tratarse siempre de una valoración heterónoma. Ahora bien, sería equivocado argumentar de la siguiente manera[5]: el sentido jurídico (*Rechtsgefühl*) de la totalidad es lo decisivo para la rectitud de la sentencia; cuanto mayor sea el número de los jueces,

---

[3] Adickes, *Stellung und Tätigkeit des Richters*, Dresden, 1906, p. 9.

[4] También aquí hay que subrayar que con ello no se está diciendo nada desfavorable ni sobre la justificación moral, ni sobre la necesidad científica, ni sobre la utilidad fáctica de tales representaciones.

[5] A. Sturm, *Die Bedeutung der Mehrheit in der Rechtsanwendung und in der Rechtsprechung*, Halle, 1908, que por lo demás tiene la ventaja de haber traído a la memoria la relación del principio de mayoría con la cuestión de la rectitud de la decisión.

más grande será la probabilidad de que se encuentre ese sentido jurídico (*Rechtsgefühl*), y más evidente resultará su aplicación a la totalidad. Esta opinión, que debería tener por ideal la votación de la masa sobre cada una de las decisiones de un individuo, no termina de caer en la cuenta de que la «mayoría» se refiere a los jueces, y el debate alude a los fundamentos de una decisión. Por supuesto que un solo juez con una fuerte capacidad jurídica, si el litigio dependiera absolutamente de él, encontraría una solución adecuada al sentido jurídico con idéntica seguridad que tres o siete personas o que las grandes masas, que simplemente son necesarias para llegar a aproximarse al punto medio. Decidir intuitivamente de modo correcto, con tacto jurídico (*juristischer Takt*), es siempre en último término una virtud del individuo. Naturalmente un ente colegiado puede también tomar una decisión que se corresponda con el sentido jurídico (*Rechtsgefühl*) o una decisión que descubra con un sólo golpe de vista el «tacto jurídico» (*juristischer Takt*); ahora bien, no la encuentra como colegio. El «tacto jurídico» (*juristischer Takt*) nace de la capacidad de un conocimiento intuitivo. Pero la intuición es fundamentalmente una cuestión individual; no sé si también cabría pensar que es una capacidad atribuible a una totalidad sociológica; ahora bien, si no es así, habrá que deducir que un colegio de jueces, por ejemplo, la sala segunda de lo civil de un tribunal de un *Land*[6], no puede tener un conocimiento intuitivo. Ciertamente, tampoco pretende eso un colegio. De lo

---

[6] Dejo este término en alemán por las características específicas que tiene en el contexto del Estado alemán, que no permiten una exacta traducción. Viene a significar Estado federado o territorio integrado dentro de la Federación. [*N. de la T.*]

que se trata en este caso es de la exposición de los fundamentos de la decisión y de su desarrollo articulado. Tampoco el sentido del principio colegial es el acomodarse a una judicatura popular, sino, el de indicar que una decisión, cuyos fundamentos son examinados por varios jueces, tiene la mayor probabilidad de ser previsible y calculable y, consiguientemente, de que otros jueces hubieran decidido de la misma manera. Siempre se trata del juez, de la praxis judicial. Con ello es también acorde el sentido jurídico, puesto que a estos importantes postulados pertenece también el del trato igualitario y la previsibilidad de la decisión. No cabe duda de que una mayoría de jueces resultará más capaz de actuar de modo acorde con ellos; es más, en teoría debería serlo. No hay ninguna duda de que, si todos los juicios debieran ser fallados por siete jueces, la jurisprudencia en todo el país sería más unitaria que si el fallo procediera de uno solo. Cuando las críticas a una tesis jurídica se hacen generalizadas y agrias, un colegio cede con más dificultad en su «reiterada praxis» que un juez individual en sus convicciones[7]. Esta ten-

---

[7] No se ha escrito aún una «sociología del colegio de los jueces». Ella sacaría a la luz el hecho de que no hay contradicción cuando en el texto, en primer lugar, se niega la capacidad de un conocimiento intuitivo al colegio de los jueces como tal, en base a los hechos, puesto que ese colegio no es ninguna unidad sociológica, mientras que, más adelante, aparece el colegio como portador de una «reiterada praxis» con particulares tendencias y aspiraciones. Pues, en aquel caso, el fin que constituye la unidad del colegio (el consejo sobre los fundamentos de la decisión) excluye un conocimiento intuitivo; no excluye, sin embargo, la tendencia conservadora que, según la experiencia, rige en la jurisprudencia de los tribunales colegiales.

Una confusión, de interés para la presente exposición, está en la base del texto de Kierulff, *Theorie des Gem. Civ. Rechts*, Altona,

dencia a la estabilidad y, por tanto, a la determinación del derecho, por la cual la atención a la mayoría es inmanente a la judicatura, debe ser examinada y explicada en la reflexión metodológica sobre la praxis actual. Incidentalmente hay que señalar que el fenómeno de la colegialidad en la administración de la justicia corrobora la necesidad de buscar un método específico para la praxis, puesto que para la elaboración teórica del derecho positivo, es decir, para un sistema científico, el sencillo pensamiento de una mayoría, de un colegio, es un absurdo.

En estrecha relación con la importancia de la mayoría para la administración de la justicia, está la importancia de la apelación. También la apelación se encuentra encaminada a la consecución de la objetividad, a la proclamación de la más rigurosa heteronomía y a la negación de todo subjetivismo. La apelación, que tiene los mismos enemigos que la configuración colegial, se orienta también a la determinación del derecho, postulado en el que encuentra su justificación. Como consecuencia inevitable de lo que significa la existencia de

---

1839, p. 41: «Es deber del juez, quien debe efectuar el verdadero derecho, confiar más al sentido objetivo de un número de juristas formados que a su propio tacto subjetivo». ¿Qué significa sentido objetivo? No que el sentido de un número de juristas formados sea una instancia normativa, sino que la decisión es correcta cuando el «jurista formado», como tipo, hubiera decidido del mismo modo, y un número de juristas formados ofrece para ello una gran garantía. El «jurista formado» debe estar convencido (el precedente es síntoma de una convicción) y así se explica la siguiente frase de Kierulff: «En esta esfera nunca podrán evitarse los usos jurídicos, y aquí cumple su propia determinación el exigir la determinabilidad del derecho». Hay que señalar que Kierulff a pesar de su «positivismo especulativo» fue un práctico respetable.

un precedente emanado del Tribunal Supremo, se introduce en la praxis jurídica la idea de la existencia de un «supraorden» y se insinúa particularmente la autonomía (metodológica) de la praxis (como totalidad) para decidir sobre la sentencia correcta.

Por otra parte, parece que la fórmula que hemos propuesto anteriormente, que remite a «otro juez», encuentra una refutación justamente en la apelación, ya que una revocación procedente del órgano superior, e incluso la posibilidad de que tres órganos judiciales diferentes decidan de tres formas distintas, parece convertir en obsoleto el significado práctico de la fórmula.

Quien, sin embargo, exprese semejante objeción delatará su desconocimiento de las razones que han llevado a realizar una investigación metodológica y de la necesidad de encontrar un criterio específico para dirimir la corrección de una decisión judicial. Claramente, la fórmula en la que se expresa el citado criterio no tiene por objeto cambiar la faz de toda la praxis, es decir, no pretende ni prescribir las decisiones posibles que se derivarían de su implantación, ni reducir el número de los procesos judiciales, ni disminuir el sueldo de los abogados, ni, mucho menos, hacer superfluo el Tribunal Supremo o, al menos, aligerar su carga. Su aspiración está tan alejada de esas cuestiones como de la construcción de una fórmula del genio estético o de una guía para la producción de valores eternos. Lo que sí procura y debe lograr es: por un lado, suministrar reglas para enjuiciar decisiones concretas; por otro, facilitar el examen de los fundamentos de la decisión por su fuerza probatoria; y, para el caso de una fundamentación que no respeta el método, debe mostrar lo heterogéneos o no que son los argumentos que se relacionan. En último término trata de mostrar lo que en la praxis judicial puede valer como argumento, trata de asistir a la praxis en la toma de conciencia de su método. De ese modo alcanza un valor práctico. Sin duda, el Tribunal Supremo está sometido también al citado criterio y el problema de la revisión (por una violación de la ley) adquiere desde su perspectiva nueva claridad. Que dos jueces tomen decisiones diferentes no supone propiamente una objeción al criterio, puesto que lo único que añade la formulación del criterio es que la tendencia y el sentido de la actividad de esos jueces, es decir, la fundamentación de sus juicios, debe consistir en decidir como lo hubiera hecho cualquier otro juez. Lo único que añade, por tanto, es la convicción de la previsibilidad y la calculabilidad de sus decisiones. Tan pronto como sean conscientes de este sentido de su acción, estarán en situación de discriminar de entre los fundamentos de la decisión que entran en cuestión, aquel que es válido sobre cualquier otro a la hora de dictar sentencia.

La formulación hipotética del criterio propuesto se topa también con la objeción de que es evidente que no todos los jueces deciden del mismo modo ante casos similares. Esa objeción argumenta que resulta imposible asegurar en la realidad de los hechos cuál hubiera sido la decisión de otro juez. Por un lado, no es viable realizar un análisis psicológico de los otros jueces, pero incluso, se añade irónicamente, si en ese análisis se descubriera que un juez ha decidido incorrectamente, entonces, la fórmula nos llevaría a demostrar que no todo juez hubiera decidido del mismo modo. Estas objeciones parecen desconocer que no se está hablando de cada juez en particular. La forma hipotética de la máxima, elegida conscientemente, no apunta a un hecho que pudiera haber acontecido caso de no haber existido ninguna interferencia. Tampoco está en su intención el determinar la acción de los jueces para así llegar a una ley general bajo la cual, de ahora en adelante, deberá subsumirse toda decisión que aspire a ser correcta[8]. Sería, sin duda, también, una confusión psicológica pensar que esa fórmula invita al juez a ejercer la psicología de masas. Pensar así es posible e incluso una investigación sobre ese tema pudiera resultar valiosa. También, por otro lado, es posible suprimir el sentido normativo en la formulación: «obra sólo según aquella máxima, que pueda llegar a ser una ley universal» y simplemente hablar sobre ella. La fórmula hipotética no pretende ser tampoco un mandato legal al juez. Simplemente provee a la praxis judicial actual de un principio metodológico. La indicación al «otro juez» como tipo empírico es solamente la expresión del significado constitutivo que tiene el postulado de la determinación del derecho para hallar el criterio de la corrección de una sentencia. En consecuencia, un juez que quiera decidir correctamente no necesita «codificar» a los otros jueces para posteriormente subsumir su decisión en la ley que obtenga de dicha codificación, lo cual sería idéntico con tomar la «legalidad» como criterio de corrección de una sentencia; sino que debe esforzarse para que su decisión se corresponda con la praxis que se está ejerciendo de hecho. Cuando el juez abandone una

---

[8] O. Bülow, *op. cit.*, p. 45, dice agudamente que lo que él llama «derecho judicial», no tiene nada que ver con normas abstractas; que, sin embargo, el «derecho judicial», a pesar de todo, existe y que su negación es una autonegación. La opinión de Bülow sólo se puede explicar sin contradicción si se admite que, cuando se habla de «derecho judicial» se está pensando en un reconocimiento de la autonomía metodológica del criterio de corrección de la praxis judicial.

opinión dominante, lo debe hacer con argumentos tan evidentes que la discrepancia sea totalmente calculable y previsible. En ciertas circunstancias, los fundamentos de la sentencia pueden resultar creadores, en la medida en que se muestran capaces de determinar la acción de otro juez y, consecuentemente, son aptos para generar una praxis uniforme.

En ningún momento, sin embargo, puede el juez ejercer una absoluta *discrecionalidad*, seguir su subjetividad particular, su convicción personal al dictar sentencia. El «otro juez», al que hace referencia el criterio que hemos propuesto, es el juez normal formado jurídicamente; donde la palabra «normal» es utilizada en un sentido cuantitativo, como media; no de un modo cualitativo-teleológico, como si fuera la caracterización de un tipo ideal.

Este tipo empírico del juez normal[9], con el que tiene que contar cualquier teoría sobre el método de la

---

[9] Éste es el punto que han acometido las investigaciones sociológicas sobre los juristas de Th. Sternberg, adhiriéndose a las explicaciones del texto (*Characteriologie als Wissenschaft*, Lausanne, 1907; J. H. v. Kirchmann y su *Kritik der Rechtswissenschaft*, Berlín, 1908; *Einführung in der Rechtswissenschaft*, Leipzig, 1912, I, § 14, desgraciadamente sin prosecución hasta ahora). Hay que señalar que con ello la cuestión sobre la rectitud de la decisión del juez no debe quedarse en una simple reflexión empírica. Si la fórmula de la decisión correcta contiene momentos que dejan fluir contenidos empíricos, eso no quiere decir que sea una aclaración explicativa por procesos empíricos. La reflexión normativa no ha quedado suspendida. No se ha dicho: la decisión judicial es correcta *porque* es tenida por tal en general por los jueces, sino *si* es tenida por tal por ellos; si desde su punto de vista es esperable que otro juez hubiera decidido del mismo modo y si el contenido fuera frecuentemente el mismo. Se trata de dos reflexiones diferentes. Para las explicaciones del texto, el juez empírico es sólo un elemento de la fórmula; él no es el punto de partida. El punto de partida es un postulado: la determinación del derecho.

praxis, es, en su estructura lógica, algo totalmente diferente del «legislador» o de la «voluntad de la ley», que siempre han resultado construcciones ideales, cuya realización empírica, en su pureza, es un imposible. El tipo empírico del legislador es indiferente a la judicatura y el tipo ideal del legislador es una construcción con la que la praxis judicial no ha conseguido acabar en cientos de años.

Cualquier deducción que se haga a partir de una idea de derecho que pretenda una validez supratemporal es, o bien enemiga del contenido y, por tanto, carece de valor para la praxis[10], o bien tiene que renunciar a sí misma para hacerse útil a la praxis. Es cierto que las reglas, que, por ejemplo, Van Calker[11] deduce de su

---

[10] De ahí también el insignificante influjo de las ideas de Stammler sobre la praxis judicial en relación con el hecho científico. Porque tampoco su «Abstieg zu den Einzelfragen» [ascenso a la cuestión particular] dice a la praxis nada respecto de su procedencia. Con los principios de la «libertad» y de la «división» no se gana nada si no se indican las *fronteras* y, sobre eso, no se da ni una sola vez una referencia formal (Radbruch, en *Aschaffenburgs Monatsschrift f. Krim. Psych.*, I, p. 600, V, p. 5. Brütt, *Die Kunst der Rechtsanwendung*, Berlín, 1907, § 7. Kantorowicz, *Zur Lehre vom richtigen Recht*, Berlín, 1909, pp. 33 ss.). Una fórmula de ese tipo tiene significado para la praxis sólo si sus particularidades específicas llevan consigo cálculo. Se puede comparar aún con Stammler: Bergbohm, *op. cit.*, pp. 55-56. Staffel en *Jherings Jahrb.*, 50, pp. 329 ss. Makariewicz, *Juristische Abhandlungen*, Wien, 1907, pp. 7 ss. Sobre todo el artículo citado de Max Weber en el *Arch. f. Sozialw.*, N. F., 6. Cuando Hegel en la *Philosophie des Rechts*, 1821, p. 7 (§ 3) contrapone el derecho «filosófico» al «práctico» y niega cualquier deducción de uno con respecto al otro, a lo que se está refiriendo en ese lugar es solamente a la contraposición entre una teoría del derecho «teórica» y una «técnica», algo que también señala Stammler.

[11] *Politik als Wissenschaft*, Lepzig, 1899. *Ethische Werte im Strafrecht*, Berlín, 1904. *Gesetzgebungspolitik und Rechtsverglei-*

«teoría perfeccionista» son frecuentemente de aplicación directa para la praxis, pero a costa de utilizar las cosmovisiones del pueblo vigentes (es decir reconocidas como válidas) para así proporcionar un contenido a los conceptos en sí indiferentes y vacíos. Algo similar ocurre con el «ideal cultural» de Kohler o de Berolzeheimer, o con las «normas culturales» de M. E. Meyer, que proveen de un contenido a la formalidad jurídica. Sería impertinente objetar a estas teorías que fallan en los casos complicados de dirimir, puesto que su finalidad no es posibilitar una cómoda y segura decisión para cualquier caso concreto. La teoría perfeccionista de Van Calker, por ejemplo, es muy relevante para política jurídica (*Rechtspolitik*), en la medida en que, por un lado, provee reglas para el enjuiciamiento del derecho antiguo; por otro, facilita el descubrimiento de un nuevo derecho; y finalmente, permite la transformación del derecho positivo, lo cual es absolutamente necesario en la medida en que la interpretación del derecho positivo no puede prescindir de un criterio de enjuiciamiento último[12].

En la presente investigación, sin embargo, el método de la praxis se contrapone al de la ciencia. Se niega,

---

chung (en la *Strassburger Festschrift für Laband*), Tübingen, 1908. Aquí es importante la distinción entre política legislativa y comparación jurídica; aquella es la teoría de los medios (exigida en sus diferentes aspectos) para llevar a cabo las exigencias de la política jurídica. Véase el artículo «Rechtspolitik» en el *Handbuch der Politik*, I, así como D. J. Z., 1912, p. 181.

[12] «Como regla de enjuiciamiento, sin embargo —si es que para ese tipo de enjuiciamiento se quiere estar por encima de un punto de partida que se eleve sobre simples opiniones subjetivas— debe exponerse un fin último y de validez general [...]». Van Calker en *Vergl. Darstellung des Deutschen und Ausl. Strafrechts*; Allg. Teil, III, p. 185.

por tanto, la validez inmediata del principio perfeccionista para determinar la conveniencia del criterio de corrección de la praxis, es decir, para confirmar la validez del principio mismo que está en la base de la praxis, precisamente por ser puramente reflexivo. El principio perfeccionista sólo entra en la reflexión acerca de si la decisión, que en la praxis actual se considera correcta, pudiera ser caracterizada como verdadera o correcta desde un punto de vista más elevado. Ya se ha señalado que la introducción de argumentos relativos a la justicia sustancial, como es el caso de las visiones valorativas éticas, no es apropiada para dar una respuesta a las numerosas preguntas específicas de la praxis (en particular a los casos en los que se trata de una decisión con un contenido indiferente, así como a la indagación sobre los precedentes). Las cosmovisiones valorativas del pueblo tienen un influjo mediador no poco significativo desde el punto de vista práctico, en la medida en que son generalmente eficaces en la praxis; es decir, fundan la expectativa de que la decisión se hubiera tomado, en general, de ese modo. Ahora bien, si se quiere encontrar un criterio específico de corrección para la praxis en un determinado momento histórico como, por ejemplo, el actual, entonces la única posibilidad de encontrarlo descansa en la introducción del «otro juez» como un tipo empírico, y no en las citadas valoraciones populares.

La fundamentación forma parte de la decisión. Sería ingenuo encontrar el sentido del fundamento de la decisión en el imperativo de autolimitación del juez[13].

---

[13] Baste con mencionar a Plantenga, *Rechtsgeleerd Magazijn*, XXX, p. 318: «eene grondige motiveering van zijne beslissing nood-

Esto puede ser, naturalmente, un efecto secundario deseado. Quizás el autor de la Ley Civil (*Zivilprozessordnung*) y el de la Ley de Enjuiciamiento Criminal (*Strafprozessordnung*) hayan sido conscientes de ese fin. En cualquier caso, sin una fundamentación, sólo es posible juzgar sobre la corrección de una sentencia, si se puede decir que ese juicio coincide con el del criterio de corrección de una sentencia que se tiene por recta.

Cuando en las sentencias dictadas en rebeldía, una vez esta haya sido declarada (§ 313, párrafo 3, ZPO), se dejan de lado los fundamentos de la decisión (en el sentido técnico procesal de las palabras), en ningún modo significa una renuncia a una fundamentación, sino más bien supone una fundamentación tan reiterada, que no precisa siquiera ser nuevamente evaluada. Los «fundamentos de la decisión» no persiguen el autocontrol del juez. Si fuera ésa su razón de ser, entonces quizás sería aun más adecuado que la opinión pública elaborara los fundamentos de la sentencia y se prescribiera al juez elevar una instancia al funcionario superior. Nadie puede con seriedad afirmar algo así, ni tampoco desearlo. Los fundamentos de la decisión son una parte esencial de toda sentencia judicial (en el proceso penal se comunican por razones especiales junto con la publicación de la sentencia); no solamente son responsables de la fuerza normativa, no es que además individualicen la sentencia, sino que sobre todo quieren convencer. Este hecho es digno de atención en una investigación metodológica.

De él se derivan dos interrogantes: ¿Acerca de qué pretenden convencer los fundamentos de la decisión? y,

---

zakt den rechter zich stap voor stap rekenschap te geven van de wijze, waarop hij tot die beslissing komt».

¿a quién quieren convencer? Ambas preguntas están estrechamente relacionadas y es difícil decidir cuál de ellas debe preceder a la otra. Para empezar se hace preciso hacer alguna indicación sobre la segunda.

Ya sólo desde el punto de vista psicológico es de gran interés indagar sobre a quién quiere convencer el juez con sus argumentos. Dejando de lado el hecho de que esos argumentos en ciertas circunstancias ponen de manifiesto el monólogo que el juez mantiene consigo mismo o con su conciencia, y también el hecho de que el juez puede querer servirse de esos argumentos para alcanzar algún fin, como por ejemplo el despertar admiración por un juicio brillantemente fundamentado, fijemos la atención en los posibles destinatarios de la fundamentación de la sentencia. Lo primero que hay que decir es que el juez pensará en muy contadas ocasiones en la parte que ha promovido el juicio; desde luego, no lo hará con seguridad ni en el proceso civil ni en el penal. La parte misma (no su abogado) se deja a un lado desde el principio; basta pensar en las sentencias en procesos de incapacitación. Sin embargo, el juez se comporta de un modo diferente ante la instancia superior. (Hay que tener en cuenta que estamos reflexionando sobre los procesos en el alma del juez.) Convencer a la instancia superior, es, sin duda, en numerosos casos, la aspiración consciente o inconsciente del juez que dicta sentencia cuando piensa en los fundamentos de su decisión; de modo que para él los precedentes del tribunal de la instancia en cuestión adquieren un particular significado. Pero no se agota ahí la serie posible de los destinatarios a los que va dirigida la fundamentación de la sentencia. En los casos en que no sea posible un recurso legal contra una sentencia determinada —en concreto, en todas las decisiones del Tribunal Supremo, que ciertamente aportan el material más interesante e importante, y no sólo para una reflexión de tipo psicológico—, aquel, con quien el juez se imagina conversando, posiblemente no será una personalidad o una instancia individual concreta, sino algo abstracto e impersonal, un término medio o un círculo de personas, quizás de juristas o de legos, instruido. No sería aceptable, desde el punto de vista de la praxis (en términos empírico-psicológicos), que en la configuración de los fundamentos de una sentencia del Tribunal Supremo influyera la representación de un destinatario de dichos fundamentos que no fuera un colegio de juristas, ante los cuales se expone la argumentación jurídica y a quienes hay que convencer. Parece, por otra parte, que, en ocasiones (particularmente en los últimos años), este colegio ha cambiado y ha admitido también a legos[14]. El lego instruido es aquel que, con indicaciones generales sobre las necesidades del tráfico jurídico, aparece caracterizado por relación a sus deberes familiares, etc., a pesar de que hasta ahora él no haya querido alterar el carácter instruido de las decisiones. Como es lógico, la representación de los destinatarios no aparece en la configuración de cada una de las sentencias con la claridad y los matices que serían necesarios para un detallado análisis como el que se pretende llevar a cabo aquí. A la mayor parte de las sentencias no las precede ninguna representación consciente

---

[14] En algunos Estados norteamericanos parece que hay una concepción de que el juez tiene que convencer al pueblo y que esto ha desembocado en un movimiento político, que permite al pueblo, a través de una votación, decidir sobre la permanencia o sustitución del juez.

de ese tipo. En otros casos, la sentencia se dirige a diferentes destinatarios, sean consecutivos o no; una circunstancia ésta que lastra generalmente la fuerza de convicción de los argumentos. El jurista formado, tal como lo conocemos, considera que el traer a colación algunos lugares de la ley es un argumento importante, mientras que esto no impresiona para nada a un lego; por el contrario, una referencia a las necesidades del tráfico jurídico puede producir el encogimiento de hombros de los juristas y, en cualquier caso, suscitará fácilmente en ellos la suposición de que el mismo juez que decide no ha reconocido suficientemente la fuerza jurídica probatoria de sus argumentos y que busca arrojar a la balanza su «sentido de justicia». Por eso, de hecho, los fundamentos de la decisión adquieren el carácter de una duplicidad irresoluble, que no satisface a nadie, puesto que el instinto metodológico es para la mayoría de las personas aún mayor que su interés por las investigaciones metodológicas. Ahora bien, toda la multiforme realidad de la vida no obsta para que el juez se dirija con sus argumentaciones al tipo medio del juez que obtiene como resultado de una representación y que será, generalmente, un jurista instruido, que pueda comprender las cuestiones de la vida práctica. Sin duda este proceder ha originado problemas históricos: si se considera como único destinatario de la sentencia una representación construida de un jurista tipo, entonces se reconduce unilateralmente la argumentación conceptual y dogmática sobre los fundamentos de la decisión a lo que esperan las personas instruidas. El movimiento «modernista» en la Ciencia Jurídica persigue justamente un desplazamiento en los destinatarios; de ahora en adelante también se debe intentar convencer al lego instruido o a cualquier persona con sentido común. Con ello se intenta anular la diferencia entre la convicción «humana» y la convicción «jurídica», una diferencia que es efectiva desde el punto de vista psicológico y que *a priori* no se muestra fácilmente desechable, a diferencia de lo que actualmente se afirma en muchas ocasiones y que debería tener en cuenta todo juez práctico. Esa distinción supone un dualismo en la concepción de los destinatarios de los fundamentos de la decisión. La cuestión que aborda este libro, a saber: cuándo es correcta una sentencia, en el sentido de cuándo se tiene hoy por correcta, supone la necesidad de atender a la vida jurídica moderna y a su praxis. No en el sentido de que por caminos psicológico-experimentales debamos llegar a forjar una figura tipo de los procesos que tienen lugar en el alma del juez que decide, sino más bien en el sentido de que con la respuesta a la pregunta por la sentencia correcta se llega a clarificar el adecuado destinatario de los fundamentos de la decisión. Según la fórmula propuesta ese destinatario adecuado es el «juez» en la praxis (como tipo) y, objetivamente, esto es acorde con el carácter y los argumentos de las sentencias modernas. Ahora bien, según la fórmula propuesta, aquello de lo que debe ser convencido es de que este destinatario habría decidido del mismo modo. La sentencia es, por tanto, previsible y calculable y, además, es coherente con la praxis. La praxis se justifica por sí misma. La rectitud que se determina de esa forma, no es absoluta, sino que refiere a la praxis moderna; no es aquella que los jueces consideran como la media, sino la que surge como tal de una reflexión metodológica. La respuesta a la pregunta formulada, en torno a la cual gira toda esta investigación, se deriva del postulado de la determinación del derecho en relación con el hecho de que hoy existen profesionales de la judicatura instruidos[15].

Los fundamentos de la decisión quieren convencer correctamente de que la sentencia, momentos antes de resultar fallada, debe ser previsible y calculable; inmediatamente después, debe ser «explicable», y ciertamente no sólo de modo psicológico, sino en el sentido en que la considera explicable la praxis judicial, es decir, en el sentido de que otro juez hubiera decidido del mismo modo. No, sin embargo, en el sentido de que la sentencia sea un caso particular de la voluntad legal o de que se corresponda con un ideal de justicia. Si ambas consideraciones desempeñan su papel a la hora de esgrimir los fundamentos de la decisión, sólo puede ser como uno de los elementos de la argumentación: bien porque la deducibilidad del caso de la ley general es clara, o bien porque el sentido de justicia se hace valer de un modo implacable e ineludible, de modo que otro juez cualquiera hubiera sido conducido a la misma sentencia. En este sentido, también el derecho positivo re-

---

[15] La cuestión de la corrección de las sentencias de los jurados queda naturalmente excluida. No se puede decir que estas decisiones deriven de la praxis judicial. Ellas ni necesitan fundamentación, ni es deseable que se capaciten para ella, en la medida en que no se quieran incluir en la fundamentación sentimientos inarticulados. No pretendo hacer ahora un juicio acerca de las sentencias de los jurados, sino simplemente aclarar que la investigación metodológica sobre la praxis judicial actual no tiene por qué referirse a ello. Que las sentencias de los jurados no necesiten fundamentación, no es ninguna prueba sobre la futilidad de la fundamentación. Ellas no necesitan fácticamente fundamentación, simplemente porque encuentran (según su idea) una caja de resonancia en el pueblo que, sin más, lleva consigo una convicción general.

cibe necesariamente su inequívoco lugar en el contexto de nuestro criterio de corrección. Efectivamente se puede decir que la decisión que procede con evidencia de la deducción del contenido de la ley es siempre correcta, precisamente porque la sencilla subsunción bajo una ley es el medio más seguro para fundar la certeza de que otro juez hubiera decidido del mismo modo[16].

Con esta solución del problema, los «factores de interpretación» adquieren un nuevo significado para la praxis. Por eso, las «normas culturales», es decir, las normas que se dan en atención a nuestro nivel cultural actual para el tráfico y la vida jurídicos, son denominadas, por ejemplo por M. E. Mayer, factores de interpretación. O también se ha dicho (y se ha repetido hasta la trivialidad) que las consideraciones sobre el sentido jurídico o sobre la rectitud del derecho salvaban las lagunas legales. Siempre que se mencionan los factores de interpretación implícitamente se está aludiendo a una cierta intención de ampliar o transformar de algún modo el contenido de una ley. La expresión «factores

---

[16] Porque en realidad la ley positiva, en la medida en que la decisión se puede deducir de ella de un modo claro, es el medio más seguro de alcanzar la decisión correcta y de ahí el interés que tiene la magistratura en la «legalidad» de la decisión y de ahí que razonablemente y, en consecuencia, justificadamente, niegue todos los criterios intuitivos. Sin embargo, la confusión de que la teoría de la interpretación tradicional con su proceso de analogía se puede considerar un camino hacia una decisión convincentemente legal, sólo se puede aceptar desde un punto de vista psicológico, no está, sin embargo, suficientemente justificada. Vid. la tesis tomada del contenido del II Deutschen Richtertage en Dresden 1911 (Jastrows) de que el juez tiene simplemente que aplicar la ley, interpretarla y, eventualmente, aplicarla analógicamente; no, sin embargo, en el caso de una ley dudosa, en el que lo que ha de hacer el juez es decidir discrecionalmente.

de interpretación» refiere a una ley bajo la cual es preciso subsumir, de ahí que los factores de interpretación sirvan siempre a esa ley. Están «junto a la ley» y no bajo ella, puesto que tienen el poder de cambiar el contenido de la ley o de introducir nuevos contenidos. La fórmula propuesta esquiva este tipo de consideraciones imprecisas. Ella deja sin determinar qué factor de interpretación es en cada caso el decisivo: si el contenido de la ley, el sentido de justicia o la ponderación de los intereses. En cualquier caso destierra el engaño de que la sentencia se deduce sencillamente de la subsunción bajo una ley positiva o de los derechos de libertad y de que, por tanto, el criterio de corrección consiste exclusivamente en este tipo de actividad. La ley positiva, las normas culturales, las concepciones valorativas morales del pueblo, no son algo completamente determinado, fijo, unas rúbricas bajo las cuales ha de ordenarse una constelación de acontecimientos, que habrán de ser subsumidos bajo ellas para que se pueda decir que una sentencia es correcta. No son los recipientes en los que el juez aloja los supuestos de hecho. En el contexto de la fórmula propuesta aquí, todos esos elementos salen de su estabilidad y de su paz y se convierten en medios para fundar una expectativa (que en general hubiera sido decidido así); se hacen dinámicas y adquieren una nueva función. En lugar de una estática se introduce una dinámica.

Sin embargo, a pesar de que las consideraciones que acabamos de hacer sobre el postulado de la determinación del derecho, en ocasiones, aconsejen una desviación de la aplicación de la subsunción sencilla bajo la norma positiva, el derecho positivo se muestra tan complaciente con ese postulado que generalmente una sentencia que se desvía del simple procedimiento de subsunción tiende a considerarse sin más incorrecta. Ésta es la plusvalía del derecho positivo. De ahí que generalmente se considere que una (manifiesta) decisión legal es una sentencia correcta. Pero justamente de esta afirmación poco matizada parte la confusión, porque establece la «legalidad» como criterio de la corrección y con ello yerra lógicamente, pues concluye de la identidad de predicados la identidad de sujetos. El silogismo: las decisiones legales son correctas, luego las decisiones correctas deben ser decisiones legales, es muy similar a este otro: todos los caucásicos son hombres, si los esquimales deben ser hombres, entonces deben ser caucásicos. Efectivamente lo que se busca es la razón por la que las decisiones legales son correctas (el de dónde se deriva la medida de su corrección); sin embargo, en vez de responder a esta cuestión lo que se suele hacer es identificar legalidad y corrección y comprobar experimentalmente si todas las decisiones que se tienen por correctas son legales hasta poder afirmar taxativamente el criterio de legalidad como criterio de corrección. En esa lógica, generalmente, cuando no es posible una subsunción clara bajo una ley positiva, entonces se substituye el criterio de corrección por el de legalidad, es decir, se toma sin más la decisión legal por correcta, sin percatarse de que es justamente en esos casos, en los que es menos evidente la relación del caso concreto con la ley positiva, en los que son más relevantes las consideraciones que aporta el derecho consuetudinario aún no formalizado o el sentido jurídico inarticulado. Cuanto más difícil sea determinar cómo hubiera decidido otro juez, más necesario se hace explicitar los fundamentos de la decisión y acumular argumentos con el fin de fundar aquella certeza decisiva, a saber, que otro juez hubiera decidido del mismo modo. Los argumentos no pretenden, en estricto sentido, probar que la subsunción bajo la ley positiva, a pesar de todas las improbabilidades, ha de llevarse a efecto; o que, al menos, la subsunción es posible, bajo el supuesto de la ampliación de la ley o con la ayuda de normas jurídicas «libres» o de normas de una moral heterónoma. Lo que pretenden exponer los argumentos es que las consideraciones que se aportan como fundamento de una sentencia son actualmente eficaces para determinar el derecho, es decir, que la praxis jurídica actual hubiera decidido del mismo modo. En este mismo sentido se puede decir que las conclusiones que se extraen racionalmente de las disposiciones de un código son interpretaciones que refieren también a la totalidad de la praxis.

El postulado de la determinación del derecho es el fundamento de toda valoración del quehacer judicial. De hecho, la alusión al «otro juez» que aparece en la fórmula aquí propuesta no es más que un modo de expresar ese postulado. Del mismo modo que la sentencia de los escabinados medievales no necesitaba de fundamento al tener la certeza de contar con la aceptación de la totalidad de los colegas juristas o estamentales. Una seguridad jurídica tan intuitiva, se podría decir que casi sonámbula, ya no basta a las complicadas relaciones en las que se ve envuelta la vida moderna y desaparece por completo cuando, en lugar de relaciones fijas y unívocas, aparecen repentinamente relaciones cambiantes y equívocas. En ese caso no es posible ligar el postulado de la seguridad jurídica (como hacía Bentham) a una estrecha vinculación con la ley, no es posible degradar al juez a ser la «boca que pronuncia las palabras de la ley», aunque fuera en el sentido de «sometimiento a la ley». La aspiración a crear una Dogmática Jurídica (*Jurisprudenz*) puramente lógica, sin objeciones, y a construir conceptos claros, que posibiliten una subsunción de cada caso concreto de modo rápido y seguro bajo la ley, se corresponde con semejante postulado. La pusilanimidad con que la vieja Dogmática Jurídica (*Jurisprudenz*) se atenía a la letra de la ley y seguía con agrado la mejor sofistería, como si fuera a tocar verdaderamente esa letra de la ley, se corresponde con el instinto de la determinación del derecho, que cree encontrar en el lenguaje (heterónomo) un suelo en el cual rige la objetividad y la determinabilidad y que, consecuentemente, no debe ser abandonado. Ése es el sentido último del llamado método de interpretación lógico, en la medida en que pretende servir a la praxis[17]. De esas premisas se llega a concluir algo particularmente importante para la práctica: si se llegara a imponer razonablemente un de-

---

[17] Stölzel, *Rechtslehre und Rechtsprechung*, Berlín, 1899, cita en las pp. 57-58 una frase con la que Von Bethmann-Hollweg como joven profesor acostumbraba a comenzar sus clases sobre el proceso civil: «Nosotros, los juristas, no deberíamos olvidar nunca que el fin último de nuestros esfuerzos es práctico: la teoría se forma preferentemente para tener en la aplicación un derecho sencillo, auténtico y que se corresponda con las necesidades». Ya se ha dicho que si se quieren obtener resultados que puedan ser utilizados en la práctica hay que entender la interpretación «lógica» como una reflexión teleológica. Hay que mencionar aquí, en particular, el concepto perteneciente al derecho penal de bien jurídico, el cual muestra con gran claridad cuán estrechamente relacionadas están las construcciones «jurídicas», las reflexiones finalísticas y las construcciones del «legislador» o de su «voluntad». Véase el libro de Eisler, *Rechtsgut und Erfolg bei Beleidigung und Kreditgefährdung*, Breslau, 1911, en su capítulo introductorio.

terminado método de interpretación, entonces quedarían satisfechas en gran medida las exigencias de la determinación del derecho; y, consiguientemente, se podría decir que los fundamentos de la decisión que se basan en esas interpretaciones fundarían sentencias correctas. El dominio del método funda la opinión de que otro juez hubiera también decidido así, de modo que la decisión será previsible y calculable. El dominio de los métodos de interpretación es un poder real, pues genera concepciones jurídicas que son tan efectivas como los mismos contenidos de las leyes formales. La relación entre la interpretación y la técnica legal es evidente. La teoría moderna de la técnica legal es una teoría de la interpretación aplicada a la construcción de leyes; es una interpretación desde la otra cara; pensada desde el legislador, quien cuenta con los métodos de interpretación dominantes. Su dominio sobre la construcción de las leyes llega a su punto culminante, cuando, por ejemplo, se afirma algo que la interpretación determina como contenido de la ley y que, sin embargo, no está recogido en la misma ley, porque «se entiende por sí mismo». Tan pronto como la instancia legisladora, que también parte del postulado de la determinación del derecho, sabe que otros se verán obligados profesionalmente a aplicar leyes para las cuales se han fijado reglas de interpretación, conseguirá satisfacer la exigencia de la determinación del derecho del modo más sencillo posible, si toma en cuenta desde el principio esos métodos de interpretación. Sería un grave error ver en ello una sanción legal del método de interpretación actual y de todos sus resultados. Ese modo de proceder de la instancia legisladora (más exactamente del legislador constitucional) no es precisamente manifestación de un empeño práctico por construir una praxis uniforme y determinada. A este empeño sirve mucho mejor uno de los métodos dominantes de interpretación, el que pone el énfasis en la formulación de la ley. Por eso las leyes son redactadas hoy en día generalmente por juristas y sólo ellos propiamente pueden comprenderlas, mientras que, por ejemplo, para Montesquieu o Bentham era algo absolutamente evidente que cualquier persona razonable debería poder entender totalmente el contenido de una ley. «Les lois ne doivent point être subtiles: elles sont faites pour des gens de médiocre entendement (estos naturalmente no pueden ser los juristas); elles ne sont point un art de logique, mais la raison simple d'un père de famille»[18]. La venta-

---

[18] *Esprit des Lois*, T. III, L. 29, art. XIV [Las leyes no deben en absoluto ser sutiles: están hechas para la gente de entendimiento mediocre; no son en absoluto un arte lógico, sino la razón simple de un padre de familia. *N. de la T.*], donde las XII Tablas son elogiadas como *modèle de précision*. Véase, también, el lugar citado de la *Rechtsphilosophie*, § 125 de Hegel [Hay una errata en la cita de Carl Schmitt, porque de hecho se refiere al § 215. *N. de la T.*]. Es interesante también la expresión de Gebhards citada en Endermann, *D. J. Z.*, 1910, p. 22, sobre el consejo acerca del divorcio por razón de la locura: «Nosotros tenemos claridad sobre esto: quién sabe lo que la interpretación hará de nuestros preceptos». Contra la comprensión de la ley por los juristas se ha dirigido terriblemente Stampe (*Unsere Rechts- und Begriffsbildung*, Greifswald, 1907, pp. 33-34): «Porque sólo esa voluntad del legislador tiene por autor la mayoría de las veces al jurista conceptual convencido; también en nuestra nueva legislación y muy en particular en B. G. B.; ahí se ve que la nueva fuente de elementos sociales útiles ha traído consigo poco crecimiento». Con lo que, por ejemplo, es comparable la aclaración de Schein (*Unsere Jurisprudenz und Rechtsphilosophie*, Berlín, 1889, p. 141): «No consideramos ese tipo de codificación (que los juristas hagan la ley) como una falta, por el contrario, como una ventaja, en la medida en que en ella coincidirá, con gran atención y

ja del método moderno, tan contrario a éste, es que los resultados deseados se alcanzan con una alta probabilidad a través de la interpretación práctica, de modo que quedan atajados los daños efectivos que pudiera ocasionar un método de interpretación incorrecto. Debe de ser un éxito objetivo, quizás también el fin consciente del legislador constitucional, que el reconocimiento fáctico por su parte no tenga ningún sentido metodológico para la prueba de la «corrección» de un método interpretativo o de un modo de proceder de la praxis. Un legislador constitucional razonable toma el procedimiento de interpretación dominante como un hecho y se conduce consecuentemente, aunque él personalmente se encuentre convencido de su incorrección. Es posible, incluso, que crea que es correcto. En cualquier caso, le interesa sólo como un medio para desarrollar sus ideas y lo critica sólo cuando ve un peligro, cuando ve frustrados sus objetivos. Quien compone canciones para piano tiene interés en que existan buenos pianos y buenos cantantes; sin embargo, no comienza su actividad con una reforma de esos dos medios necesarios para su actividad, cuya construcción y técnica es algo en sí mismo independiente. De ahí que el legislador constitucional se acomode a la terminología de su probable intérprete; por ejemplo, si proyecta en un Código

---

con una acertada valoración, el objeto presupuesto con el definido y así el diagnosticar mecánico ya no dispensará ninguna desgracia más». O en la p. 213: La legislación «estaría obligada lo más posible a dar leyes lo más precisas y exactas posibles, de modo que excluyan, tanto como sea posible cualquier duda». Precisamente, porque la cuestión sobre qué es mejor, si que en las comisiones legales se sienten juristas o laicos, es una pregunta política y no jurídica, queda fuera de la presente investigación.

Civil un sistema de derechos civiles como anexo a un sistema científico, se sirve de expresiones «técnicas». Todo esto tiene para la legitimación jurídica de un método de interpretación no poca significación, tanta como para una legitimación metodológica. A ese tipo de legitimaciones subyace siempre el error de que el «legislador» es una persona concreta y de que la interpretación tiene que ser mediadora de un contenido psicológico y de voluntad; de ahí que una justificación de ese tipo esté fundamentada en la concepción del legislador histórico individual. Tan paradójico como esto pueda sonar: el legislador no puede pensar ni reflexionar; eso sólo pueden hacerlo los diferentes legisladores constitucionales y los intérpretes, sobre todo aquellos que tienen que aplicar la ley diariamente en la praxis. Hoy se tiende a pensar (al menos, teóricamente, si uno entiende la distinción entre teoría y praxis como aquella entre palabra y obra) que el *Bürgerliches Gesetzbuch* (BGB) no depende de las voluntades de sus autores. Ellos son, sin embargo, quienes han creado su «técnica limpia», su invariable terminología, su «conocida agudeza, con la que es aplicada la técnica del lenguaje legal en el Código de Derecho Civil y en sus leyes adicionales»[19]. En cualquier caso, uno se preguntará en vano por el significado que ofrece para la interpreta-

---

[19] Así el Tribunal Supremo, *Entsch. in Ziv. Sach.*, Bd. 72, p. 332. No es clara desde el punto de vista metodológico la frase de Stammler, *Richt. Recht.*, p. 259: «en muchos casos se podrá ampliar la seguridad gracias a una formulación propia del legislador sobre el contenido real de su querer». Naturalmente hay excepciones a la terminología «fija». Un ejemplo especialmente llamativo es el uso de la palabra «autorización» en el § 415, la cual ha experimentado una definición legal en el § 184 y, a pesar de todo, ahí es entendida como «asentimiento». *Reichsger.*, Bd. 60, pp. 495-496.

ción del Código Civil (*Bürgerliches Gesetzbuch* BGB) que sus autores hayan sido personas cuidadosas y exactas. Que de hecho lo hayan sido, lo comprobará el intérprete. Para que la interpretación del Código Civil (*Bürgerliches Gesetzbuch* BGB) sea posible debe tener una terminología fija, gracias a su elaboración científica; sólo en un segundo momento podrá entonces la doctrina del derecho (*Rechtslehre*) ocuparse de ella. Para poder llegar a la determinación del derecho por el camino más corto, la praxis opera con una terminología unitaria. La seguridad del lenguaje de una ley no es esencialmente más que certeza jurídica.

Por todas partes aparece el postulado de la determinación del derecho como una fuerza eficaz. Para completar nuestras reflexiones, hay que mencionar también aquellos esfuerzos que quisieran ver decididas las controversias jurídicas de un modo autoritario gracias a un tipo de revitalización del *jus respondendi* (Kuntze) o de un tribunal con las correspondientes competencias (otra vez Zeiler[20]). La insistencia por nuestra parte en la eficacia del postulado de la determinación del derecho, que se ha tomado como punto de partida, no pretende hacer de su validez objetiva una prueba de la corrección de haberlo tomado como postulado. Simplemente muestra cuantas manifestaciones de la vida jurídica se explican desde ese postulado y, por eso, parece idóneo como punto de partida metodológico cuando se trata de obtener un criterio de corrección para la *praxis* judicial moderna. Se ha considerado el medio, es decir, alcan-

---

[20] A. Zeiler, *Ein Gerichtshof für bindende Gesetzesauslegung*, München, 1911. J. E. Kuntze, *Über das jus respondendi in unserer Zeit*, Leipzig, 1858.

zar la determinación del derecho (la «lógica», la «construcción», la «norma de la libre jurisprudencia»), como un fin en sí mismo y no se ha pensado en interpretarlo por referencia a su estatuto de medio y valorarlo de ese modo en la reflexión metodológica sobre la praxis. Este desconocimiento de su verdadero lugar está también tras el esfuerzo de encontrar para cada cuestión jurídica una determinación del derecho en el derecho escrito, aun cuando el caso que haya de juzgarse no esté previsto en absoluto en la ley[21]. Como se ve, el error sobre el lugar que ocupa el postulado de la determinación del derecho por relación a la praxis, está anclado en la concepción de que el juez es función de la ley, y que en serlo descansa toda su responsabilidad; un punto de vista que ya ha sido abundantemente criticado y burlado[22]. El éxito objetivo que se derivó de tal error fue la supresión de toda predecibilidad en la decisión, lo cual no deja de ser una ironía digna de consideración. Si en vez de prestar atención al verdadero sentido que posee la ley para la praxis judicial, se la supone como una disposición invariable, entonces irrumpe la arbitrariedad y la ausencia de método tanto en la «interpretación» como en la instrucción del sumario, perdiéndose así de vista por completo la exigencia de determinación del

---

[21] El significado psicológico del rechazo de la responsabilidad respecto de la ley está expresado en la frase de Köstlins (*System des deutschen Strafrechts*, 1855, p. 102, nota 5) subrayada por Hiller, con razón (*Das Recht über sich selbst*, Heidelberg, 1908, p. 29) como sigue: que la mayoría encuentra bastante cómodo, «cobijarse tras las trincheras del derecho positivo, para no tener que expresar ninguna opinión personal».

[22] Para que no parezca que una opinión vencida hubiera aún de declarar la guerra, se mencionan las explicaciones de Jhering, *Scherz und Ernst* (10) en particular las pp. 63 ss.

derecho y de previsibilidad. Desde luego, no contribuye a eliminar esa arbitrariedad el aludir a la instancia psicológica realmente decisiva, a saber, el sentido jurídico subjetivo del juez. Ya se ha comentado que esa constatación psicológica no aporta nada a la rectitud de la decisión.

El «sentido jurídico» tiene influencia decisiva en la sentencia del juez sólo en el caso de que lo que se entienda por tal tenga la eficacia de fundar la determinación del derecho. Cuando esto ocurre, el verdadero motivo de la decisión está más allá de las argumentaciones «jurídicas» y se expresa sólo ocasionalmente. El resultado que se «halla de ese modo» corresponde entonces al «sentido jurídico».

Efectivamente, al sentido jurídico se le concede de vez en cuando la función de decidir sobre la elección de una construcción jurídica o sobre su corrección, aunque las construcciones jurídicas sean ajenas a él e incluso le resulten un lenguaje completamente extraño. Se puede decir que en esos casos el «sentido jurídico» funda la corrección de la sentencia. Ahora bien, no tanto porque sea el fundamento real (psicológico) de ella, como porque es el responsable de que la sentencia haya sido fallada de ese modo. La razón que suele acompañar a ese argumento es que, cuando de una misma ley se llegan a deducir muchas decisiones diferentes —y en los casos difíciles ocurre casi siempre—, entonces el juez puede escoger entre ellas atendiendo a su «sentido jurídico». Esa afirmación es acertada, sin embargo, en un sentido muy diferente al que acostumbramos a entenderla. Tal como generalmente se expone, no se puede explicar cómo ni por qué de repente irrumpe el «sentido jurídico», las «necesidades del tráfico jurídico» o el precedente (Rumpf, *Gesetz und Richter*, p. 132). O bien uno se toma en serio la explicación de la exclusiva «vinculación a la ley» y, por tanto, el que esa exigencia se cumpla en todas las sentencias que pretendan ser correctas —y entonces no queda espacio para el «sentido jurídico»—; o bien es necesario considerar otras instancias normativas para enjuiciar la praxis. Si no, no se puede comprender cómo se legitima el «sentido jurídico». Para que eso sea posible, debe existir una analogía o una equivocidad de lo normativo. Este dilema, sin embargo, no afecta a la fórmula aquí propuesta. El «sentido jurídico» desde su punto de vista no es más que uno de los medios para la determinación del derecho: ése es también el límite de su significado para la praxis judicial. El criterio de corrección de la praxis se deriva únicamente del derecho que en ella se aplica. La praxis es correcta si se orienta uniformemente según los principios normativos, por evocar la expresión que Zitelmann (*Archiv. für die civ. Praxis*, 66, p. 449) utilizó al hablar de la cuestión de la creación jurídica. Por tanto, la apelación al «sentido jurídico» en la praxis tiene justificación solamente en función de la determinación del derecho. El sentido jurídico es secundario respecto del derecho positivo en lo relativo a la eficacia; no, sin embargo, en lo concerniente a su función para fundar la corrección de la praxis judicial. Lo mismo se podría decir de las demás normas «metapositivas» o de las referentes a las libertades, o para las concepciones morales de cada tiempo y de cada pueblo, para las normas culturales o las normas derivadas de las «necesidades del tráfico». Si tuvieran la capacidad de crear certeza, serían eficaces en esos casos y podrían fundar la rectitud de la decisión.

La diferencia entre lo que se está proponiendo aquí y lo que proponen las teorías que introducen contenidos normativos en el derecho positivo desde fuera, estriba en que el valor de la norma para determinar el derecho es previo, tanto lógica como temporalmente, al momento mismo del fallo del juez. El juez parte de las normas para subsumir bajo ellas, de modo que su decisión sea «legal» y justamente esa legalidad es el criterio de la corrección de la sentencia que dicta. Sin embargo, en la concepción que se propone aquí, el valor de las normas descansa en una esfera muy diferente. El juez quiere dictar una sentencia universal para un caso concreto apoyado en un fundamento. Los fundamentos de su decisión deben conducir, por tanto, en primer lugar a una convicción general. El juez no subsume bajo normas, como si este fuera el fin de su actividad. La subsunción bajo una norma (es indiferente cuál) no es la conclusión y la meta de los fundamentos de la decisión, sino el medio para la determinación del derecho. Aquello por lo que se legitima la decisión no la precede (sea como ley positiva, como norma cultural, o como norma del derecho libre), sino que es (con ayuda de la ley positiva, de la norma cultural, o de la norma del derecho libre) lo que debe producirse. La razón de la corrección de una sentencia no es el hecho de que el juez que decide actúe según un mandato, sino que satisface el principio de la determinación del derecho. El punto de partida en nuestra consideración no está en que el juez se retrotraiga a una voluntad o a un mandato; sino la capacidad del juez para calcular lo que se considera correcto en la *praxis* judicial utilizando la eficacia de las normas y teniendo en cuenta, además, unas concretas leyes positivas, la influencia de ciertas normas metapositivas, y los precedentes.

«Para calcular»; es decir, se trata esencialmente de una actividad del entendimiento, de un proceso intelectual, por muy implicado con el «sentido jurídico» que se esté[23]. El sentido jurídico no es valorado en este contexto por sí mismo, sino en la medida en que percibe las diferentes apreciaciones de los valores en su real viveza. Es un claro hecho psicológico que nadie puede desarrollar apreciaciones valorativas, ni compararlas en su validez y alcance, si no ha experimentado los valores que están en cuestión. Justo en este aspecto adquiere importancia la «personalidad» del juez, que ha sido resaltada con particular acento todo el tiempo. Sin experiencia y conocimiento de la vida y de la praxis, el juez no puede conocer tampoco las valoraciones implicadas en su propia actuación. Ahora bien, más allá de eso, sería un error el confundir la valoración personal con el uso y la percepción de los valores y, de ese modo, pensar que lo que compete al juez es realizar valoraciones «personales» subjetivas o proceder de un modo «voluntarista» a la hora de fundamentar sus sentencias, y deducir de ahí la imperiosa necesidad de la personalidad judicial. Las interjecciones inarticuladas del sentido jurídico no constituyen una fundamentación; el juez no puede apelar a su «sentido de las cosas». Por supuesto que toda actividad psíquica tiene un antecedente en la voluntad y que a toda decisión precede un valorar y un

---

[23] «El juez que decide según su instinto jurídico en una determinada dirección, el jurista que cree que debe tratar a otro de una determinada manera, decide cosas, aunque la *ratio sufficiens cognoscendi* no se derive de conceptos fijados cognoscitivamente», Jung, *Positives Recht*, p. 12, nota 1. En lo que sigue se puede comparar con Max Weber, «Krit. Studien auf dem Gebiet der kulturwissenschaftlichen Logik», im *Arch. für Sozialwissensch.*, N. F. 4, p. 181.

querer. Esto se ha acentuado y repetido en los últimos años hasta la saciedad. Pero, ¿qué fruto ha dado esta observación en relación con la definición de la corrección de una sentencia? La investigación sobre los factores psíquicos que resultan eficaces en la determinación de la sentencia judicial es una cuestión que concierne a los psicólogos; un criterio de corrección, sin embargo, no debe ofrecer ningún análisis psicológico. Quizás este error encuentre una explicación psicológica en que generalmente se identifica sin más la «actividad intelectual» con el «subsumir bajo la ley positiva». (Un ejemplo claro de una confusión semejante se encuentra en O. Bülow[24].) Cuando se toma conciencia de que el

---

[24] *Gesetz und Richteramt*, Leipzig, 1885, p. 6: La sentencia del juez es «más que una simple actividad mental, más que una simple subsunción», «contiene y significa» un orden jurídico. [Véase Rumpf, *Volk und Recht*, Oldenburg o. J. (1910), p. 22: «El juez no subsume simplemente, sino que decide juicios de valor».] Contra Bülow hay que señalar que la fuerza jurídica de una sentencia o la posibilidad de su aparición, a lo cual Bülow continuamente refiere, es absolutamente trivial para el significado lógico y la cualificación de la actividad judicial (lo mismo que su escenario «en medio del barullo del mercado», Rumpf, *op. cit.*, p. 94). Ni la dignidad lógica de la sentencia ni la investigación metodológica de la praxis judicial quedan afectadas, porque el derecho positivo como tipo prevea consecuencias jurídicas en esa sentencia. Debería ser importante, desde el punto de vista psicológico, que el juez sea consciente de esas consecuencias; pero esto no nos compete aquí. Es digno de admiración que Bülow (*op. cit.*, pp. 23-24), a pesar de subrayar el poder de configuración jurídica de la judicatura, se atenga estrictamente a la dependencia de la norma y haga valer contra la independencia, el que se deba evitar toda arbitrariedad. Por supuesto que esto es necesario, pero cuando de ahí se deduce que el criterio de la corrección debe consistir en la «legalidad», entonces uno debe colocarse o bien en la posición de Bentham, en la estricta dependencia de la letra de la ley, o, si no, lo que se entiende con las expresiones de «atenerse a la ley» o «legalidad», ya no tiene nada de la determinación estric-

juez hace algo muy diferente a subsumir bajo las leyes, entonces se tiende a poner de manifiesto la vieja contraposición entre intelecto y voluntad, se enarbola el método «voluntarista» e incluso llega a parecer respetable el subjetivismo. En esta situación, la única esperanza tranquilizadora es confiar en que el juez sea una «personalidad con carácter». En la medida en que desaparece el fantasma de la «subsunción bajo la ley» desaparece también esa confusión. El criterio de corrección de una sentencia judicial no descansa en la subjetividad del juez; más bien es totalmente independiente de él en cuanto individuo. Sobre si una sentencia es o no correcta decide la praxis misma. La praxis posee un criterio específico para declarar su corrección. Es a ella a quien corresponde la definición: una sentencia judicial es correcta, si otro juez hubiera decidido del mismo modo.

Con ello, no se erige en legislador ni al juez individual ni a la totalidad de los jueces, ni siquiera cuando aparece la circunstancia de tener que dictar sentencia sobre un litigio para el que no se conoce ley positiva que resulte aplicable. Al juez se le suele decir que en los asuntos dudosos o en los que existe un vacío legal, debe verse a sí mismo como legislador y decidir como lo hubiera hecho el propio legislador. Se entiende que la categoría del legislador tiene sentido en ese caso sólo como principio heurístico. La pregunta por la corrección de una sentencia, sin embargo, no tiene nada que

---

ta y de cualquier expulsión de la arbitrariedad. Reichel distingue en *D. Richterzeitung*, II, p. 465, en la ciencia jurídica una corriente quietista (histórica), positivista, formalista e intelectualista y dice de los intelectualistas que ven al juez como un simple «autómata de la subsunción».

ver con la determinación de la posición del juez en el Estado de Derecho. El juez no es ni un legislador, ni la boca de la ley. La verdad tampoco descansa, por ejemplo, en el apreciado «término medio» que aquí, naturalmente, no tiene lugar. La frecuente comparación entre el legislador y el juez ofrece un buen ejemplo para considerar cómo, como consecuencia de la falta de claridad metodológica, lo correcto se mezcla con lo incorrecto[25].

---

[25] No es que sólo desde la publicación del libro de Bülow sobre *Gesetz und Richteramt* al juez se le reconozca una actividad legislativa. Se puede comparar por ejemplo con Jordan, «Bemerkungen über den Gerichtsgebrauch», ahí también sobre «Der Gang der Rechtsbildung und die Befugnisse der Gerichte», *Arch. f. d. civ. Praxis*, 8 (1925), p. 191. Un artículo que contiene muchos aspectos valiosos y que desde hace algunos años de vez en cuando se vuelven a exponer como si fueran nuevos (z. B., pp. 208 y 195); o Retslag, *Apologie der Jurisprudenz*, 1848, p. 25 (el juez es el legislador para casos únicos; él continua el trabajo del legislador); o Adickes, *Zur Lehre von den Rehtsquellen*, 1872, p. 11 («el juez tiene competencias legislativas»). Kraus (*Grünhut*, XXXII, p. 629) ha citado la expresión de Aristóteles: ὃ χἂν ὁ νομοθέτης αὐτὸς ἂν εἶπεν ἐχεῖ παρών, χαὶ εἰ ἤδει, ἐνομοθέτησεν ἂν» («lo que el legislador hubiera determinado si hubiera estado ante ese caso y lo que hubiera determinado si lo hubiera conocido»). Nuevamente utilizan el término «legislador» Börngen, *Intern. Wochensch.*, 1911, p. 874. Löffler, quien en la *Österr. Zeit. f. Straf.*, II, p. 524, en la recensión de la conferencia de Kantorowicz, «Rechtswissenschaft und Soziologie» citando el *Bürgerliches Gesetzbuch* (BGB) austriaco (I, p. 23) cita la frase: «El juez debe en esos casos decidir como lo hubiera hecho el consecuente legislador si hubiera pensado en ese caso». De la práctica insuficiencia del derecho positivo deduce, por ejemplo, una posición «legislativa» del juez Geza Kiss (en *Archiv f. Rechts- und Wirtschaftsph.*, II, p. 547, cuya bibliografía puede ser indicada para este punto), el cual también habla de una «judicatura que crea derecho» y del «juez-derecho». La conclusión contraria: el juez no es legislador, es decir, él debe sólo atender a la ley positiva, se encuentra (además de en muchas notas del Tribunal Supremo, véase nota IV al final de este libro), por ejemplo, en Pachmann, *op. cit.*, p. 64.

A cualquiera le gustaría, alguna vez, dar permiso al legislador para no tener en cuenta los momentos conteni-

---

La confusión entre la reflexión sobre la producción del derecho y la aspiración de encontrar un método específico para la praxis jurídica y su criterio, ha sido captada con claridad en las observaciones de Eiseles (*Arch. f. d. civ. Praxis*, 69, p. 289, nota 15) sobre el libro de Bülows: «Nadie duda de que la judicatura ha participado siempre en todos los pueblos en la formación del derecho. Cuestionable es, sin embargo, si estamos ante una fuente del derecho *sui generis*. Ahora bien, uno entiende por derecho —por cierto, esto no siempre se tiene en cuenta—, caso de que se hable de una fuente del derecho, el derecho *in abstracto*, no el derecho que se realiza en los casos concretos. Los fallos judiciales producen un derecho abstracto de ese tipo sólo a través de una constante repetición y se sitúan entonces bajo el *genus* de la costumbre jurídica [...] No hace falta ni señalar que en esa concepción no se comprende el significado de la producción judicial (Bülow, pp. 19, 44)». Desconocida no es ni la contraposición entre derecho vigente y objetivo, ni el significado (histórico, psicológico, sociológico) de la praxis judicial para la producción de nuevo derecho; sin embargo, sí el significado que tiene la circunstancia, puesto que en la praxis sólo hay un «derecho realizado en casos concretos» y sólo se puede tratar sobre la corrección del fallo decisorio que se ha producido en la praxis (aunque Bülow no lo haya dicho así). La investigación sobre el método de la *praxis* tiene que darse cuenta de que el juez ante el derecho positivo es necesariamente productivo. Pero, precisamente porque esa productividad se considera, sin más, como producción de derecho (lo cual es algo completamente distinto), uno llega a la más obsoleta indistinción y sigue hablando confusamente. Por otra parte, la antítesis que Hellwig, *Ziv. Proz. Recht*, II, pp. 162 ss. expone: el juez es creador, pero no creador de derecho, no puede, por su fundamentación, confundirse con lo presentado aquí, porque Hellwig se refiere al hecho procesal de la fuerza jurídica de la sentencia (véase Bülow, *op. cit.*, p. 7).

De las muchas reflexiones sobre el tema «legislador-juez» están además de las ya citadas en este libro: Danz, *Die Auslegung der Rechtsgeschäfte*, Jena, 1911; también *D. J. Z.*, 1911, p. 565, el cual presenta de modo evidente el hecho de la ilegalidad (vista desde el punto de vista del derecho positivo) de la mayoría de las decisiones; y el artículo de Bülow en *Recht*, X, p. 770; así como la frase de

dos en el derecho positivo, de modo que, cuando el juez obligatoriamente «ligado a la ley» se viera sumergido en la «ley positiva», lo único que estuviera haciendo de hecho es llevar en brazos la «arbitrariedad» del legislador. El juez no debe proponer consideraciones «político-jurídicas» ni dejar que se hagan efectivas en él; más bien debe protegerse de ellas como de una *«occasio proxima»*, puesto que para él todo se encuentra fijado, aunque sea sólo bajo la condición de la interpretación. Cuando se toma conciencia de las dificultades objetivas, se percibe con claridad que esa concepción está en abierta contradicción con la praxis judicial (no sólo porque contrapone valer y ser, sino porque derecho y *praxis* tienen contenidos totalmente diferentes) y entonces se asume la antítesis entre legislador y juez concediendo incluso al juez ciertas funciones legislativas, hasta el punto de que su actividad viene a ser «quasi legislativa». Ahora bien, esto no explica nada. Simplemente verifica que con el contenido del «derecho positivo» no se puede abordar la praxis. Dicho de otra manera, que la «legalidad» no puede ser el criterio de la corrección de una sentencia. Bajo la presión de la antí-

---

Peritsch, *D. J. Z.*, 1910, p. 34: «Redactar un código de tal manera que deje suficiente espacio al juez para poder moverse con libertad entre los textos; de manera que esté en disposición de, al aplicar las leyes fundamentales del código, poder atender a los cambios y a los casos irregulares de la vida jurídica del pueblo. Eso significa, claramente, disponer la ley fundamental de tal modo que la regulación de las relaciones de derecho privado no sea sólo competencia del legislador, es decir, de gente, que determina individualmente a través de su trabajo legislativo, qué procede racionalmente de un modo necesario, sino también, que esa regulación y además en primera instancia, sea el resultado de una lenta evolución en la totalidad del pueblo».

tesis entre el juez y el legislador, condicionada históricamente, y sólo verdadera a medias, se llegaba a decir que el juez era «consecuentemente» el legislador. O, desde la perspectiva opuesta, se constataba que el juez sólo podía referirse al derecho positivo y a nada más, justamente porque no era el legislador. Lo primero resulta tan sesgado como lo segundo. La confrontación del legislador y el juez se cruza con aquella otra entre justicia sustancial y formal, e incluso con la contraposición entre la sociología y la «jurisprudencia de conceptos». Se gana claridad metodológica en este tema en el momento en el que la praxis judicial llega a un criterio propio de corrección, contrapuesto al método de la doctrina jurídica (*Rechtsdoktrin*). El juez no es un legislador. De ello, sin embargo, no se sigue que lo único que exista ante él sea un contenido legal mediado por el filtro de un determinado método de interpretación; más bien se sigue que existen fuera de su subjetividad criterios objetivos aptos para determinar la corrección de su decisión. Al mismo tiempo, de la afirmación de que fuera del derecho positivo existen elementos de objetivo interés para el juez, no se deduce su condición legislativa. El juez no crea derecho, sino que apela al derecho[26]. Permanece sometido al principio de la determinación del derecho. Cuando, al dictar sentencia, el juez fundamenta la determinación del derecho, por ejemplo, en el argumento de que varias decisiones judiciales precedentes pudieran encontrarse igualmente fundamentadas, no lo hace como si fuera el legislador o

---

[26] «El saber y el querer individuales no son ningún derecho», dice Kierulff, *Theorie des Gem. Zivilrechts*, Altona, 1839, p. 44, en nota (expone como razón: «la insignificante particularidad del individuo con respecto al Estado»).

una instancia autónoma, sino como un sujeto que participa en un quehacer cuya fuerza y prospectiva le exceden.

Esas situaciones son posibles. En lo concerniente a la determinación del derecho, la sentencia judicial se mueve en un espectro que abarca desde el caso en el que es más importante el hecho de dictar sentencia que el contenido de lo que se dicta, hasta aquél otro para el que existe una previsión en la letra de la ley o en la praxis, tan evidente que el contenido del fallo judicial sobre ese litigio se encuentra inequívocamente predeterminado. Esto mismo ocurría en la explicación e interpretación de la ley en relación con sus fuentes. En las llamadas leyes formales se contienen numerosos ejemplos de una relativa indiferencia hacia el contenido de la sentencia, y sólo después de esta consideración, parece justificado que el Tribunal Supremo (*Reichsgericht*) estableciera una distinción, de otra manera inexplicable, entre la responsabilidad del juez a la hora de interpretar el Código Civil (*Bügerliches Gesetzbuch*) y su responsabilidad a la hora de interpretar el Reglamento del Registro de la Propiedad (*Grundbuchordnung*). En la aplicación del Código Civil (*Bügerliches Gesetzbuch*) el juez puede atender a la praxis y a la literatura científica[27]; su libertad de movimiento es mucho más amplia que cuando procede a aplicar el Reglamento del Registro de la Propiedad (*Grundbuchordnung*). En este último, las dudas se declaran inmediatamente injustificadas si el Tribunal Supremo (o para Prusia el «Tribunal Cameral» [*Kammergericht*]) se ha pronun-

---

[27] *Entscheidungen des Reichsgerichts in Zivilsachen*, Bd. 59, p. 388. *Jur. Woch.*, 1906, pp. 53-54.

ciado ya sobre el asunto[28]. Por poner un ejemplo referido a cuestiones de derecho material: cuando se ha introducido una modificación en alguna parte sustancial de una letra de cambio, por ejemplo, la suma de 3.000 marcos se ha convertido en la cantidad de 30.000 marcos, y en el texto en vez de «tres» aparece «treinta», entonces puede surgir la cuestión de si aquellos que firmaron la letra antes de esa variación deben responder por 3.000 marcos o (y en virtud del hecho mismo de la alteración descubierta) antes bien no deberían responder por ninguna de las obligaciones que significa la letra en sí. A esta pregunta respondió el Tribunal Superior de Comercio (*Reichsoberhandelsgericht*) (Bd. 23, p. 340 de sus decisiones) en los siguientes términos. La letra es ahora de 30.000 marcos; la letra de 3.000 marcos no existe ya. Cuando la disposición individual se traduce en una obligación puramente formal, tal y como sucede con la letra de cambio, se exige la expresión de una suma cierta como contenido material; de modo que la obligación 30.000 marcos es otra diferente de la que impone la cuantía de 3.000 marcos. La expresión 3.000 ya no está presente, aun cuando los 3.000 se encuentren incluidos aritméticamente en la cifra de 30.000; igual da que se anule la cifra 3.000 y se sobrescriba 30.000, o que se le añada un cero, el primer firmante de la letra no está sujeto a ninguna obligación. Esta postura ha sido defendida por prestigiosos autores como Staub, Stranz y Bernstein. El Tribunal Supremo (*Reichsgericht*), por el contrario (Bd. 8, p. 42, y Bd. 54, p. 386, de sus sentencias), con el que un autor de tanto talento práctico como Dernburg dice estar de acuerdo,

---

[28] *Jur. Woch.*, 1906, p. 134.

la ha caracterizado como un «sobretensionamiento» de un modo de pensar puramente formal e interpreta que cuando alguien elimina, sea en el pensamiento o en la realidad objetiva, los términos añadidos (en nuestro ejemplo, el cero y la sílaba «ssig» en «dreissig»), y procede a restaurar la letra de cambio en su forma originaria, ello no afecta al texto originario. Si, por el contrario, se modifica una cifra, por ejemplo, el «3» por un «8», entonces el contenido originario no puede ser «recuperado» y la obligación preexistente queda cancelada. Nadie considerará esa prueba y la argumentación que presenta irrefutable, ni la admitirá como sustento de la objeción de «sobretensionamiento» del formalismo que emana del Tribunal Supremo (*Reichsgericht*). Los litigantes invocarán la naturaleza formal de la letra de cambio. En relación a si el caso de la letra entra o no dentro de ese supuesto, señalarán que la cantidad es un elemento esencial de la letra de cambio y que es imposible que esta quede desmembrada en «una parte válida y otra inválida», pues semejante conducta contravendría todas las reglas fundamentales de la teoría de la obligación de escriturar (así Lehmann en *D. J. Z.* 04, p. 694). Finalmente Rehbein (*Kommentar zur Wechselordnung*, 8. Aufl 1908, pp. 105-106) se posiciona en contra del parecer del Tribunal Supremo (*Reichsgericht*), aunque añade que su concepción «es justificable». Efectivamente, de hecho no se puede pasar por alto que tanto en una concepción como en otra existe un fundamento concluyente o incluso consideraciones de utilidad o de conveniencia. En cualquier caso, es necesario juzgar sobre ello y, por tanto, se puede decir que es más importante resolver dictando sentencia que la manera en que se proceda a decidir. En esta clase de casos, el precedente tiene una influencia decisiva en la valoración de la sentencia judicial. Quien alguna vez haya tenido la oportunidad de observar cómo jueces experimentados, y consiguientemente autónomos, valoran ese tipo de decisiones del Tribunal Supremo (*Reichsgericht*) en sus deliberaciones, experimentará la validez objetiva de la fórmula aquí propuesta para enjuiciar la sentencia correcta. La ausencia de escrúpulo con la que incluso el juez más inteligente apela al precedente, sin, en la mayoría de los casos, esbozar una sola razón, está en notoria contradicción con el tratamiento de, por ejemplo, aquellas sentencias del Tribunal Supremo (*Reichsgericht*), en las cuales según el convenio del patrón con el empleado, la cantidad de 1.500 marcos de su salario corresponde a su cónyuge, y de esta suerte quedan a salvo de la eventual impugnación de los potenciales acreedores perjudicados. En esa clase de sentencias[29], junto a las consideraciones puramente jurídicas, como que en este tipo de convenios la cantidad de 1.500 marcos del salario del empleado no llega a formar parte de su peculio, caben otro tipo de valoraciones, como, por ejemplo, los deberes que tiene el empleado en relación con su familia, que no operan en detrimento del carácter no ético, sino jurídico de ese tipo de sentencias. Se suele decir que el significado de las sentencias de instancias superiores está fundado en «valores científicos», no existen en ese caso precedentes a los que haya que atender[30]. Esta afir-

---

[29] Bd. 69, pp. 59 ss. Un resumen de esas decisiones, así como una presentación de los argumentos contra el punto de vista del Tribunal Supremo, se encuentra en el artículo de Becker en *Rhein. Archiv. f. Zivil- und Strafrecht*, Bd. 7, N. F., pp. 105 ss.

[30] Es admirable que Brinz en su recensión del libro de Adickes sobre las fuentes del derecho (*Krit. Vierteljahressch.*, 15, p. 162) vea

mación no es ni objetivamente válida, ni resulta correcta desde el punto de vista metodológico. En los supuestos en los que el contenido de la sentencia queda en un segundo plano por la necesidad misma de que se resuelva el juicio, es decir, en aquellos casos en que el contenido de la sentencia es relativamente indiferente, la autoridad del Tribunal Supremo (*Reichsgericht*) adquiere valor normativo para la valoración de una sentencia en proporción directa a la importancia que tenga ese decidir abstracto. Gracias a que toda sentencia contiene ese momento abstracto de su determinación, podemos dilucidar mejor teóricamente el estatuto del pre-

---

un signo del «sano sentido (de Adickes) para el significado del derecho positivo», en el hecho de que haga objeto de su investigación, en su largo ejercicio, la autoridad del derecho consuetudinario y «propone el sometimiento a las decisiones precedentes como un postulado de la justicia; y con ello, que siempre que sea posible, todos sean medidos con la misma medida». También más adelante Adickes exige la vinculación al precedente, asimismo teniendo en cuenta que han de tratarse los casos iguales del mismo modo (*Stellung und Tätigkeit des Richters*, Dresden, 1906, p. 13). La perspectiva de Tohl (Introducción, § 54) según la cual existe un derecho de la praxis y, consiguientemente, un precepto que sólo es aplicado una vez, se puede convertir en derecho, pues tal y como reza el proverbio, «lo que para uno es correcto, es para otro lo justo». Thol se refiere a la producción del derecho, pero su propuesta puede ser trasladada a la valoración sobre el criterio de corrección de una sentencia.

En este contexto son importantes las aportaciones de Mendelssohn Bartholdy en *Rhein. Z. f. Ziv.- und Proz. Recht-*, IV, p. 131, donde se afirma que en Alemania el reconocimiento de los precedentes es cada vez mayor; por lo que la posición de la administración de la justicia es particularmente interesante. Junto a esto se añade el lugar de Jäger, *Bayr. Z.*, 7, p. 77, sobre la tarea la audiencia territorial de «controlar la jurisprudencia del tribunal territorial de Baviera». Véase, también, Neukamp en el derecho casuístico de una regresión en comparación con las normas generales.

cedente. Si en la solución de un litigio se estableció un precedente y un juez tiene ante sí otro litigio que se asemeja, entonces a la hora de dilucidar cómo hubiera decidido otro juez, el precedente, que nada tiene que ver con un «valor científico», cobra un peso especial. La fuerza de una sentencia para convertirse en un precedente depende de su capacidad de determinar el derecho y está en función del elemento de indiferencia respecto del contenido en la decisión. Esa solución concierne, como ya se ha señalado, sólo a la corrección de la sentencia. Decir que el precedente obliga, sería algo así como seguir en la senda del viejo error, como si la corrección de la decisión dependiera de la vinculación del juez a la ley y a su contenido determinado, en este caso, según el precedente. Una vez más, el criterio de corrección sería la legalidad; y la actividad del juez, la obediencia a un mandato. No se tiene en cuenta aquí la fuerza sugestiva del precedente. Esto concierne al efecto psicológico y fáctico del precedente y no tiene como tal nada que ver con la corrección jurídica de la sentencia. Tanto el fundamento como el límite de la importancia de los precedentes están enraizados en el postulado de la determinación del derecho. El precedente es relevante cuando los contenidos, que entran en cuestión para el fallo de la sentencia, no son capaces de fundar la suposición de que otro juez hubiera decidido del mismo modo.

En ese contexto hay que mencionar particularmente las decisiones judiciales que imponen una pena, respecto de las que paulatinamente se ha ido conformando un uso. No parece posible una determinación de la pena para un caso particular, en la que no quepa nada que objetar, ni siquiera por aproximación en ausencia de un planteamiento teórico que clarifique los fundamentos del derecho penal y las cuestiones relativas a la esencia y el fin de la pena. Aun en presencia de esta clarificación teórica, sólo es posible determinar la pena dentro de unos márgenes muy amplios. En toda determinación de una pena confluyen consideraciones muy heterogéneas, pero, aunque no fuera así, nunca se puede determinar con exactitud el tiempo de la pena de cárcel. El juez que pretenda saber por qué ha fijado como pena un año y no un año y un día, amparándose en la norma fundamental de la prevención general y especial, habrá de contarse sencillamente entre los mejores. Ahora bien, con conclusiones sumarias como esa no se explica nada. La praxis, en verdad, se construye. (De ahí que esté justificada la pregunta por cuánto se «acostumbra» a reconocer en esos casos)[31]. Cierto que ese tipo de praxis no puede tener el mismo sentido que la de, verbigracia, el Tribunal Supremo (*Reichsgericht*) en los ejemplos expuestos anteriormente sobre la obligatoriedad de las letras de cambio. En este caso, cuando el juez apela a la praxis, no lo hace impulsado simplemente por ser constante o por ser fiel a la tradición o por una mera imitación, sino porque la apelación a la praxis provoca que una pena que rebase la medida habitual deba fundarse de un modo particular. Como se deduce de lo dicho, también para la imposición de penas vale el punto de vista orientativo de decidir como lo hubiera hecho otro juez. En esta ocasión rige de nuevo

---

[31] Klee dice en su conferencia en el II. Deutschen Richtertage (D. R. Z., III, p. 661) de los juicios con jurado y sus multas: «esas son penas tasadas, que se forjan en la praxis». «Todo el mundo sabe que para determinados delitos en determinados tribunales se constituyen ciertas escalas».

la tendencia a la determinación del derecho, del mismo modo que en aquellos casos en los que existe una indefinición en el contenido de la decisión de manera que ésta se torna imperiosa. No es posible en este caso, sin embargo, llegar a probar que la determinación de una pena ha sido justa. Las cuestiones sobre la determinación de la pena encuentran un paralelo en las determinaciones legales cuyo contenido es relativamente indiferente. La particularidad de todos estos casos es que si para su resolución se pregunta por «el otro juez», no es por el interés en conocer qué consideraciones pudieron pesar en su obrar como normativas, sino por saber qué resultado (indiferente desde el punto de vista del contenido) ha sido unánime. Si para un caso concreto todavía no se hubiera formado una praxis, entonces no cabe afirmar que en un supuesto medie una decisión incorrecta —para el tipo de juicio que ha de decidirse bajo el supuesto de la indiferencia del contenido—. No se puede considerar una objeción a lo que acabamos de decir el hecho de que tales casos no se den en su pureza en la praxis. No resulta fácil, en estas ocasiones, criticar los juicios del Tribunal Supremo (*Reichsgericht*) como «extraños» o «injustos». La evaluación de las sentencias del Tribunal Supremo (*Reichsgericht*) es difícil, si no es que llega con el paso del tiempo a hacerse imposible, porque tienen un significado objetivo particular para la determinación del derecho y, como se ha dicho, la determinación del derecho es el elemento esencial del criterio de corrección de una sentencia. El ejemplo referido arriba sobre el fallo de la impugnabilidad del contrato de servicios por parte del deudor muestra cómo se ha imposibilitado la crítica de las sentencias del Tribunal Supremo (*Reichsgericht*).

Junto a los precedentes, también los materiales preparatorios de la ley tienen su lugar. Los materiales de la ley son accesibles y, de hecho, son utilizados por el juez cuando trata de hacerse con un indicio. La verosimilitud psicológica es como tal indiferente. Ahora bien, en el instante en que se convierte en un momento de la praxis, eficaz para determinar el derecho, comienza a ser verosímil el que se deba juzgar por referencia a los materiales de la ley que cobran entonces importancia para la valoración de la sentencia. Por tanto, la apelación a los materiales puede constituir un argumento con fuerza probatoria; con indiferencia de que tenga «valor científico» o de que se le considere más bien un «trabajo activo de valoración y pensamiento»[32]. Desde este punto de vista los materiales no se diferencian en nada de las leyes anteriores, a las que el juez también puede recurrir, cuando la nueva ley no le ofrece ninguna información clara sobre el caso que ha de juzgar. Como ocurre con los materiales, no es que la ley antigua adquiera entonces de nuevo vigencia. La fuerza que adquiere descansa, para utilizar una expresión de Rumpf, en el «silencioso consentimiento de la praxis». Su razón de ser es que la totalidad de la praxis legitima su corrección.

Una sentencia judicial resulta entonces correcta cuando es previsible y calculable. Esto se desprende del postulado de la determinación del derecho y de la reflexión sobre la praxis judicial. La fórmula propuesta también da respuesta a la cuestión de la posibilidad de que el juez pueda dictar sentencia contra el sentido literal de la ley. El hecho psicológico de que todo juez te-

---

[32] Como lo expresa Rumpf, *Gesetz und Richter*, p. 120.

merá el juzgar *contra legem* y de que, en principio, apela antes a la letra de la ley que a consideraciones de justicia naturales y persuasivas, también encuentra su explicación en el contexto metodológico en cuanto se pone en relación con el principio de la determinación del derecho. Es un hecho histórico, repetido miles de veces, que la praxis se sitúa por encima de la ley y del sentido literal de la ley, sin poder remitirse al derecho consuetudinario; se encuentran numerosos ejemplos de ello en el Código Civil (*Bürgerliches Gesetzbuch* BGB) vigente[33]. Desde el punto de vista que aquí se propone, una sentencia que contravenga el sentido literal de la ley, es decir, una sentencia *contra legem* (cuando expresiones del tipo «espíritu» de la «totalidad» de la ley o incluso de la «totalidad del derecho» se introducen sin ningún tipo de explicación en la discusión, ésta cesa inmediatamente de ser científica) es, como cualquier otra, correcta bajo ciertas condiciones, a saber: cuando hubiera sido dictada del mismo modo por otro juez (la totalidad de la praxis). Justamente el argumento en contra del empleo incondicional del juicio *contra legem*,

---

[33] Se puede comparar el comentario del § 2039 o 1361 *Bürgerliches Gesetzbuch* (BGB). Un bonito ejemplo de cómo, según todas las reglas de la hermenéutica tradicional, «manifiestamente» la llamada «voluntad» de la ley ya no se respeta, lo ofrece Rumpf, *Gesetz und Richter*, pp. 166-167, al hablar de la decisión del Tribunal Supremo, que comenta en la *Monatsschrift für Aktienrecht*, 1897, p. 24. Véase Rumpf en *Arch. f. Rechts- u. Wirtschaftsphil.*, II, p. 202 [(sobre el tratamiento del § 1910 Abs. 3 *Bürgerliches Gesetzbuch* (BGB)]. Y lo que dice es que cuando en la redacción se describe que el § 1353 II *Bürgerliches Gesetzbuch* (BGB) no hace ninguna excepción para los cónyuges dementes, o en lo concerniente a la redacción del § 82, debe ser aceptado G. m. b. H. R. G. 40, p. 191. Jhering, *Geist des Röm. Rechts* (5) II, 2, p. 465: «El juicio condenatorio de los juristas con el tiempo no ha generado ninguna ley».

descansa en su función de determinación del derecho positivo y, precisamente, porque la limitación de la normatividad del derecho positivo se deduce de su propio fundamento[34]. Tan pronto como el derecho positivo está en condiciones de garantizar la determinación del derecho y de generar una praxis judicial inequívoca, la «legalidad» se convierte en la prueba decisiva de la corrección de una sentencia. Ahora bien, puede suceder que aparezcan elementos extraños al contenido de la ley que la hagan variar en algún sentido, aunque sea por la vía de interpretación, y así hagan tambalear su validez objetiva. Si eso ocurre, la correspondencia entre la

---

[34] Kohler señala el fenómeno de la *duplex interpretatio* en numerosos lugares, porque justamente a través de la atención a la letra de la ley adquiere vigencia una forma variable de entender lo jurídico, que utiliza la letra de la ley contra su sentido (como Porzia en «El mercader de Venecia»); así se puede deducir que ese consciente y general autoengaño de la praxis contiene el pensamiento de que la más importante protección de la determinación del derecho, la letra de la ley, ha de ser respetada hasta donde sea posible. Pero el conservar la autoridad formal de la ley, lo cual Kohler (por ejemplo, *Archiv.f. Rechts- und Wirtschaftsphil.*, III, p. 581) trae a colación en este contexto, en consecuencia, ya no le pertenece. Kohler cree simplemente que cuando se deja la ley de lado y se juzga *contra legem*, esto conduce a una «ausencia de disciplina, a una arbitrariedad, a una inseguridad sin parangón». Pero incluye una interpretación, como se procede con la apariencia de Shylocks en «El mercader de Venecia», que no conduce necesariamente a la inseguridad jurídica; ¿no se trata ahí de una arbitraria sofistería en la que cada uno estaría sublevado si no sirviera a un fin simpático? Y cuando el fin simpático legitima tales métodos, ¿no se ha convertido, de nuevo, la incontrolable jurisprudencia sentimental en decisiva? Si el evitar la inseguridad jurídica se convierte en lo normativo, entonces sólo se puede buscar el criterio de la corrección en la homogeneidad de la praxis judicial y ciertamente en su totalidad. La «autoridad formal de la ley» y las cuestiones de la producción jurídica han de separarse de la investigación metodológica.

legalidad y la corrección de la sentencia será cuestionable. En un caso así, una sentencia contra el sentido de la ley puede ser, a pesar de todo, correcta. Las dudas que se ciernen sobre el juzgar contra la ley se originan en una falsa problemática que corre pareja a la preocupación por la «seguridad jurídica», la cual, por otra parte, se ha tomado como fundamento en esta investigación sobre el método de la praxis[35]. Aquí se ha negado expresamente la posibilidad de que el juez individual pueda decidir correctamente *contra legem*, aun en posesión de la mejor convicción. Tampoco un fuerte sentido jurídico del juez puede, como tal, anular la normatividad de la ley. Lo decisivo siempre en nuestro planteamiento es la totalidad de la praxis que funda la

---

[35] El temor a la inseguridad jurídica, a una conducta arbitraria por parte del juez, es siempre el argumento decisivo en la negativa vivamente acentuada a juzgar *contra legem*; por ejemplo en Brütt, *op. cit.*, p. 184, Rumpf, *op. cit.*, pp. 77-78 (él dice, un desprecio de la letra de la ley conduce a la inseguridad jurídica; no existe un criterio más seguro para decidir; de otro modo todo comienza a depender de la «personalidad» del juez). Brie, *Arch. f. R. u. W.*, III, p. 532. Gmelin, *Qousque? Beitrage zur soziologischen Rechtsfindung*, 1910. Digna de consideración es la frase de Schein, *op. cit.*, pp. 208-209; los funcionarios, en interés de la seguridad, deben ser antes esclavos de la ley que apoderados del Estado, «pueden constituir una excepción sólo aquellos casos extremos, para los que, las consecuencias de la ley son momentáneamente tan dañinas, que superan el interés de la seguridad jurídica, y se perciben con tanta claridad, que cualquier órgano estatal se daría cuenta de ellas y, por tanto, no entran en juego las inseguridades». Las dificultades que se desprenden de introducir normas suprapositivas tienen un interesante paralelo histórico en la cuestión de la relación entre el derecho natural y el derecho positivo, planteada por los partidarios del derecho natural. Por el contrario la solución propuesta en el texto ofrece una respuesta teórica absolutamente inequívoca, la cual aún es valorada en la metodología jurídica —*though I say it*—.

previsibilidad y la calculabilidad de la sentencia y, con ello, la determinación del derecho. Reitero que la cuestión de la producción del derecho positivo por medio de la praxis judicial está fuera de lugar en esta investigación que trata de encontrar un criterio específico de corrección de las sentencias judiciales. Es cierto que existe de hecho un número tan elevado de normas positivas claras para determinar el derecho, que las extrapositivas poco claras sólo pueden aparecer como una ayuda provisional. Una mirada a la praxis actual del Tribunal Supremo (*Reichsgericht*) parece confirmar esto sin contradicción. Sin embargo, por mucha preponderancia aparente que tenga lo positivo en la sentencia, no se debe olvidar que en muchas ocasiones es suficiente apelar a una determinación positiva concreta para «legitimar» una sentencia. Pero un procedimiento de ese tipo no supone ninguna prueba en favor de que hoy en realidad sólo se tenga por correcta la sentencia legal; más bien es sólo un síntoma del poder del postulado de la determinación del derecho, el cual parece satisfecho con sólo apelar al derecho positivo. Ya se ha comentado aquí hasta qué punto esto constituye un error. Más bien lo que sucede es que las normas realmente eficaces (por ejemplo, las del tráfico, las de la justicia o las de la equidad) fundan y causan la determinación del derecho por el hecho de que otro juez hubiera decidido del mismo modo[36]. La ventaja de esta argumentación para la

---

[36] La independencia del juez respecto de la ley ha sido subrayada por muchos autores; generalmente aparece en el contexto de la discusión sobre el juez individual y no al hablar de la fuerza de producción jurídica de la praxis judicial. Así dice Bruno Schmidt, *Das Gewonheitsrecht als Form des Gemeinswillens*, Leipzig, 1899, p. 37, nota I, que Bülow (*Gesetz und Richteramt*) no ha sacado las

solución de la difícil cuestión del juzgar *contra legem*, se deduce de que la corrección de una sentencia no se deduce de la voluntad y el mandato contenidos en la ley[37] y, con ello, se salva el escollo de la discusión sobre

---

últimas consecuencias, en la medida en que el juez «dicho de modo preciso y exacto, el poder estatal que está encarnado en él, en casos de necesidad es libre de toda atadura a la norma». Las explicaciones del texto intentan evitar las esperadas confusiones en ese terreno cuanto sea posible; en resumen: 1. Schmidt habla en ese lugar de la producción judicial y de la teoría de la norma en el Estado de Derecho; 2. Para nosotros el juez no puede ser liberado de la dependencia de la ley en caso de necesidad. Los casos que Schmidt tiene ante sus ojos son aquellos en los que, a pesar de dejarse a un lado el contenido de la ley, se puede considerar que la decisión se tomó correctamente. Teniendo en cuenta que, en su opinión, el único criterio de corrección de la sentencia legítimo es el «atenerse a la ley», en ese caso realiza una inexplicable excepción.

[37] O. Bülow, *op. cit.*, p. 40: El juez está autorizado por el Estado «a tener en cuenta también aquellas determinaciones jurídicas que no están en la ley, que son queridas por él, pero no elegidas por la ley». O. B. Schmidt, *op. cit.*, p. 39: El Estado puede derogar sea calladamente sea expresamente su derecho; para declararlo con «acciones tácitas» se sirve de «sus órganos jurisdiccionales». (Cuando añade que es «mejor y más digno», como si interpretara alrededor de ley, eso es exacto, pero no es aún un argumento). Particularmente claro es Börngen, *Int. Wochenschr.*, 1911, p. 873, cuando refiere que la ley es un mandato: «Todo mandato tiene sus fronteras, las cuales deben permanecer confiadas al intérprete, que es quien las fija [...] Cuando es posible salir al encuentro de un nuevo mandato, quien tiene el encargo de hacerlo no actúa según el espíritu del viejo mandato. Trabaja en el viejo mandato, no con las normas fundamentales de su lógica, sino que, para constituir un nuevo mandato, toma la posición de quien ordenó el viejo y se pregunta cómo hubiera actuado él en esa nueva situación». Esa es también la situación en la que debe encontrarse el juez. Muy citada es la comparación de Schein, *op. cit.*, p. 191, sobre el «sirviente jurídico», que recibe en invierno el mandato de calentar todos los días el horno y al llegar el verano lo sigue calentando. Este ejemplo, sin embargo, desconoce, a pesar de su plausible reflexión sobre el fin,

si la esencia de la norma jurídica consiste en un imperativo o en un juicio. También se diluyen las ficciones vacías que pretenden explicar el por qué la praxis judicial deja de lado la ley positiva con la consiguiente resignación del legislador. Lógicamente, una vez que se establece que la corrección de la sentencia se deduce de su coherencia con la voluntad de la ley, uno se pregunta con perplejidad por qué en algunas ocasiones se tiene por correcta una sentencia que se dicta contra la ley. La respuesta que se suele ofrecer es que «eso concierne a una tácita variación de la voluntad legisladora»; y con ello se pretende haber establecido un precepto jurídico de rango científico. Muchos libros refieren el efecto adormecido de ese precepto poniendo el énfasis en su *vis dormitiva*, mientras que otros explican el efecto contrario desde el cesar de esa *vis*; o de un modo pare-

---

las dificultades tanto teóricas como prácticas de la teoría de la norma jurídica.

Zitelmann, «Gewohnheitsrecht und Irrtum», en *Arch. f. d. ziv. Praxis*, 66, pp. 446 ss., ha planteado la cuestión de la competencia del Estado para emanar leyes y la cuestión sobre la competencia sobre esa competencia, hasta que ya no es posible una posterior deducción. El importante y brillante artículo ya ha sido mencionado. Es importante poner de manifiesto de nuevo la diferencia en lo relativo al objeto de estudio entre ese artículo y la presente investigación metódica sobre el criterio de la rectitud de una decisión. En cualquier caso, merece la pena citar por extenso la siguiente frase de Zitelmann: «Junto a esa producción de leyes cuya validez ha sido deducida (de normas jurídicas), aún existe una primaria, por decirlo así, autóctona, producción jurídica. Una de las fuentes de motivación más fuertes para la subsiguiente observancia de un precepto jurídico lo constituye, según la experiencia psicológica, el hecho de que ese precepto será seguido en lo sucesivo. En la medida en que se percibe en la eficacia una fuente de motivación duradera, se produce la transformación del concepto de lo efectivo en el concepto de lo jurídico».

cido relatan que sólo a una buena persona le puede ir bien y de que le vaya mal se deduce que no debía de ser una buena persona.

Las consideraciones fundadas en el postulado de la determinación del derecho que proponemos en la presente investigación, pueden responder con facilidad a la objeción de que de preceptos del tipo citado resulte posible deducir cualquier cosa para determinar el derecho. Insisto en que esa objeción pasa por alto que el indiscutible postulado de la determinación del derecho, que adquiere un contenido seguro y determinable a través de la referencia al «otro juez» como un tipo empírico, permite el cambio con el desarrollo de la praxis, sin dejar por ello de ser claro. Ciertamente la fórmula no contiene ningún elemento que excluya una variación en la praxis; de hecho, se ha evitado conscientemente emplear la expresión «estabilidad del derecho»[38]. Puede que las transformaciones repentinas de la vida jurídica, o el «desarrollo tempestuoso de la conciencia jurídica» (Ehrlich), modifiquen también muy rápidamente la determinación de lo que se considera que hubiera fallado otro juez. Pero, aunque la flexibilidad de la fórmula propuesta para acoger los contenidos cambiantes de la vida jurídica no ofrezca una respuesta al porqué de esos cambios, no por ello es más insegura. Lo que generalmente se persigue en las formulaciones metodológicas es la seguridad teórica, es decir, una posición inequívoca que pueda hacer frente a todos los

---

[38] Franken, *Vom Juristenrecht*, 1889, p. 6, habla de «inclinación a la estabilidad». De la condición de este trabajo se deduce que la satisfacción de esa inclinación quede excluida de él. Lo mismo se puede decir de «la inclinación al orden» (Rümelin) o de «la inclinación a la eticidad» (A. Sturm).

problemas que pertenecen al entramado de la cuestión, una respuesta que esté abierta a todas las dificultades; no se pretende obtener la seguridad propia de una tabla de logaritmos o de un mapa de carreteras que frecuentemente se citan como lo ideal. El postulado de la determinación del derecho es una abstracción consciente que se toma como punto de partida en la investigación metodológica para poder encontrar, a pesar de la multiforme realidad de la praxis, una fórmula que permita una respuesta, a partir de la cual se pruebe una y otra vez su justificación. Contra la fórmula misma se puede poner una objeción, a saber, que no dice nada nuevo (a pesar de la cantidad de cosas que suelen aparecer como una novedad infundada); que parte de la praxis y vuelve a la praxis, sin elevarse en ningún momento por encima de ella. En la medida en que esta objeción parte del error de considerar que una investigación metodológica debe hacer algo más que ordenar y ayudar al autoconocimiento de la praxis misma, no necesita de contra argumentación. Si lo que se quiere decir es que la fórmula no aporta nada nuevo (a pesar de que muchas cosas aparezcan infundadamente como novedad) digno de consideración científica, entonces la objeción es infundada. En esta investigación se refiere todo a la praxis, porque se procura encontrar para ella un criterio de rectitud autóctono (*autochthon*). Se evita la expresión «autónomo» (*autonom*), porque puede inducir al error de pensar que de lo que se está hablando es de que la praxis crea derecho, genera leyes (lo cual quizás se reprochará a este trabajo, a pesar de todas la protestas). El rasgo claramente diferencial de la solución que se presenta aquí, frente a otras soluciones posibles, es sencillamente que se tiene en cuenta un tipo diferente de «normas», las «leyes de la praxis», en el lugar de las normas culturales, de los derechos y libertades fundamentales u otras semejantes. Se ha procurado realizar una reflexión sobre el método específico de la praxis. Ahora bien, a pesar de que se da una nueva respuesta, bien definida, a la cuestión de la corrección de la sentencia judicial, que supone una nueva agrupación de los factores normativos, los cuales hasta el momento se hallaban en una férrea inmovilidad o en una pluralidad insatisfactoria, se le niega el rango de ciencia. Que pueda encontrarse un criterio de corrección diferente del específico de la praxis es un tema que se excluyó del tratamiento en el primer capítulo y al que sólo se ha hecho referencia de pasada. Se trata de dos problemas completamente diferentes que, sin embargo, generalmente se identifican, y que conducen a numerosos errores y confusiones.

¿Y qué ocurre con la praxis real? No existe prueba más convincente de la validez objetiva de la fórmula propuesta que aquella que ofrece el *Judikatur* del Tribunal Supremo sobre los presupuestos de responsabilidad del juez según el § 839 del Código Civil (*Bürgerliches Gesetzbuch* BGB) o como conclusión al § 12 del Reglamento del Registro de la Propiedad (GBO). Si realmente la «legalidad» fuera un criterio de la corrección de una sentencia con el que uno se pudiera quedar tranquilo, entonces no serían necesarias las sentencias del Tribunal Supremo (*Reichsgericht*) sobre las cuestiones del § 839 del Código Civil (*Bürgerliches Gesetzbuch* BGB) y del § 12 del Registro de la Propiedad (GBO). Es pura apariencia el creer que con la distinción entre supuesto de hecho objetivo y subjetivo se mantiene la legalidad como criterio de rectitud: el supuesto de hecho objetivo de las disposiciones legales excluye por principio el juzgar contra la ley; las dudas, que hacen que cobre sentido la competencia jurisdiccional del Tribunal Supremo (*Reichsgericht*) se refieren a un supuesto de hecho subjetivo, a saber, la negligencia del juez. Ahora bien, se podría añadir que la negligencia del juez está condicionada por el supuesto de hecho objetivo. Las referencias psicológicas implícitas en los conceptos de dolo y negligencia, tienen como contenido el hecho objetivo y sin él tampoco el subjetivo es posible. El Tribunal Supremo (*Reichsgericht*) dice entonces: el juez carece de responsabilidad cuando tiene de su parte a prestigiosos juristas[39]. Esto es decisivo, en particular si el Tribunal Supremo (*Reichsgericht*), «la instancia normativa suprema para la praxis»[40], no hubiera decidido todavía sobre la cuestión. Efectivamente, el pasar por alto la posibilidad de una interpretación diferente de la que hasta ahora se ha considerado correcta es una negligencia sólo cuando se trata de opiniones contenidas en la bibliografía y la judicatura[41]. Y, finalmente, el caso ya mencionado: cuando el Tribunal Supremo (*Reichsgericht*) o (para Prusia) el Tribunal Cameral (*Kammergericht*) han decidido algo en materia del Reglamento del Registro de la Propiedad (*Grundbuchsachen*), entonces todas las posibles consideraciones del juez se pueden tener por fundamentalmente despachadas[42]. Podría ser objeto de una investi-

---

[39] *Entscheidungen in Zivilsachen*, Bd. 59, p. 388.
[40] Bd. 60, p. 395.
[41] *Jur. Woch.*, 1906, pp. 53-54 (donde se hace la interesante anotación psicológica: quien tiene buenas razones, no reconocerá frecuentemente la posibilidad de una opinión contraria).
[42] *Jur. Woch.*, 1905, p. 139, Jahrg., 1906, p. 134; particularmente precisa, sin embargo, la decisión que se expone en *Gruchots*

gación detallada la posibilidad de que cuestiones como la «libre» discrecionalidad, el motivo «importante», las infracciones de las «buenas costumbres» lleguen a ser sustituidas por una judicatura firme gracias a que a través de jurisprudencia han sido situadas en una esfera particular. Se trataría de una investigación que tendría por objeto el «derecho vivo» y consistiría en una reflexión histórico-explicativa de la vida jurídica empírica. El trabajo presente se puede considerar como una investigación preliminar metodológica para poder abordar esas cuestiones de detalle.

Beiträgen, Bd. 50, p. 1005, del mismo modo que las decisiones del Tribunal Supremo en asuntos civiles, Bd. 65, p. 98.

APÉNDICE

NOTA I

En los últimos años se han expuesto muchos ejemplos de cómo se pueden fundar juicios muy diferentes dependiendo de los argumentos interpretativos «estrictamente jurídicos» que se utilicen (quiero recordar aquí los citados de Stampe y Fuchs), hasta el punto que enumerarlos resultaría tremendamente reiterativo. Ya J. H. vom Kirchmann en su conferencia «über die Werthlosigkeit der Jurisprudenz als Wissenschaft» citó una serie de ejemplos muy pertinentes (están en las *Entscheidungen des Kgl. Geh. Obertribunals*, Neue Folge, 4. Bd., Berlín, 1847) que vienen al caso en esta investigación. Comentaré por extenso, sin embargo, sólo algunas deducciones de F. Lassalle, que convencerán incluso a los calurosos partidarios de la hermenéutica tradicional, y sobre cuánto es posible demostrar jurídicamente y cuán poco en realidad lo que se demuestra depende del ingenio jurídico. Lassalle fue detenido preventivamente. Se le imputaban los delitos del artículo 87, 91 del Código Penal (*Code penal*) (alta traición, equipamiento armado del pueblo, etc.). Estos delitos están caracterizados expresamente en el Código Penal (*Code penal*) como crímenes en sentido técnico, en concreto, bajo ese título. Según el artículo 113 del *Code d'instruction criminelle* la puesta en libertad está excluida para el caso de esos delitos, incluso bajo fianza. Después de que se rehusaran las peticiones de puesta en libertad, él fundamentó una nueva instancia, de nuevo sin éxito, de la siguiente manera: «Si yo, a pesar de haber sido encarcelado por razón del artículo 87, 91, soy culpable de un crimen, entonces me permito instar a una libertad provisional bajo fianza, aunque creo un deber anticipar que el artículo 113 del Código de Procedimiento Penal (Str. Pr. O.), que excluye la libertad bajo fianza por inculpación de un delito, no me es desconocido. Si, de todas maneras, interpongo un recurso, lo hago sólo porque creo poder demostrar del modo más claro e inequívoco que esa disposición del artículo 113 del Código de Procedimiento Penal (Str. Pr. O.) está derogada por la Ley de 15 de abril de 1848 en relación con los delitos políticos. Como esta circunstancia no ha recibido hasta ahora ninguna atención pública, el Órgano de Vigilancia de la Instrucción (*Kgl. Ratskammer*) no se abstendrá de apoyar mis razones, si consigo desarrollarlas de un modo concluyente». Su punto de vista procede de un modo convincente de la reflexión sobre la Ley de 15 de abril de 1848 en su totalidad y también de cada uno de sus artículos: «Nosotros, Friedrich, Wilhelm, etc., hemos mantenido vigente gracias al § 2 de la Orden del 6 de abril la competencia de los jurados (*Geschworenengericht*) en la provincia del Rhein para el caso de los delitos políticos y de prensa y lo mismo se puede decir ampliado a las contravenciones políticas y de prensa. Y para asegurar que se lleva a cabo esta determinación (es decir, la determinación del § 2 del 6 de abril de 1848), etc., decretamos lo siguiente».

Lo que sigue son una cantidad de determinaciones particulares y entre ellas la del § 12 que dice: «En todas las demás relaciones, en particular en lo que se refiere al sumario, la libertad provisional bajo fianza, los recursos contra los acuerdos de la sala de lo penal (*Strafratskammer*), la notificación de expedientes y la defensa, vale también para las contravenciones políticas y de prensa, lo dispuesto por el Código de Procedimiento Penal (Str. Pr. O.) para los asuntos de detención policial».

El juez del Rhein en un primer momento, siguiendo la praxis francesa y la terminología del código, se sentirá naturalmente tentado a entender esa expresión «contravención política y de prensa», con la que cierra el § 12 —y para la cual este artículo prevé una libertad provisional bajo fianza en analogía con lo dispuesto en el expediente judicial de la detención policial— como una contravención en el sentido francés, es decir, en el estricto sentido de *délit*, diferenciándola así del *crime*. Sólo después de una investigación más en profundidad se llega a la convicción de que la Ley de 15 de abril de 1848 no es que solamente no efectúe esa distinción, sino que la palabra contravención (*Vergehen*) se aplica del mismo modo tanto a las contravenciones más duras (asesinato, crimen), como al *délit* propiamente hablando, es decir, que incluso suprime expresa y positivamente la distinción jurídica francesa mediante una expresa definición en relación con las acciones políticas.

De ahí que, cuando declara aplicable la libertad provisional dispuesta para la detención policial también a las contravenciones políticas y de prensa, entiende que están comprendidos ahí los delitos políticos y de prensa y por eso está permitida también para esos casos la libertad condicional. Se puede concluir, finalmente, que esa ley tenía el propósito, totalmente expreso, de disponer la instrucción y la libertad condicional también para los delitos políticos y de prensa, lo cual sólo está dispuesto en el Código para las contravenciones. Mediante esa ley, y en especial mediante el § 12, se garantiza a los delitos políticos la prerrogativa de gravarse de un modo material, es decir, con las penas fijadas en el Código, pero en lo relativo a la forma de la investigación, de la libertad, etc., quedan equiparados con la simple contravención.

En primer lugar, se trata de probar que el § 12 declara aplicable a las contravenciones políticas y de prensa lo dispuesto para la libertad provisional en el caso de la detención policial, para posteriormente comprender dentro de la contravención, ya fuera del marco del Código, también el delito. Esa prueba debería forzarse hasta la irrefutabilidad en el caso de que se compruebe que el legislador mismo ha definido la expresión «contravención política»; y efectivamente lo ha hecho, pues al excluir la atención a la determinación de la pena y, por tanto, al excluir y eliminar la distinción jurídica francesa, ha considerado todos los delitos como contravenciones. De hecho la Ley de 15 de abril de 1848 ofrece expresamente esa definición, puesto que en el mismo § 2 dice: «como contravenciones políticas» en el sentido del § 2 de la Orden de 6 de marzo se entienden aquellas contravenciones que en el Código de Procedimiento Penal del Rhein (Str. Pr. O.) están previstas en el libro III, tít. I, caps. 1 y 2. Pero el *Code pénal,* libro III, tít. I, caps. 1 y 2, comprende tanto crímenes (*crimes*), como delitos (*délits*), y el cap. 1 comprende (arts. 75-108) incluso sólo crímenes graves; y también los artículos 86-92, de los que yo soy responsable.

El § 2, por otra parte, no deja de definir expresamente todos los delitos del *Code pénal*, libro III, tít. I, cap. 1, como contravenciones políticas; o quizás más bien al revés, se refiere que la expresión «contravención política» es aplicable a todo el cap. I, tít. I, libro III (arts. 75-108) del *Code pénal.* Si también la Ley de 15 de abril de 1848 en el § 2 define expresamente que bajo el nombre de «contravenciones políticas» han de entenderse las acciones previstas en el Código Penal del Rhein (*Rhein. Strafgesetzbuch*) 1. III, tít. I, cap. 1 y también en los artículos 86-92; y después, además, en el § 12 se permite la analogía entre lo previsto para la detención policial y las contravenciones políticas en lo que se refiere a la libertad provisional bajo fianza, de ahí se sigue —la conclusión es tan sencilla que se puede considerar tautológica— que la libertad provisional está permitida, según lo previsto, para todas las acciones previstas en el libro III, tít. I, cap. 1 del *Code pénal.*

Por tanto, por la Ley de 15 de abril de 1848 se introduce la identificación extraña al *Code* entre delito político y contravención política en relación con el procedimiento formal.

Hasta qué punto esa identificación entre delito y contravención en el § 2 de la Ley de 15 de abril era intencionada, se puede inferir de que ya en la presentación de esa ley se usan indistintamente delito y contravención de modo expreso, es decir, que quedan casi indiferenciadas cuando se dice: «Nosotros, Friedrich, Wilhelm, etc., hemos mantenido vigente gracias al § 2 de la Orden de 6 de abril la competencia de los jurados (*Geschworengericht*) en la provincia del Rhein para el caso de los delitos políticos y de prensa y lo mismo se puede decir extendido a las contravenciones políticas y de prensa». Después, sin embargo, en § 2, donde se trata de definir, falta la distinción entre delito y contravención. Y un poco más adelante, cuando el mismo § 2 habla de la Ley de 15 de abril dice: «se entienden como contravenciones políticas en el sentido del § 2 de la Orden de 6 de abril, etc.», pero el § 2 de la Orden de 6 de abril menciona expresamente tanto la contravención como el delito. Dice: «Para la demarcación del Tribunal de Apelación de Colonia (*Appellationsgerichtes Cöln*) es competente el jurado (*Geschworenengericht*) en el caso de los delitos políticos y de prensa, así como en las contravenciones políticas y de prensa».

Aquí, al menos en las palabras, se distingue entre contravención y delito y son mencionados uno detrás de otro. Y el § 2 de la Ley de 15 de abril describe, en el sentido de esta Orden de 6 de abril, que, aunque los delitos se mencionen expresamente, se entienden como contravenciones políticas.

Finalmente, esa identificación no puede originarse en un uso del lenguaje inexacto —un excurso prohibido tanto por la definición expresa del § 2 de la Ley de 15 de abril, como por la disolución de esa ley y la retroacción a la Ley de 6 de abril—, sino que debe ser coherente con el espíritu de la ley y abiertamente con el fin del legislador, y claramente la totalidad de la Ley de 15 de abril no aspira a otra cosa que a introducir la identificación entre contravención y delito en relación al procedimiento formal, que era extraña al Código de Procedimiento Penal del Rhin (Str. Pr. O.) y regularla, y lo hace en el sentido de favorecer, de mitigar ese tipo de contravenciones. Si esa identificación ha de verificarse en los aspectos formales hasta el punto de que al aplicar las determinaciones del Código de Procedimiento Penal del Rhin (Str. Pr. O.), las contravenciones se beneficiarían de las ventajas de los jurados (*Geschworenengericht*), entonces hay que pensar efectivamente que la citada indiferenciación está en el espíritu de la totalidad de la ley. Del mismo modo, si el beneficio de la libertad provisional está previsto también para la contravención política en el artículo 113 de la ley, con ello queda eliminada también la distinción formal citada, lo cual, efectivamente parece ser el fin de la totalidad de la ley.

Si, a pesar de la intención del legislador, entrara en vigor la libertad provisional en todas las contravenciones políticas, sin considerar el grado de la pena, y pudiera aún prevalecer alguna duda, entonces esa duda debería ser solventada del modo más auténtico a iniciativa del Ministerio de Interior (*Staatsministerium*), quien ordenó esa Ley de 15 de abril. En la iniciativa del Ministerio de Interior (*Staatsministerium*) de 14 de abril de 1840 (impresa en el *Cöl. Ztg.* de 19 de abril del año pasado) se dice: «Por el § 2 de la Ley de 6 de marzo sobre algunos elementos de la Constitución futura, en la provincia del Rhein, las contravenciones políticas y de prensa volverán a ser competencia de los jurados; esto ha de ampliarse a los delitos políticos y de prensa. El decreto relativo a esta ley contiene una explicación similar de esa distinción, en la medida en que fija el concepto de las contravenciones políticas y de prensa (ahora los delitos no son específicamente mencionados) [es decir, que ese decreto establece el concepto de contravención política, no lo adopta del derecho penal del Rhein (*Strafrecht*), sino que lo define de nuevo y, en concreto, como lo hace el § 2, en el cual, como ya se dijo, contravención y delito quedan totalmente identificados]. Además regula el procedimiento de tal manera que, en el caso de persecución e investigación del delito, no se aplican las estrictas formas previstas, tal como son dispuestas por el jurado». El Ministerio de Interior (*Staatsministerium*) manifiesta con palabras muy positivas e inequívocas que la finalidad de la ley es intentar regular el proceso *in politicis*, de tal modo que las estrictas formas prescritas para la persecución e investigación del delito por el jurado no lleguen a ser aplicadas.

La prisión preventiva no es una condición necesaria impuesta por el jurado, tal como lo muestra la ley en sus disposiciones. El § 12 de la Ley de 15 de abril del año pasado no sólo prevé la libertad condicional en el caso de los delitos políticos —en la medida en que lo hace para las contravenciones políticas, teniendo en cuenta que el § 2 define también las acciones de los artículos 75-108 Cod. pén. como contravenciones—, sino que lo ordena expresamente.

Esto no puede dejar de entenderse sin contradicción, tal como se desprende de las palabras del Ministerio de Interior (*Staatsministerium*): «En el caso de persecución e investigación de delitos ya no se deben aplicar las formas estrictas, tal como eran requeridas por el jurado: El Ministerio de Interior (*Staatsministerium*) no podría hablar de una desaparición de formas estrictas, si la libertad provisional bajo fianza del § 12 solamente se restringiera a los *délits*, para los cuales ya estaba prevista.

»Por eso se demostró sin ninguna duda que el § 12 de la Ley de 15 de abril *in politicis* quería prever y previó también para el delito el *beneficium* de la libertad provisional previsto sólo para las cuestiones de corrección policial, en analogía, por tanto, con las determinaciones del juzgado correccional (*zuchtpolizeigerichtlich*)».

NOTA II

Un buen resumen de las condiciones históricas por las que la Escuela del derecho libre ha tenido una gran influencia se encuentra en Brie (Conferencia en *Arch. f. Rechts- und Wirtschaftsphil.*, III, p. 31). —No se ha escrito aún una historia de la «batalla por la Ciencia Jurídica». Aquí citaré algunas reseñas para mostrar hasta qué punto se vuelven a repetir ininterrumpidamente las ideas sobre las normas del derecho libre, incluso entre los juristas de profesión (es decir, no simplemente entre los sociólogos como L. v. Stein). Citaré en primer lugar a Einert, 1839, «Das Wechselrecht nach den Bedürfnis des Wechelgeschäftes im neunzehnten Jahrhundert», en cuyo cuidadoso y modesto prólogo pide disculpas por su método. De ese libro dice Fick en la *Heidelberger kritischen Zeitschrift*, I, p. 479, que inicia «una revolución en la teoría cambiaria (*Lehre von Wechsel*), lo cual no es habitual en la obra de un solo jurista», que «ha transformado el método empleado hasta el momento en la actividad jurídica, en prácticamente su contrario», y así ha «obtenido una teoría del derecho cambiario (*Wechselrechtstheorie*), que fundamenta un derecho creado con base en la nación, algo que no se ha experimentado en ninguna otra esfera del derecho». Este punto de vista obliga a Kuntze (*Der Wendepunkt der Rechtswissenschaft*, Leipzig, 1856, p. 15, y en su «jus respondendi unserer Zeit», Leipzig, 1858, p. 20) a decir que no debería estar condicionado por la casualidad, en la medida en que «el pánico de la Corte de Justicia puede retirar de la ley su correctivo». La expresión tratamiento jurídico «teleológico» aparece en él con mucha frecuencia; contra Ahrens (*Juristische Ezyklopädie*), por ejemplo, dice: su «teoría de las relaciones de la vida» (*Theorie des Lebensverhältnisse*) desarrolla una teleología jurídica y, por eso, no es nada nuevo (p. 26, nota 2). Al mismo tiempo que Einert, Kierulff había dicho, *Theorie des Gem. Zivilrechts*, I, 1839, p. XXII/III, el tiempo está maduro para las ovejas independientes. Y con Kuntze, W. Leist, *Über die dogmatische Analyse römischer Rechtsinstitute*, Jena, 1854, p. 30: «La vida, que nos rodea con su fresca y móvil plenitud, la vida de nuestro presente, la vida de nuestra nación —la queremos conocer—», pone énfasis en la «naturaleza de la cosa» (como después, por ejemplo, Ehrlich en *Burians Jur. Bl.*, 1888, pp. 529 ss.), comprendiendo por tal la vida jurídica real en contraposición con el derecho «vigente», aunque él mismo (en «Naturalis ratio und Natur der Sache», Jena, 1860, p. 51 y ff.) refiere que Vangerow usa esa expresión en siete sentidos diferentes. —Todas estas citas muestran cómo la distinción entre norma jurídica abstracta y vida jurídica real siempre tuvo su influencia. Los escritos mismos de Jhering, sin embargo, no han sabido hacerse eco de esa influencia, que se expresa en la Escuela del derecho libre.

NOTA III

El esfuerzo por imponer un determinado método a la Dogmática jurídica (*Jurisprudenz*), con el objeto de hacer de ella una «ciencia», desde luego desde una determinada concepción de lo que es la ciencia (por ejemplo, la de las ciencias naturales); y la comparación con otras muchas ciencias para establecer un paralelismo entre sus conclusiones, ha alcanzado un desacostumbrado auge y ha conducido a apresuradas generalizaciones y exigencias. En cualquier caso hay que distinguir:

1. Desde siempre se ha comparado la Dogmática Jurídica (*Jurisprudenz*) con otras ciencias. La más conocida es la comparación que hace Jhering con las ciencias naturales [*Geist. der Röm. R.* (5), II2, pp. 357 ss.], en particular con la química (también Leist, *Dog. Analyse*, Jenna, 1854, p. 100 hace esa comparación). Teniendo en cuenta la concepción de la realidad y la «fecundidad» de los conceptos jurídicos de Jhering, es peligroso trasladar sus conclusiones al método, en particular, cuando se enfrentan los métodos inductivo y deductivo y se espera de ello la salvación de la Dogmática Jurídica (*Jurisprudenz*), como por ejemplo hace Neukamp, *Einl. in eine Entwicklungsgeschichte des Rechts*, Berlín, 1895, pp. VIII ss., y contra la cual se dirige ya Pachmann, *Über die gegenwärtige Bewegung in der Rechtswissenschaft*, Berlín, 1882, pp. 32 ss. En la medida en que en el proceso se pone el acento en la importancia de la instrucción del atestado, que naturalmente contiene conclusiones inductivas (vid. Reichel en *Grünhut*, 1905, pp. 104-105), no se puede objetar

nada. Ahora bien, si por ello la Dogmática Jurídica (*Jurisprudenz*) se convierte en una disciplina científica al estilo de las ciencias naturales y, consecuentemente entonces, tiene que proceder de un modo inductivo a partir de la observación de hechos, obteniendo leyes, que han de ser contrastadas por hipótesis que deban ser verificadas por esos hechos, entonces eso ya no tiene nada que ver con la jurisprudencia, sino que lo que se está haciendo es sociología, psicología o economía nacional, etc. De la consideración de la «ciencia natural exacta» como un ideal y de la incapacidad para encontrar para la Dogmática Jurídica (*Jurisprudenz*) un método diferente de la conclusión inductiva dominante en las ciencias naturales, surge la exigencia de que sea una pura «ciencia de hechos». Así dice Forel (*Zukunft*, XI, p. 11) que al jurista le falta «empatía con la vida; al jurista le abandona la razón cuando se enfrenta a la conclusión analógica de la ciencia, a la lenta y siempre dudosa, pero siempre perfeccionable inducción». Y Bozi (*Annalen für Naturphil.*, I. p. 426) dice incluso: «Del mismo modo que la zoología distingue mamíferos, aves, anfibios, etc., así se divide el derecho en los diferentes grupos del derecho civil, del derecho penal y del derecho internacional». Y concluye Fuchs (*Die Gemeinschädlichkeit der konstruktiven Jurisprudenz*[1], 1909, p. 83, p. 175, como antes que él Ehrlich en *Zukunft*, 14, p. 238) que existe un paralelo entre la Dogmática Jurídica (*Jurisprudenz*) y la medicina, en la medida en que esta última ha pasado del estudio de las deducciones abstractas al método inductivo. Sorprendentemente

---

[1] ¿Quién puede dejar de pensar en este punto en la antítesis de Nietzsche: constructivo-explosivo?

permanece en la contraposición con el ideal de las ciencias naturales y en el paralelismo entre la medicina y la Dogmática Jurídica (*Jurisprudenz*), al igual que en las explicaciones de Fuchs sobre el significado decisivo de la personalidad jurídica, el *daimonion* (D. J. Z., 1910, p. 284). El feliz éxito de una operación quirúrgica no puede ponerse en relación con el *daimonion* del médico, como tampoco una sentencia correcta con el *daimonion* del juez. Con esas comparaciones es fácil atacar a la Escuela del derecho libre. Por ejemplo, Rudorff ha dicho en su contestación al artículo de Von Kirchmann sobre la *Wertlosigkeit der Jurisprudenz als Wissenschaft* («Kritik der Schrift des Staatsanwalts v. Kirchmann u. s. w. von einem Lehrer dieser Wissenschaft», Berlín, 1948): «Lo siguiente será sin duda que un segundo Herr v. Kirchmann aconsejará a nuestros médicos la destrucción de todo el arte médico y la sustitución del colegio de médicos por mujeres inteligentes y sabias para ampliar las bendiciones de la libertad profesional de los juristas también al campo de la ciencia médica». Del mismo modo, Stahl (*Rechtswissenschaft oder Volksbewusstsein*, 1848, p. 24). Tales ejemplos pueden ampliarse hasta el infinito. De particular importancia metodológica es la aportación de Schlossmann (*Grünhut*, VII, pp. 544-545; lo mismo *Irrtum*, Jena, 1903, pp. 2-3), en la cual él, frente a la obra de Zitelmann, *Irrtum und Rechtsgeschäft,* deja clara la independencia de la terminología jurídica respecto de la psicología. O la siguiente frase de Stampe, *Unsere Rechts- und Begriffsbildung*, Greifswald, 1907, p. 42: La tradicional división del negocio jurídico en unilateral y bilateral está lejos de ser una división por el fin y la función. «Como criterio de división toma la estructura del objeto —una división fundamental que para el aprendiz aparece en un primer momento esclarecedora, pero que es totalmente inútil desde el punto de vista didáctico: procede entonces como si, por ejemplo, la teoría económica respecto de los bienes o la farmacología respecto de los fármacos hiciera una división según el modo de producción o de elaboración—», pp. 79-80: «¿cómo se juzgaría a un médico que prescribiera acríticamente a un enfermo un medicamento, sin percatarse de que en él la enfermedad se está presentando de un modo nuevo? Pienso que no hay más craso ataque a la ley que la aplicación de una institución de derecho privado (*Rechtsinstitutes*) a otra, como si esta última fuera el fin pensado para ella por la ley, a pesar de la percepción de que, en concreto, esa aplicación invariable para el nuevo fin conduce a descaminos jurídicos».

2. De particular influencia fue la comparación entre la Escuela del derecho libre y el Movimiento de la libertad religiosa que introdujo Gnaeus Flavius (H. U. Kantorowicz) «Der Kampf um der Rechtswissenschaft», pp. 35-38. Una comparación de este tipo tiene una pretensión metodológica, porque entre la hermenéutica jurídica tradicional y la teoría de la interpretación teológica existe una relación metodológica histórica verificable, mientras que la comparación con las ciencias naturales y con la medicina sólo puede ser puntualmente ilustrada; en cualquier caso, hay que afirmar que el periodo de transición de las ciencias naturales a su método moderno muestra muchos paralelismos histórico-culturales, que es sorprendente que no hayan sido introducidos en la discusión de los últimos años. De todas formas, la siguiente frase de Paracelsus (*Werke*, I, ed. por Johannes Huser, Strassburg, 1916,

p. 608) da qué pensar, al menos, a personas con un determinado ánimo: «¿Qué buscáis en la lógica y en su dialéctica, lo contrario al médico y un obstáculo para la luz de la naturaleza? No dañéis vuestro honorable tiempo con tales libros»). Ha sido frecuente que los juristas comparen su método con el de la interpretación teológica. Así, por ejemplo, Jordan, *Arch. f. d. ziv. Praxis*, 1825, p. 231, dice con una cierta novedad: «La actividad judicial es semejante a la de los teólogos. La interpretación teológica se ha desarrollado en el cristianismo justamente para fomentar el espíritu de sus representantes en lo que concierne a la realidad de la vida. De ahí que consista en aplicar, ciertamente no la letra, sí, sin embargo, el espíritu de la ley a casos concretos». Precisamente porque en la relación entre teología y Dogmática Jurídica (*Jurisprudenz*) hay un parentesco conceptual fundamental, una comparación significa más que una ilustración interesante. Son dignas de mención también las explicaciones de Kraus (*Grünhut*, 1905, XXXII, pp. 616-617) y de Schlossmann (*Irrtum*, Jena, 1903, p. 43, nota): «El paralelismo interesante entre una Ciencia Jurídica que no se aplica al sentido literal de la letra de la ley y una teología que vindica el derecho de la investigación libre, tanto como la observación del modo como se puede disolver en la esfera jurídica la contraposición entre autoridad legal y libre juicio en la *praxis* y en la teoría [...]». Véase, también, Sternberg, *Allg. Rechtsl.* (I), 1904, I, p. 130, Anm. I.

NOTA IV

Cuando el Tribunal Supremo (*Reichsgericht*) se pronuncia sobre los «materiales» preparatorios de la ley, generalmente subraya que no tienen una importancia decisiva, deben encontrar meramente una «atención subsidiaria» (*Entsch. in Zivilsachen*, Bd. 8, p. 84), sólo pueden «sugerir» (Bd. 16, p. 194, de dónde se toman los motivos del «fin de la ley», en el mismo tomo, p. 55; Bd. 21, p. 357; Bd. 62, p. 291; particularmente la decisión en asuntos penales, Bd. 13, p. 171: «El contenido de la ley no está determinado ni por la ocasión, ni por el fin, ni por la comprensión del autor del proyecto, ni por el pensamiento del legislador sobre su contenido y su alcance, sino por la voluntad del legislador que está expresada en la misma ley»). Los «materiales» tienen importancia, cuando señalan lo que la ley quiere realmente; no, sin embargo, si sugieren otro punto de vista (Bd. 21, p. 437; Bd. 23, p. 41). Si simplemente repiten lo que de diferente modo se puede leer en la ley, la pregunta por su sentido es obligada. O bien tienen significado jurídico y entonces deberían aportar alguna precisión, o no lo tienen. Quien quiera determinar el lugar del Tribunal Supremo (*Reichsgericht*) en la teoría de la interpretación, se verá forzado a interpretar de nuevo sus sentencias sobre la interpretación, lo cual es, en cualquier caso, difícil. Esta visión panorámica muestra hasta qué punto hay poca claridad en esta cuestión fundamental. A pesar de que se niegue todo significado legal a los motivos, se encuentran, exceptuando las sentencias antiguas (por ej., Ziv. Bd. 7, p. 430), frases como: «porque del mismo modo que los materiales se pueden reconocer en cada una de las páginas de la ley del seguro de accidentes, el legislador (algunas líneas más arriba el discurso era sobre los factores legislativos) era totalmente consciente», etc. (Bd. 21, p. 54). Para el «fundamento legislativo» se indica el motivo (Bd. 53, p. 203). O se dice: una interpretación determinada no se ofrece «ni según la letra de la ley, ni según la historia de su origen, y mientras no se manifieste una clara voluntad del legislador que se desvíe» (Bd. 59, p. 148). «No se puede dudar de que el factor legislativo ha estado presente en todo su alcance en la publicación de la ordenanza de correos del artículo 504 (A.) H. G. B., de modo que aquel puede entenderse en su total y clara determinación según su letra», etc. (Bd. 43, p. 100). Los motivos no se piensan como decisivos (Bd. 51, p. 272), porque ellos «como trabajo privado que no procede de los factores legislativos, no tienen la capacidad ni el poder de declarar la ley». Después dice de nuevo: «por tanto, no ha sucedido en el sentido del autor del texto de la ley, en su actual representación [...]» (Bd. 62, p. 86, en cuya decisión también se distingue entre «motivo legislativo», ocasión legislativa, resolución legislativa y fines legislativos y, finalmente, se habla de las intenciones de la legislación). Bd. 69, p. 181, se dice que es casi impensable que la fundamentación (es decir, el motivo) no haya conocido a través de la praxis la sentencia de una cuestión en disputa, de lo que se sigue que, si no lo niega expresamente, la ley ha querido adherirse a esa praxis. Y, ¿qué sentido posee el que se ponga el acento en que en esas explicaciones del protocolo no se puede dejar de lado a «la mayoría de la comisión»? (Bd. 66, p. 254). — El Tribunal Supremo (*Reichsgericht*) lo ha dejado claro del siguiente modo: «El Tribunal Supremo (*Reichsgericht*) considera apropiado, a esta situación legislativa, el atenerse a los casi treinta años de praxis del Alto Tribunal de Prusia (*Obertribunal*), el cual hace posible simultáneamente ambos intereses, por un lado el de la ley y por otro el del tráfico civil. La tarea de la praxis consiste también en poner de manifiesto los defectos de una ley, pero su tarea principal sigue siendo aplicar la ley con sus defectos, aunque amoldándose a los requisitos, que impone el tráfico civil a la ley».

De la bibliografía específica sobre la praxis hay que destacar de modo completamente arbitrario los siguientes ejemplos: Fischer, *Kommentar zur Grundbuchordnung* (Guttentag, 5. Aufl.). Nota 6 al § 14: él apela a la «clara intención de todos los implicados» en la concepción de la ley. O Frank, § 246, St. G. B. Nr. II, 4. «Puesto que, sin embargo, la ley se ha expresado positivamente, y ciertamente —como los motivos dados— con total conciencia, por eso la interpretación está ligada a ella». Con sólo arrojar algunos comentarios se encontrarán nuevos ejemplos.

En general se dan como factores de interpretación efectivos: el sentido literal; el fin económico o político; las expresiones de los materiales; el origen histórico de la ley; el sentido jurídico subsidiario y las necesidades del tráfico jurídico. La necesidad de claridad metódica sobre esos elementos heterogéneos (que aúne los elementos en su peculiar diferenciación), no precisa ni siquiera de una palabra más.

DERECHOS DE LIBERTAD Y GARANTÍAS INSTITUCIONALES EN LA CONSTITUCIÓN DEL REICH

CARL SCHMITT

I

En su proyecto de Constitución, Hugo Preuss emplazó las garantías de libertad (*Garantien der Freiheit*) como derechos fundamentales (*Grundrechten*) en la parte destinada a la organización estatal, renunciando así a dedicar una parte especial a estos últimos[1]. Semejante solución pretendía evitar una eventual controversia en torno a la relación de la primera parte de la Constitución (organizativa) con la segunda (consagrada a los derechos fundamentales), al menos con la virulencia que hoy conocemos. Sin embargo, sus consideraciones

---

[1] El mejor estudio sobre el proceso constituyente de Weimar es obra de Walter Jellinek en dos artículos que llevaban por título «Die Nationalversammlung und ihr Werk» y «Insbesondere: Entstehung und Aufbau der Weimarer Reichsverfassung». Han sido traducidos al español bajo el título «El proceso de elaboración de la Constitución de Weimar», en el volumen *La Constitución de Weimar* (Texto de la Constitución alemana de 11 de agosto de 1919. Con dos estudios de W. Jellinek y C. Mortati y un comentario sistemático de sus preceptos por O. Bühler), Tecnos, Madrid, 2010, pp. 77-115. La explicación de la labor de Preuss se encuentra en las pp. 94 ss. Especialmente para lo que aquí se dice, pp. 98 ss. [*N. de la T.*]

y su resistencia no consiguieron impedir que en el correr de la historia se introdujeran nuevos derechos fundamentales y, con ellos, nuevos anclajes, lo que, consecuentemente, significó no poder soslayar la heterogeneidad, incoherencia y pleonexia que caracteriza la parte dedicada a los derechos fundamentales en la actual Constitución, que parece destinada a la tarea —según afirmaba irónicamente el diputado Koch (Protocolo, p. 505)— de «regular exhaustivamente todos los asuntos, humanos y divinos». Es así como se explica que el tratamiento jurídico de esta parte fundamental de la Constitución siga siendo una tarea pendiente, pero también muy complicada, que no es posible abordar, ni mucho menos, acudiendo a las fórmulas y categorías del Derecho Político (*Staatsrecht*) de preguerra[2].

El modo tradicional de concebir los característicos derechos de libertad y los derechos fundamentales que era cómodo y convincente ha concluido finalmente en un dilema que, a la luz del panorama jurídico de nuestros días, conduce a un callejón sin salida. La exposición de los derechos fundamentales que efectúa la Constitución es, o bien un «simple programa» y, en ese sentido, desde el punto de vista del derecho positivo carece de importancia, del mismo modo que las proclamaciones de buenas intenciones, los aforismos políticos, los deseos piadosos, los monólogos del legislador

---

[2] Carl Schmitt emplea la expresión *staatliches Recht*, una expresión que es raramente usada después del siglo XIX. Lo normal hubiera sido encontrar *Verfassungsrecht*. He traducido por derecho político esa expresión, para conservar el sentido que quiere evocar Schmitt en el texto. Por otra parte es la que ha utilizado la escuela española de Derecho público, como es el caso de Ayala, Pérez Serrano y Posada. [*N. de la T.*]

constitucional o cualquier otra cosa del estilo; o bien exige admitir que los derechos fundamentales considerados bajo la fórmula de «la reserva de la ley» y positivizados por leyes ordinarias, vienen a ser simples descripciones generales a las que se deberá atener la legalidad de la Administración. En la medida en que no se dirigen al legislador, sino a los funcionarios que aplican la ley en la Administración y la Justicia, esos derechos fundamentales no suponen en ningún caso la superioridad de la ley (ordinaria) y, por lo tanto, y precisamente porque quedan reducidos sólo a leyes positivas —según la conocida expresión de Richard Thoma— están «vacíos». El jurista positivista se encontraba habituado a trabajar únicamente con leyes ordinarias que desarrollaban la reserva de la ley; como en el caso de las determinaciones de la Ley de Enjuiciamiento Penal (*Strafprozessordnung*) sobre el arresto; no, sin embargo, con los derechos fundamentales o de libertad, no con las garantías de libertad personales como tales. En cuanto que leyes ordinarias, una ley posterior podía reformar completamente esas positivizaciones. La defensa última de los derechos de libertad y de los derechos fundamentales residía en la ley, y en concreto en la ley ordinaria, es decir, en la regulación que procedía de la participación de la representación popular. En el comentario de Anschütz al Acta Constitucional de Prusia de 1850 (*Preussische Verfassungsurkunde*) esta postura quedó expresada en una formulación convincente y fundamental que toca todos los puntos decisivos, particularmente en lo que se refiere a los derechos fundamentales que se consideran más relevantes, la libertad (art. 5, p. 144) y la propiedad (art. 9, p. 161).

Naturalmente, las Constituciones antiguas contenían disposiciones que no podían ser reformadas o simplemente dejadas de lado por una ley ordinaria. Pero, para la garantía de los derechos fundamentales como la libertad personal y la propiedad, se ofrecía únicamente aquella simple protección que conducía, de un lado, a su pérdida de importancia y, de otro, a su vaciamiento. Este destino, a saber, el consumirse en ese dilema, fue también aparentemente transferido de manera inalterada a los derechos fundamentales recogidos en la hoy vigente Constitución del Reich de 1919. En lo relativo a la igualdad ante la ley (art. 109)[3], el precepto actual conserva inmodificada la «vieja teoría» de Anschütz que no vincula de ningún modo al legislador; ni siquiera existe un centro de imputación del concepto jurídico-político de ley como categoría general, así pues, tampoco se proscribe la posibilidad de la excepción legal en el sentido más estricto y burdo de la palabra. En relación con las garantías de la libertad personal, la inviolabilidad del domicilio y

---

[3] El artículo 109 de la Constitución de Weimar reza: «Todos los alemanes son iguales ante la ley. Hombres y mujeres tienen por principio los mismos derechos y deberes políticos. Los privilegios y restricciones, que en materia de derecho público deriven del nacimiento o pertenencia a una clase social determinada deben ser abolidos. Los títulos nobiliarios subsistirán sólo como parte del nombre y en lo sucesivo no se concederán. Sólo podrán concederse títulos cuando designen un cargo o una profesión; esto no afecta a los grados académicos. No podrán ser otorgadas por el Estado condecoraciones ni distinciones honoríficas. Ningún alemán podrá aceptar títulos o condecoraciones de un gobierno extranjero». *La Constitución de Weimar* (Texto de la Constitución alemana de 11 de agosto de 1919. Con dos estudios de W. Jellinek y C. Mortati y un comentario sistemático de sus preceptos por O. Bühler), Tecnos, Madrid, 2010, p. 271. En adelante se citará la Constitución de Weimar por esta edición. [*N. de la T.*]

la libertad de expresión «de los artículos 114, 115 y 118 se puede decir, en efecto —afirma Richard Thoma—, que con todo no llegan a nada» (Nipperdey, *Grundrechtskommentar*, I, p. 33). En el comentario de Nipperdey sobre los derechos y deberes fundamentales de los alemanes, los artículos 114[4] y 115[5] son examinados abordando el estudio de las principales leyes de derecho penal, procesal penal, policía, financiero y otras esferas del derecho (I, pp. 316, 367) que se ocupan de colmar las reservas de ley ordinaria. Sin duda, una empresa útil y de mucho mérito que, no obstante, frecuentemente se retrae del aspecto específicamente constitucional de la garantía de los derechos fundamentales.

La vigente Constitución del *Reich*, sin embargo, recoge bajo el común enunciado de «Derechos y deberes fundamentales de los alemanes», además de las clásicas garantías de libertad, otros muchos preceptos y disposiciones de diferentes tipos, hasta el punto de que, cuantitativamente hablando, los derechos fundamentales en sentido tradicional representan sólo una pequeña parcela de la parte consagrada por la Constitución a los derechos fundamentales. De este modo, en los «Derechos y deberes fundamentales de los alemanes» se in-

---

[4] El artículo 114 reza: «La libertad de la persona es inviolable. Sólo con arreglo a las leyes es admisible que se restrinja o suspenda. A las personas que hayan sido privadas de libertad se les notificará, a lo sumo dentro del día siguiente a su detención, la autoridad y motivos que la han decretado, procurándoles sin demora medios de reclamar contra su detención». *La Constitución de Weimar*, op. cit., p. 277. [*N. de la T.*]

[5] El artículo 115 reza: «El domicilio de un alemán es para él un refugio, y resulta inviolable. No se admitirán otras excepciones que las que se fundamenten en las leyes». *La Constitución de Weimar*, op. cit., p. 278. [*N. de la T.*]

troducen disposiciones legales particulares que normalmente se encuentran en las leyes ordinarias y que desde el punto de vista de su lógica jurídica, en su inmediata aplicación por la Justicia y la Administración, no se diferencian en absoluto de las regulaciones legales propias de otros ámbitos del derecho. Así, por ejemplo, el artículo 123, párrafo 2 (la ley del *Reich* prescribe la notificación obligatoria de las reuniones al aire libre de las asociaciones y establece la facultad de prohibirlas en caso de peligro inminente para la seguridad pública)[6]; el artículo 124, párrafo 2 (la adquisición de personalidad jurídica es libre para toda asociación de acuerdo con las prescripciones del derecho civil; no se puede negar por razón de que persiga fines políticos, sociales o religiosos; es decir, supone una derogación de la ley ordinaria § 61, párrafo 2, y § 43, párrafo 3, *Bürgerliches Gesetzbuch* (BGB) por la ley constitucional)[7]; el artículo 129, párrafo 3, p. 1 (contra cada procedimiento disciplinario susceptible de imponer una sanción oficial ha de abrirse una vía de reclamación)[8], etc.

---

[6] El artículo 123, párrafo 2, reza: «Mediante ley del *Reich* puede establecerse que las reuniones al aire libre requieran de previo aviso, e incluso podrán llegar a ser prohibidas cuando impliquen un peligro directo contra la seguridad pública». *La Constitución de Weimar, op. cit.*, p. 286. [*N. de la T.*]

[7] El artículo 124, párrafo 2, reza: «Toda asociación puede adquirir capacidad jurídica con arreglo a los preceptos del Código Civil. No puede ser denegada la personalidad a una asociación por razón de perseguir una finalidad política, político-social o religiosa». *La Constitución de Weimar, op. cit.*, p. 286. [*N. de la T.*]

[8] El artículo 129, párrafo 3, reza: «Contra este procedimiento disciplinario deberá ofrecerse al funcionario un medio expedito para reclamar y la posibilidad de revisión. En la hoja de servicios no se podrán anotar hechos desfavorables al funcionario, salvo cuando se le haya ofrecido la posibilidad de justificarse respecto a ellos. El

En relación con esta clase de disposiciones, con razón afirma Otto Lenel (*Über die Reichsverfassung*, 1919, p. 28), que «podían encontrarse también en cualquier otra ley [y que] carecen de carácter jurídico fundamental». Hugo Preuss se queja de que «mediante repentinas emisiones de disposiciones especiales» llegasen a introducirse tantas cosas dentro de la segunda parte de la Constitución del Reich, que «las consecuencias pudiesen ser inmensas» (Prot. p. 504). Una consecuencia particularmente importante, aún no previsible o de la que al menos no se era consciente en el verano de 1919, tiene que ver con la siguiente «paradoja»: esas «disposiciones especiales que se aprobaban repentinamente» adquirían fuerza de normas constitucionales en la medida en que, a diferencia de las leyes ordinarias, sólo podían ser modificables siguiendo el procedimiento del artículo 76[9], y no se encontraban limitadas por ninguna

---

funcionario tendrá derecho al examen de su hoja de servicios». *La Constitución de Weimar, op. cit.*, p. 291. [*N. de la T.*]

[9] El artículo 76 reza: «La Constitución podrá ser modificada por vía legislativa; sin embargo, únicamente serán válidos los acuerdos del *Reichstag* que supongan una modificación de la Constitución, cuando se encuentren presentes dos terceras partes del número legal de miembros, y voten a su favor al menos dos tercios de los presentes. Asimismo, los acuerdos del Consejo del Reich (*Reichsrat*) encaminados a reformar la Constitución, precisarán de una mayoría favorable de dos terceras partes de los votos emitidos. Si por iniciativa popular (*Volksbegehren*) se pretende introducir alguna modificación en la Constitución por vía de referéndum (*Volksentscheid*), se requerirá el asentimiento de la mayoría de los electores activos. Cuando el *Reichstag* ha acordado una reforma de la Constitución y el Consejo del Reich (*Reichsrat*) veta (*einspruch*) el acuerdo, el Presidente del *Reich* no podrá promulgar la ley si el Consejo del Reich (*Reichsrat*), en el plazo de dos semanas, reclama la celebración de un referéndum (*Volksentscheid*). *La Constitución de Weimar, op. cit.*, p. 239. [*N. de la T.*]

reserva, como, por el contrario, sucedía con las leyes ordinarias; de manera que en el decir de la conocida, aunque frecuentemente tomada en su generalidad, expresión de Richard Thoma, tenían «fuerza de ley constitucional» con lo que se encontraban amparadas por la más alta protección y resultaban elevadas al más alto rango del derecho positivo. Los derechos fundamentales, los derechos de libertad y los derechos humanos, en el mencionado dilema entre ley positiva y norma programática, quedaban reducidos a optar bien por la insignificancia, bien por la vacuidad. El derecho de cada funcionario a examinar su hoja de servicios (art. 129, párrafo 3, frase 3) venía configurado con una fuerza superior, más protegido y más santificado que todos los derechos fundamentales de libertad personal, inviolabilidad del domicilio, libertad de expresión, etc. Ésta es mi opinión sobre un hecho que no representa simplemente una paradoja, sino un imposible.

Entre los derechos fundamentales tradicionales, es decir, los que se corresponden con el tipo característico del Estado de Derecho burgués[10], y las disposiciones constitucionales, existen también otra clase de protecciones jurídico-constitucionales. De entre ellas nos interesan aquí las garantías institucionales y los institutos[11]. Estos tipos de garantías constitucionales, des-

---

[10] Aunque en su traducción de la *Teoría de la Constitución* de Carl Schmitt, Francisco Ayala traduce la expresión «bürgerlicher Rechtsstaat» por Estado burgués de Derecho, a mí me ha parecido más conveniente traducirlo por Estado de Derecho burgués, puesto que el calificativo burgués afecta al concepto Estado de Derecho, *Rechtsstaat*, en una de sus peculiares configuraciones. [*N. de la T.*]

[11] En español no se utiliza la diferenciación que ofrece el idioma alemán entre instituciones de derecho público —*Institution*— e instituciones de derecho privado —*Institut*—. Además para desig-

conocidas o, en cualquier caso, no frecuentes en la jurisprudencia de preguerra, están siendo poco a poco reconocidas y admitidas. Aquí entiendo que es prioritario proceder a efectuar una revisión de la categoría de la garantía institucional (*institutionelle Garantie*) en el texto constitucional actual. Yo concebí la idea de garantía institucional en mi *Verfassungslehre* (1928, p. 117), sin, no obstante, haber procedido a discernir suficientemente las garantías institucionales de carácter jurídico esencialmente público de aquellos otros institutos jurídicos de carácter privado. Entre tanto, una serie de autores se han venido adhiriendo a los puntos de vista que conducen a aceptar estas peculiares garantías que, además de introducir un poco de orden en la confusa pluralidad de la segunda parte de la Constitución, posibilitan establecer algunas distinciones.

El artículo 127 RV[12] puede ser reconocido perfectamente como una garantía institucional. Así lo hacen, por ejemplo, Anschütz en sus *Comentarios* (10.ª ed., 3.ª reimpresión revisada, p. 510); Giese [8.ª ed., p. 271: garantía de una administración autónoma («*Selbstverwaltung*») descentralizada gracias a los cuerpos administrativos municipales propios; el artículo 127 dispone que «la institución de la autonomía administrativa municipal se encuentra de tal modo protegida por las ga-

---

nar las instituciones el idioma alemán usa las palabras *Einrichtung* y *Anstalt*. Para marcar esa distinción relevante en este texto, he utilizado la palabra «institución» o «institucional» para referir las instituciones de derecho público e «instituto» para referir las de derecho privado. [*N. de la T.*]

[12] El artículo 127 reza: «Los municipios y colectividades municipales intermedias tienen derecho a administrarse autónomamente dentro de los límites marcados por las leyes». *La Constitución de Weimar, op. cit.*, p. 289. [*N. de la T.*]

rantías constitucionales que una supresión de esta institución resulta imposible tanto para el legislador del *Reich* como para el legislador del *Land*»]; Poetzsch-Heffter (3.ª ed., p. 431, donde, y aunque su argumento versa sólo sobre la protección contra los ataques arbitrarios procedentes de las autoridades estatales, también se reconoce un mínimo inviolable a la institución de la autonomía administrativa municipal). Richard Thoma sostiene (Nipperdey, I, pp. 21, 38) que las restricciones legales de la autonomía administrativa no pueden ir tan lejos que lleguen a aniquilar la institución misma; a pesar de todas las restricciones legales debe «quedar algún resto que haga posible que, por ejemplo, el presidente del *Reich* o eventualmente los tribunales de Justicia puedan tomar en sentido formal la autonomía administrativa». Fr. Glum (*ArchöffR* 17, 1929, p. 385), dice que el artículo 127 «ha querido asegurar el acervo histórico de la autonomía administrativa de los municipios y de las mancomunidades en todos los *Land* alemanes que había encontrado la Revolución (de 1919)»; en ello se incluye: la autodeterminación en referencia a la apelación a los órganos, un círculo de asuntos propios y los límites a la inspección estatal. Según Karl Loewenstein (*Erscheinungsformen der Verfassungsänderungen*, 1931, pp. 289 ss.), resulta imposible para una ley constitucional quebrantar o infringir las garantías institucionales; no, sin embargo, suprimir «existencialmente» la institución misma, lo que debe ser impedido a su vez por las garantías institucionales. Lassar afirma en su dictamen, emitido a petición del *Landkreistag* de Prusia (*Hoheitsfunktionen und Dienstverhältnis preussischer Kommunalangestellter*, 1931, p. 43), lo improcedente de las medidas de la legislación ordinaria y de la Administración, que afectan a la «esencia de la institución». Hensel (*Grundrechte und politische Weltanschauung*, 1931, p. 20) alude en el mismo sentido a la «seguridad institucional de la autonomía administrativa establecida en el artículo 127». Ernest Forsthoff, *Die öffentliche Körperschaft im Bundesstaat; eine Untersuchung über die Bedeutung der institutionelle Garantien in den art. 127 und 137 der Weimarer Verfassung* (*Beiträge zum öffentlichen Recht der Gegenwart*, Heft 3, Tübingen, 1931, pp. 100 ss.) dice: «El objeto de la garantía contenida en el artículo 127 RV —tanto en su sentido literal como en su origen histórico no dejan duda al respecto— es la autonomía administrativa municipal como un tipo administrativo peculiar. La autonomía administrativa sólo puede ser concebida como actividad de un sujeto administrativo distanciado de la administración estatal [...] no sería coherente con una interpretación razonable de la Constitución que la administración comunal autónoma resultara socavada, que las tareas de la administración local fueran transferidas al más amplio ámbito de las autoridades estatales».

También allí donde falta la expresión garantías institucionales, se llega a idéntica conclusión en lo que se refiere a la cuestión de la autonomía municipal. Así, en el fallo del Tribunal de Estado (*Staatsgerichthof*) de 10/11 de diciembre de 1929 (RGZ. 126, suplemento p. 22) se afirma: «El artículo 127 RV no supone un simple programa sin contenido jurídico. Afirma de modo vinculante que a los municipios y colectividades municipales les corresponde el derecho de autonomía administrativa. La legislación de los *Länder* federados (*Landesgesetzgebung*) no puede suprimir ese derecho y la administración de los asuntos propios de esos municipios no puede ser transferida a las autoridades del Estado. Tampoco puede restringir la autonomía administrativa hasta el punto de quedar socavada interiormente, de perder la oportunidad de una actuación eficaz e incluso de quedar reducida a una pseudo-existencia». Stier-Somlo en su artículo «Reichsstaatsgerichtshof und das Grundrecht der Selbstverwaltung», *ArchöffR*. 19 (1930, p. 255), ha objetado contra esa decisión, apelando a la cuestión de si los municipios en singular pueden ser titulares verdaderamente de un derecho público subjetivo a la protección frente a incorporaciones forzosas. A su entender existe un derecho de ese tipo, que no es absoluto, sino que se hace presente sólo a modo de principio y se reserva excepciones. En último término, a pesar de su polémica contra el concepto de las garantías institucionales, también llega a una idea cercana a la de esas garantías y está justificado que F. Nadolski (*Die Unterscheidung und Einteilung der Grundrechte in der neuesten staatsrechtlichen Literatur*, Jenenser Diss, 1931, p. 51, nota) señale otra expresión de Stier-Somlo (*Handwörterbuch der Rechtswissenschaft*, II, 1927, p. 508), donde dice que, junto a los derechos fundamentales sociales e individuales, existen una serie de leyes constitucionales, que sirven a la protección de una institución y que el concepto de derecho fundamental se amplía de un modo sin límite e indeterminado cuando de todos esos preceptos se quieren deducir «derechos fundamentales».

En las notas de los *Comentarios* de Anschütz al artículo 127 RV se puede comprobar que la teoría de las garantías institucionales, incluso ahí donde es aceptada *ex professo*, topa con dificultades e impedimentos. Por el extraordinario significado que se concede a las explicaciones, como por la autoridad de que gozan estos *Comentarios* en la doctrina alemana, expondremos aquí brevemente sus consideraciones al respecto. Anschütz parte de que la autonomía administrativa y la vigilancia estatal están ligadas a la limitación que impone la ley, y «*precisamente*», porque el artículo 127 especifica sólo el precepto fundamental de la legalidad de la administración («*dentro de los límites marcados por las leyes*»), dispone un derecho fundamental «vacío», que previamente ha fundamentado su valor en la fuerza del principio general de la legalidad de la Administración. Después sigue: «No se puede negar que el artículo 127 ofrece, aún por encima de este, otro significado más. No sólo vincula la Administración a la ley, sino también al legislador». Esta frase tiene particular interés a la vista de la retracción de Anschütz (en concreto en su comentario al art. 109) en relación con las opiniones que limitan la teoría tradicional de las reservas ilimitadas de la ley ordinaria y del legislador omnipotente. La vinculación del legislador que introduce el artículo 127, consiste en que el legislador limita «*la institución de la autonomía administrativa municipal como tal*», pero no puede «*dejarla de lado*». Ésta es exactamente la nota típica de una garantía institucional. Por supuesto que Anschütz procura inmediatamente hacer superfluo su reconocimiento, si puedo decirlo así, acudiendo a una triple argumentación de sentido contrario: primero, el legislador disfruta de «manos libres» tanto respecto de la organización como en lo que afecta a sus contenidos concretos y también en relación con la configuración de la vigilancia estatal; en segundo lugar, es difícil establecer la línea divisoria entre las leyes que limitan la autonomía administrativa y aquellas que la dejan de lado; y finalmente, y en tercer lugar, «ningún legislador alemán piensa ni pensará nunca en eliminar la autonomía administrativa municipal como tal», por lo que la vinculación del legislador es en la práctica insignificante.

Los tres contra-argumentos, que el mismo Anschütz trae a colación en demérito de su propio reconocimiento de la vinculación del legislador son de muy diferente naturaleza y resultan internamente contradictorios. El primero, opera con la idea de que el legislador dispone completamente de «manos libres» en lo que concierne a la organización en el seno del municipio; un argumento que contradice frecuentemente el punto de partida de «la vinculación [del legislador] que no se puede negar»: porque, o bien el legislador se encuentra vinculado y entonces ya no tiene «las manos libres», o bien cuenta con «las manos [completamente] libres» y entonces ya no se puede hablar de vinculación alguna. Es inherente al sentido de las garantías institucionales de la autonomía administrativa municipal que ciertas notas típicas de las garantías, características y esenciales, tal y como se han ido formando en el desarrollo histórico, no puedan ser dejadas completamente de lado por el legislador ordinario. En consecuencia, el legislador no debe tener las manos completamente libres ni en relación con la organización, ni en relación con los asuntos internos de los municipios, ni tampoco respecto de la figura de la vigilancia estatal, si es que la garantía ha de tener todavía algún sentido. No se cuestiona, pues, que el traspaso de la dirección de todos los asuntos municipales a un *Podestà* estatal, contradiga nuestra idea de autonomía administrativa; o que el hecho de dejar de lado el derecho de los municipios a administrar su recaudación de impuestos bajo inspección estatal (no bajo su dirección) choque con nuestra concepción de aquello que es sustancial a la autonomía administrativa municipal; no se discute, por tanto, el hecho de que una ley que pretendiera incorporar sin más todos los municipios con menos de 10.000 o incluso de 100.000 habitantes, a la ciudad vecina, destruiría nuestro concepto tradicional de municipio, y con ello atentaría también contra la autonomía administrativa municipal. Cabe pensar que se trata de casos extremos en los que se puede afirmar que lo que hasta entonces se entendía por autonomía administrativa municipal (el *Staatsgerichthof* en el fallo anteriormente citado de 10 de diciembre de 1929, utiliza incluso la expresión «pleno poder de la administración propia» [*kraftvolle Selbstverwaltung*]), no sólo quedaba limitado, sino que había sido dejado de lado e incluso eliminado. Y si cabe decir que el artículo 127 encierra una garantía constitucional, entonces, es que el legislador no dispone en ningún caso de manos libres en relación con ella.

En el segundo de los argumentos esgrimidos por Anschütz, resulta especialmente digno de destacar el hecho de que el autor se sirve de una falacia que, por la frecuencia con que se reitera en las más diferentes cuestiones del nuevo Derecho constitucional, merecería de por sí que se llegara a acuñar un término específico que la identificara. Mientras no disponga de terminología más apropiada, me gustaría llamarlo argumento de la «conclusión ilimitada», puesto que de la dificultad de la limitación, deduce la ausencia de límites; se trata de una conclusión sorprendente desde el punto de vista lógico, pero en apariencia sugerente. Juega un papel importante en la interpretación del artículo 76 del siguiente modo: puesto que es difícil establecer de una manera casuística los límites de la competencia de reforma constitucional, se llega a la conclusión de que la competencia de reforma de la Constitución no conoce límite. El interés por alcanzar una pronta y elegante subsunción bajo la ley en ciertos supuestos parece comprensible y está justificado, y cobra ciertamente mayor sentido cuanto menor sea el rango de la norma, pero no puede operar como argumento constitucional. Tanto el derecho público como el privado conocen casos de difícil limitación de los que nadie puede colegir una ausencia de límites. Por ejemplo, en circunstancias y momentos críticos, resulta extremadamente dificultoso precisar de manera unívoca y sin que quepa lugar a duda, si una medida («*Massnahme*») de la policía o un decreto del presidente del *Reich* son verdaderamente necesarios para conservar el orden público y la seguridad, o precisar qué es lo que teniendo por fundamento esa autorización se encuentra exactamente permitido. Pero, ¿quién podría llegar a pensar en deducir de lo dicho que la competencia del presidente o de la policía, no conoce a resultas de ello límite alguno? En lo que concierne en particular al concepto de autonomía administrativa municipal («*Selbstverwaltung*»), nuestros conceptos jurídicos no están todavía tan equivocados como para impedirnos distinguir actualmente, con buena voluntad y con cierto conocimiento del tema, cuándo nos encontramos ante un supuesto extremo en el que en vez de limitar el autogobierno de una comunidad, se opta por dejarlo de lado. Si lo que se pretende sugerir con esa conclusión sobre la ausencia de limitación es que existe un método para socavar y vaciar discretamente una institución que no puede ser protegida por ninguna garantía institucional, esto, dependiendo del tipo de legislativo y de su composición, puede ser acertado y además bastante peliagudo. Ahora bien, no parece el criterio más apropiado para la interpretación jurídica de una disposición constitucional y resulta sorprendente que, si en aras a la planificación se puede incurrir en la práctica de dejar constitucionalmente indeterminada una garantía, de ello deba concluirse que esa garantía constitucional no existe o que ¡carece de cualquier significado desde un punto de vista práctico! Tal lógica permitiría privar de sentido a numerosas disposiciones del derecho privado, del derecho penal y del tributario. Justamente un jurista orientado al positivismo debería rechazar esa conclusión de la manera más radical.

Con el tercero y último argumento de Anschütz se clarifica aún mejor la contradicción de este segundo argumento. Mientras que el segundo argumento presupone la posibilidad de un legislador *no* bien intencionado, o en cualquier caso que pretenda no respetar la garantía institucional de la «*Selbstverwaltung*», lo que aquí se dice es que ningún legislador alemán piensa, ni llegará nunca a pensar, en suprimir *la autonomía administrativa municipal* como tal. Llegada la ocasión, entonces, confiando en la lealtad del legislador alemán, debería dejarse en sus manos la elección de si lo que está en juego es una decisión respecto del contenido de la autonomía administrativa municipal («*Selbstverwaltung*») o si nos encontramos ante un supuesto que pretende suprimirla de manera definitiva. Pero la garantía institucional del artículo 127 no queda por esta razón vacía de todo contenido práctico, sino que para el legislador que pretenda conducirse de un modo leal supone una contención y una vinculación significativa. Sobre si realmente se puede confiar con seguridad en que «ningún legislador alemán nunca llegara a pensar en» violar la institución de la autonomía administrativa, a pesar de los errores de la actual situación política interior, y a pesar de las numerosas mayorías parlamentarias que se puedan alcanzar en los *Länder* y en el *Reich* a las que Anschütz hace referencia, no se debe decidir nada aquí; queda como una cuestión abierta.

II

Una garantía institucional presupone naturalmente la existencia de una institución, es decir, de un orden de carácter jurídico-público, formado y organizado y, por tanto, definido y diferenciable. En el caso mencionado de la garantía institucional de la autonomía administrativa municipal («*Selbstverwaltung*») del artículo 127, existen personas jurídicas de derecho público titulares de la institución, a través de las cuales la institución, como tal, resulta fácilmente diferenciable y determinable. De ahí que la posibilidad de aplicar la noción de garantía institucional a las disposiciones de este precepto haya encontrado un rápido reconocimiento. En cualquier caso, el hecho de que concurra una persona jurídica pública no constituye una exigencia que baste, de por sí, para asegurar la existencia de la garantía institucional. Cabe hablar de una garantía institucional sin que medie la presencia de un sujeto de derecho público, como sucede en la aludida disposición que hace referencia a los funcionarios alemanes como institución de derecho público con particulares rasgos y como organización típicamente forjada en el desarrollo del Derecho Político alemán. Cuestión diferente, pero que se deriva de la anterior, es hasta qué punto una garantía de los derechos subjetivos —tanto si corresponden al portador de la institución misma, como si se trata de derechos individuales de los sujetos implicados en ella— queda comprendida dentro de la garantía institucional. También esta cuestión puede encontrar varias respuestas dependiendo de la regulación constitucional. Es inadecuado enfrentar alternativamente la garantía institucional al derecho subjetivo, un modo de proceder, sin embargo, que aparece en el artículo 120, párrafo 1, p. 3[13]. Ambos pueden presentarse unidos, aunque, efectivamente, para la interpretación debe tenerse en cuenta que la protección de los derechos subjetivos está *subordinada* a la protección de la institución y tiene el deber de servirla; por tanto, decide el punto de vista institucional y no el interés egoísta individual de quien se encuentra subjetivamente autorizado.

Junto con el artículo 127, se consideran otras disposiciones constitucionales semejantes en las que se advierte también la presencia de la categoría de garantía institucional, fundamentalmente: el artículo 129 relativo a los funcionarios[14], y el artículo 142 referido a la

---

[13] El artículo 120 reza: «La educación de la prole, para que alcance su plena capacidad corporal, espiritual y social, es el deber más importante y un derecho natural de los padres. La comunidad política (*staatliche Gemeinschaft*) vela por su cumplimiento». *La Constitución de Weimar*, op. cit., p. 284. [*N. de la T.*]

[14] El artículo 129, párrafo 1, reza: «El nombramiento de los funcionarios se hace de por vida salvo que la ley no disponga otra cosa. La ley regulará los haberes pasivos que corresponden a los funcionarios y a sus familias. Los derechos bien adquiridos de los

libertad de creación científica[15]. Además de ellos, la doctrina jurídica ha reconocido, asimismo, los siguientes supuestos: para Anschütz el artículo 102 y siguientes, que proclaman la independencia del juez (véase su nota al art. 142, p. 572); para Graf zu Dohna el artículo 105 que prohíbe los tribunales de excepción[16] (véase Nipperdey, I, p. 111); que Karl Loewenstein (*op. cit.*, p. 289, nota 3) perciba en el artículo 105 la presencia de un auténtico derecho fundamental, no contradice en modo alguno su aceptación de la existencia de una garantía institucional en los artículos 102-104[17]. Cabe re-

---

funcionarios son inviolables. Los funcionarios pueden acudir a los tribunales en defensa de sus reclamaciones de índole patrimonial». *La Constitución de Weimar, op. cit.*, p. 291. [*N. de la T.*]

[15] El artículo 142 reza: «El arte, la ciencia y su enseñanza son libres. El Estado garantiza su protección y cuida también de su fomento». *La Constitución de Weimar, op. cit.*, p. 305. [*N. de la T.*]

[16] El artículo 105 reza: «No se podrán establecer Tribunales de excepción. Nadie podrá ser sustraído de la jurisdicción de su juez legal. Esta disposición no afecta a los preceptos legales en materia de Tribunales y Consejos de guerra. Quedan abolidos los Tribunales militares de honor». *La Constitución de Weimar, op. cit.*, p. 262. [*N. de la T.*]

[17] El artículo 102 reza: «Los jueces son independientes, y no están sometidos más que a la ley». *La Constitución de Weimar, op. cit.*, p. 260. El artículo 103 reza: «La jurisdicción ordinaria se ejercerá por el Tribunal supremo y por los tribunales de los Länder». *La Constitución de Weimar, op. cit.*, p. 261. Y el artículo 104 reza: «Los jueces de la jurisdicción ordinaria son nombrados de por vida. Contra su voluntad, sólo en virtud de sentencia judicial y por los motivos y en las formas que prescriben las leyes, podrán ser privados definitiva o temporalmente de su cargo, trasladados a otro puesto o jubilados. Las leyes pueden establecer un límite de edad llegado al cual se jubilen los jueces. Esta disposición no afecta a la excedencia forzosa que se produce por efecto de la ley. Cuando se modifique la organización de los tribunales o sus demarcaciones jurisdiccionales, puede la administración de justicia de un *Länder*

cordar, igualmente, el artículo 137 (las confesiones religiosas como corporaciones del Derecho Público)[18], que en relación con otras garantías y en razón a la independencia del sujeto jurídico titular de esas corporaciones facilita la aceptación de la existencia de una garantía institucional (cfr. Loewenstein, *op. cit.*, p. 289, y particularmente Forsthoff, *op. cit.*, pp. 112 ss.). La garantía del artículo 149, párrafo 3 (facultades de teología)[19], es tratada más abajo en párrafo 3 bajo el *status quo* garantía.

Por lo que concierne a la garantía institucional del funcionariado alemán (arts. 128[20], 129 y 130[21]), la de-

---

decretar el traslado forzoso a otro tribunal o la suspensión de los jueces, pero sólo a condición de que se le abone el sueldo íntegro. Estas disposiciones no se aplicarán a los tribunales de comercio, ni a los de escabinato ni a los jurados». *La Constitución de Weimar*, *op. cit.*, p. 262. [*N. de la T.*]

[18] El artículo 137, párrafo 3, reza: «Las confesiones religiosas (*Religionsgesellschaften*) adquieren personalidad jurídica con arreglo a los requisitos generales del Derecho Civil». *La Constitución de Weimar*, *op. cit.*, p. 300. [*N. de la T.*]

[19] El artículo 149, párrafo 3, reza: «Se conservarán las Facultades de Teología en las Universidades». *La Constitución de Weimar*, *op. cit.*, p. 310. [*N. de la T.*]

[20] El artículo 128 reza: «Todos los ciudadanos son admisibles sin distinción a los cargos públicos de acuerdo con lo que disponen las leyes, y en la medida de su capacidad y aptitud. Quedan derogadas todas las excepciones que afecten a los funcionarios femeninos. Los principios fundamentales de la condición de funcionario se regularán por la ley del Reich». *La Constitución de Weimar*, *op. cit.*, p. 290. [*N. de la T.*]

[21] El artículo 130 reza: «Los funcionarios son servidores de toda la comunidad (*Diener der Gesamtheit*), no de un partido. Se garantiza a todos los funcionarios la libertad de opinión política y de asociación. Los funcionarios gozarán de representaciones especiales según regulará en detalle la ley del Reich». *La Constitución de Weimar*, *op. cit.*, p. 293. [*N. de la T.*]

cisión del Tribunal de Finanzas del Reich de 25 de marzo de 1931 (*Reichssteuerblatt* 1931, Nr. 11, *Entscheidungen des Reichsfinanzhofs* Bd. 28, p. 208) ha interpretado la declaración de inviolabilidad de los derechos adquiridos por los funcionarios (art. 129, párrafo 1, frase 3) en el sentido de una garantía institucional, después de que la resolución previa del 5 de enero de 1931 (*Reichssteuerblatt* Nr. 5) hubiera adoptado el mismo criterio sin utilizar, sin embargo, el término «garantía institucional». En la doctrina científica, la interpretación de la determinación constitucional sobre los funcionarios ha sido reconocida por los siguientes autores: F. Giese, *Kommentar*, p. 275, y *Das Berufsbeantentum*, 2. Aufl., 1930, p. 25 («Los derechos fundamentales de los funcionarios protegen no sólo los derechos fundamentales subjetivos de cada uno de los funcionarios alemanes individuales, sino que, al tiempo y sobre todo, fundan un anclaje constitucional del funcionariado alemán como una institución de derecho público del imperio alemán, de los *Länder* y de las corporaciones públicas»); G. Lassar, *op. cit.*, p. 42 («Esas disposiciones contienen la garantía institucional del funcionariado»); H. Gerber, «Vom Begriff und Wesen des Berufsbeantentums», *ArchöffR.* 18 (1930), p. 74, nota 100 (reconocimiento de una fundamentación constitucional del funcionariado, para la cual apela a Giese, que puede ser interpretada en el sentido de una garantía institucional); W. Schröder, *Die wohlerworbenen Rechte der Beamten (art. 129 RV) in ihrer politischen und juristischen Bedeutung*, Berlín, 1930, como también el artículo: «Was verstanden Beamenschaft und Nationalversammlung 1919 unter wohlerworbenen Rechten dem Beamten?» *Beam-*

ten Jahrbuch 1931, Heft 8, p. 424 («Los derechos de los funcionarios en su individualidad no aparecen ya como lo esencial, sino que lo que se acentúa fuertemente es la conservación de la institución del funcionariado como tal. Esto se corresponde, sin duda, también con el sentido de las negociaciones del 19 de marzo de 1919 en Weimar»); E. Friesenhahn, *Gehaltskürzung und wohlerworbene Beamtenrechte*, Hamburg, Wirtschaftsdienst, 1930, p. 1145 («El art. 129 es, como se deduce de la historia de su origen, un caso típico de una garantía institucional: sentido y fin de la introducción del art. 129, en particular también de su frase tercera del primer párrafo, era el fijar legal-constitucionalmente la institución del funcionariado también para el nuevo imperio alemán»); K. Loewenstein, *op. cit.*, p. 289.

El artículo 142 (garantía de la libertad de enseñanza) sólo puede llegar a formar parte de los «derechos fundamentales de la universidad alemana» por el camino de la garantía institucional, tal y como ha explicado Rudolf Smend. En el tenor literal del artículo 142 no se alude a las universidades; la única determinación de la Constitución del *Reich* que menciona a las universidades, es curiosamente la que en el artículo 149, párrafo 3, garantiza la pervivencia en ellas de las facultades de teología. Pero tanto K. Rothenbücher como Smend, en las respectivas ponencias presentadas a la Dieta de la Asociación alemana de profesores de Derecho Político celebrada en Múnich en 1927 (*Veröffentlichungen der Vereinigung der Deutschen Staatsrechtslehrer*, Heft 4, pp. 37 y 71), llegan a la conclusión de que el artículo 142 protegía la independencia de los profesores universitarios, de manera semejante a como el artículo 102 protege la independencia judicial. Este resultado fue reconocido en la subsiguiente discusión. Para el carácter institucional resulta particularmente digna de consideración la expresión de G. Holsteins (*Hochschule und Staat*, 1928, p. 6), que habla de una «parte del Derecho de organizaciones» y declara la universidad como una «organización» fundada en la autonomía de la vida intelectual. Holsteins ve en la protección de la libertad de cátedra la «defensa de aquellas formas de organización que comprenden y desarrollan formas de vida que obedecen a leyes propias». Y Stier-Sömlo (*ArchöffR.*, 15, 1928, pp. 385 ss.) le da la razón vigorosamente. Anschütz (*Kommentar*, p. 572) considera correcto el punto de vista de las garantías institucionales; el artículo 142, según él, debe «proteger y defender la libertad de cátedra no sólo como un derecho subjetivo del individuo, sino también —y sobre todo— como institución». R. Smend, por su parte, afirma (*op. cit.*, pp. 64 y 71), que la libertad de creación científica, en particular la libertad académica, tiene un «carácter institucional»; este derecho fundamental significa «sobre todo la adecuada posición jurídica de una gran institución pública». En lo que concierne a su contenido y contexto, Anschütz lo describe como sigue: reconocimiento oficial de la autonomía, exoneración del deber de obediencia a las indicaciones de las autoridades académicas de quienes emiten opiniones desde la cátedra; libertad en su actividad respecto de cualquier vinculación con los poderes públicos en lo que se refiere a la tarea académica. Tanto la protección frente a cambios en las situaciones administrativas motivadas por el interés del servicio público, que hasta ahora sólo se encontraba en las leyes ordinarias (z. B. § 96 de la Ley de Prusia relativa a la falta disciplinaria de los funcionarios que no son jueces del 21 de julio de 1852), como la autonomía científica de las universidades, podrían encauzarse hacia las garantías institucionales, al menos en sus rasgos esenciales. Cuando se alude a la libertad de cátedra científica según el artículo 142, no se está defendiendo, como intenta argumentar G. Holstein (*Stiftungsvermögen und Selbstverwaltungsrecht der Universität*, Griefswald, 1925, p. 38), una ampliación de la autonomía administrativa que ya está garantizada en el artículo 127. En ese artículo se habla sólo de la autonomía administrativa de las comunidades municipales, puesto que es una institución, mientras que la «autonomía administrativa» en general e *in abstracto* es ciertamente un principio, pero no una institución. Esta distinción es necesaria en orden a una formulación clara de los conceptos. La disertación de Walter A. E. Schmidt en Kiel (*Abhandlungen zur Reichsverfassung*, editada por Walter Jellinek, Heft 3, 1929), una monografía particularmente minuciosa sobre el artículo 142, adolece del conocimiento del concepto de la garantía institucional; ciertamente parece intuir algo semejante en la p. 141, cuando denomina a la garantía del artículo 149 (conservación de las facultades de teología) «norma organizativa» y se dirige contra una intervención del diputado Mumm en el pleno de la Asamblea Nacional (Sten. Ber., p. 2166 A), en la que suponía que lo que estaría garantizado con él era el número y el carácter de las facultades de teología existentes.

Karl Löwenstein enumera (*op. cit.*, p. 289) todavía unas cuantas garantías institucionales más: artículo 119 (matrimonio)[22]; 139 (descanso dominical)[23]; 153 (propiedad)[24]; 154 (herencia)[25]; 161 (seguros)[26]; 125 (secreto de voto)[27]. En cualquier caso el matrimonio, la propiedad y la herencia no son instituciones jurídicas públicas, sino institutos de derecho privado, de modo que en esos artículos no se trata de las garantías institucionales del derecho público (*institutionelle Garantien*), sino de garantías de instituciones pertenecientes

---

[22] El artículo 119 reza: «El matrimonio es el fundamento de la vida de familia, y de la conservación y aumento de la nación, se encuentra bajo la protección especial de la Constitución. Descansa en la igualdad jurídica de ambos sexos. Es misión del Estado y de los municipios velar por la conservación de la pureza, sanidad y fomento social de la familia. Las familias de prole numerosa tienen derecho a ser auxiliadas para aliviar sus cargas. La maternidad tiene derecho a la protección y asistencia del Estado». *La Constitución de Weimar, op. cit.*, p. 283. [*N. de la T.*]

[23] El artículo 139 reza: «El domingo y los días reconocidos como festivos están bajo la protección de la ley como días de descanso y de consagración espiritual». *La Constitución de Weimar, op. cit.*, p. 302. [*N. de la T.*]

[24] El artículo 153 en el párrafo 1 reza: «La propiedad está garantizada por la Constitución. Su contenido y su limitación se fijarán por las leyes». *La Constitución de Weimar, op. cit.*, p. 315. [*N. de la T.*]

[25] El artículo 154 reza: «El derecho sucesorio queda garantizado dentro de los límites del Derecho civil. Las leyes determinarán la parte de la herencia que corresponde al Estado». *La Constitución de Weimar, op. cit.*, p. 317. [*N. de la T.*]

[26] El artículo 161 reza: «Para atender a la preservación de la salud y la capacidad para el trabajo, a la protección de la maternidad y la previsión contra las consecuencias económicas de la vejez, la enfermedad y los azares de la vida, el *Reich* creará un amplio sistema de seguros con la colaboración directa de los asegurados». *La Constitución de Weimar, op. cit.*, p. 325. [*N. de la T.*]

[27] El artículo 125 reza: «La libertad y el secreto del sufragio quedan garantizados. Las leyes electorales regularán los pormenores». *La Constitución de Weimar, op. cit.*, p. 288. [*N. de la T.*]

al derecho privado (*Institutsgarantien*). El descanso dominical (art. 139) está en conexión con la garantía institucional (*institutionelle Garantie*) de las confesiones religiosas; el artículo 161 es un programa de legislación y aquí sólo puede quedar esbozada la cuestión de hasta qué punto la introducción de un programa legislativo prometido por la Constitución y del cual se derivan leyes ordinarias, puede ser defendido de una modificación por otras leyes ordinarias posteriores. El secreto de voto, como conexión con el derecho de voto democrático del artículo 22[28], no es una institución en el sentido de una organización o de una institución del derecho público. Como, a pesar de todo, Loewenstein, como él mismo dice, no encuentra en la primera parte de la Constitución «suficientes proposiciones con carácter institucional dignas de ser consideradas» —artículo 2 (el ámbito del *Reich*)[29]; artículo 3 (la bandera del *Reich*)[30]; artículo 17 (la Constitución del Estado libre)[31];

---

[28] El artículo 22 reza: «Los diputados serán elegidos mediante sufragio universal, igual, directo y secreto, de acuerdo con los principios de representación proporcional, por todos los varones y hembras mayores de veinte años. Las elecciones se celebrarán en domingo o día festivo. La ley electoral del *Reich* determinará los pormenores». *La Constitución de Weimar*, op. cit., p. 181. [*N. de la T.*]

[29] El artículo 2 reza: «El territorio del *Reich* está integrado por los territorios de los *Länder* alemanes. Mediante la ley del *Reich* se podrán incorporar al *Reich* otros territorios, cuando su población haya manifestado su deseo ejerciendo el derecho de autodeterminación». *La Constitución de Weimar*, op. cit., p. 153. [*N. de la T.*]

[30] El artículo 3 reza: «Los colores de la bandera del *Reich* son negro-rojo-oro. La bandera mercante es negra-blanca-roja con los colores del *Reich* en el ángulo interno de la parte superior». *La Constitución de Weimar*, op. cit., p. 153. [*N. de la T.*]

[31] El artículo 17, en su párrafo 1, reza: «Todos los *Länder* habrán de tener una Constitución republicana (*freistaatliche*). La re-

artículo 1 (república)[32]; artículo 20 (los diputados del pueblo alemán)[33]— , finalmente, «según un sentido amplio del concepto de institución», enumera también los conceptos constitucionales fundamentales de referéndum, pueblo del *Reich*, gobierno del *Reich*, presidente del *Reich* (p. 290); de modo que, absolutamente todo, cada norma y cada concepto, cada palabra de la Constitución se convierte en una institución o en una garantía institucional. A través de estas ampliaciones y diluciones se pone en peligro un concepto claro y útil y se borra la separación propia, como Forsthoff expresó en alguna ocasión, el «distanciamiento» frente a la formación de la voluntad política, que está prevista en la primera parte de la Constitución. Fuera de esto, el error de Loewenstein está en que piensa que, en todos los casos en los cuales se muestra el efecto conservador y estabilizador de la regulación constitucional, está presente una garantía institucional; mientras que de lo que se trata exactamente es de distinguir entre los distintos tipos de defensa, seguridad, determinación, conservación o declaración de invulnerabilidad según el objeto y el tipo de seguridad.

---

presentación popular debe ser elegida por sufragio universal, igual, directo y secreto por todos los hombres y mujeres alemanes del *Reich* (*Reichsdeutschen*), de acuerdo con el principio de representación proporcional». *La Constitución de Weimar, op. cit.*, p. 171. [*N. de la T.*]

[32] El artículo 1 reza: «El *Reich* alemán es una república. El poder político (*Staatsgewalt*) emana del pueblo». *La Constitución de Weimar, op. cit.*, p. 152. [*N. de la T.*]

[33] El artículo 20 reza: «El *Reichstag* se compone de los diputados del pueblo alemán». *La Constitución de Weimar, op. cit.*, p. 180. [*N. de la T.*]

III

Es posible denominar garantía a cualquier tipo de efecto normativo que deriva de una regulación legal arbitraria y así, por ejemplo, cabe afirmar que el § 835 del *Bürgerliches Gesetzbuch* (BGB), encierra una garantía jurídica con fuerza legal en el *Reich*, que obliga a restituir los daños causados por los animales de caza; o que el § 271 HGB, protege (también con fuerza legal en el *Reich*) un derecho de impugnación del accionariado, o que el § 211 *Strafgesetzbuch* (StrGB), «establece» la pena de muerte, etc. Con ello la palabra garantía pierde su sentido específico y conduce a error a la hora de abordar el problema de las garantías constitucionales. Y es que sólo se puede hablar de garantía constitucional en sentido estricto, cuando la propia Constitución se identifica con la garantía que provee, y cuando, por consiguiente, una infracción de la garantía implica, sin más, un daño a la «misma Constitución»; cuando un ataque al objeto protegido supone un ataque a la misma Constitución. De ahí que sea posible mantener que las Constituciones del siglo XIX pretendían proteger básicamente los derechos fundamentales del Estado de Derecho burgués, la libertad personal y la propiedad privada; y, por supuesto, lo hacían situándola bajo la reserva de ley ordinaria que, por así decirlo, mediatizaba la protección y la dejaba al criterio del legislador. De ese modo, un atentado a estos derechos fundamentales venía a ser simplemente un acto anticonstitucional, siempre y cuando no fuera perpetrado a través de una ley. Por el contrario, la disposición sobre la forma del Estado que se deriva de la decisión política fundamental sobre el modo de ser de la existencia política, contiene afirmaciones con las que la Constitución se identifica de tal manera que un ataque contra ellas supone necesariamente un acto de alta traición contra la Constitución. Un segundo tipo de garantía se origina cuando se procede a la reforma tácita por mayoría reforzada de ciertas determinaciones constitucionales a fin de asegurar y evitar —con la ayuda de la fórmula de la Ley Constitucional (art. 76)[34]— la intervención del legislador ordinario en intereses o derechos que, por alguna razón, se consideran dignos de protección. Estamos, en este caso, ante una *garantía constitucional* que es diferente de la garantía institucional. Es formal en el sentido de que no tiene por qué guardar ninguna relación material con las decisiones fundamentales de la Constitución y, porque, como viene siendo característico en el concepto de lo formal, tiene un sentido puramente

---

[34] Es interesante el comentario que hace Bühler a este artículo 76 de la Constitución de Weimar. En él señala que: «Es de lamentar que tampoco se hayan prohibido de manera expresa las reformas tácitas de la Constitución, es decir, aquellas que, sin modificar formalmente el texto de la Constitución, alteran positivamente su contenido. Esto se ha revelado como un proceder muy peligroso, pues el *Reichstag* ha adquirido pronto una práctica muy amplia en este sentido. Mientras que, desde 1919, el número de reformas expresas de la Constitución ha sido relativamente escaso, las modificaciones tácitas han sido lamentablemente frecuentes. Sucede además con tales modificaciones tácitas que jamás ponen en claro qué disposiciones de la ley correspondiente han procedido a cambiar la Constitución, a lo que habría que añadir que de esa manera, en vez de verdaderas modificaciones de la Constitución, a menudo se acuerdan con harta facilidad verdaderas trasgresiones constitucionales para un caso concreto, acciones de trasgresión que no habrían sido toleradas por los redactores originales de la Constitución, pero que desgraciadamente se han generalizado de tal manera, que actualmente pueden llegar a ser admitidas como derecho consuetudinario». *La Constitución de Weimar*, op. cit., pp. 240-241. [*N. de la T.*]

político. De modo que, cuando una Constitución democrática pierde su sentido y finalidad, es posible llevar a cabo «incorporaciones» sorprendentes por la vía de la reforma constitucional tácita. Tal sería el supuesto, por ejemplo, de un movimiento de lucha contra el alcohol que casualmente llegara a alcanzar la mayoría necesaria para reformar la Constitución, y reclamara la proclamación de la prohibición de alcohol como ley constitucional. Así se consigue hacer de la cuestión del alcohol una cuestión política y se utiliza el poder reforzado de la ley constitucional para seguir obligando al pueblo a obedecer a un mandato, incluso cuando no se cuenta con la mayoría simple necesaria para reformar una ley ordinaria, al menos hasta que el oponente no obtenga una mayoría capaz de reformar la Constitución. Naturalmente una orientación contraria, favorable al alcohol, puede utilizar la situación del mismo modo para obstaculizar la prohibición del alcohol. Exactamente otro tanto pudiera suceder en el caso de los adversarios de la vacunación, de los contrarios a la pena de muerte, etc.; de la misma forma se pueden llevar a cabo otras «incorporaciones» sorprendentes. De cualquier manera, se excluye la garantía constitucional del sentido específico que corresponde a la categoría de la garantía, por su reforma dificultada, es decir, porque sólo mira a la defensa frente al legislador, es decir, frente a la mayoría parlamentaria. Por lo demás, la regulación constitucional implica una seguridad, como toda regulación legal, cuyo efecto de fijación y de protección de intereses no se puede denominar, sin más, garantía.

El concepto de la garantía institucional presupone una auténtica garantía y efectivamente implica para nuestro derecho constitucional vigente una garantía constitucional, pero con un objeto determinado, a saber, una institución, porque en caso contrario no cabría hablar de «garantía institucional». Este tipo de garantía se refiere en toda ocasión a algo presente, algo existente, organizado y formado, disponible. Es la garantía de una sustancia existente y de una situación jurídica, y contiene siempre elementos de la garantía de un *status quo*. Junto a ellas existen también *garantías puramente del status quo*, que procuran asegurar con vistas a un determinado plazo —por ejemplo, la fecha de entrada en vigor de la Constitución del *Reich*— a una cierta situación jurídica o a una circunstancia. Ejemplos de una garantía *puramente del status quo* como ésta se encuentran fundamentalmente en disposiciones transitorias donde adquieren el carácter de leyes prohibitivas. Así, el artículo 173, reza: «Hasta que no se promulgue una ley del *Reich* dando cumplimiento al artículo 138, continuarán en vigor las subvenciones que el Estado ha venido otorgando a la Iglesia en virtud de la ley, de un contrato o de cualquier otro título jurídico». O el artículo 174, que advierte: «Hasta que no se promulgue la ley del *Reich* prevista en el artículo 146, párrafo 2, se mantendrá el régimen jurídico vigente». Si no existen garantías de *status quo*, se pueden encontrar garantías conexas o complementarias, añadidas a las garantías constitucionales. Así ocurre, por ejemplo, en el artículo 138. El artículo 138, párrafo 2[35], fue pensado como una

---

[35] El artículo 138 reza: «Los beneficios del Estado a las confesiones religiosas (*Religionsgesellschaften*) que se fundamenten en una ley, pacto, o cualquier otro título jurídico especial, deberán ser suprimidos por la legislación de los *Länder* siguiendo los principios que fijará el *Reich*. Se garantiza a las agrupaciones y confesiones

garantía del *status quo* de los bienes eclesiásticos y está en relación y correspondencia con la determinación del párrafo 1, el cual prevé la supresión de las obligaciones pecuniarias del Estado, es decir, un enfrentamiento entre la Iglesia y el Estado. La situación jurídica en la que tiene que producirse esa supresión, según el párrafo 1, está garantizada por el párrafo 2. Ello significa lo que entiende la, en mi opinión, correcta advertencia de E. R. Huber (*Die Garantie der kirchlichen Vermögensrechte in der Weimarer Verfassung*, 1927, p. 97): el artículo 138, párrafo 1, «prepara la fijación de un *status quo*, cuya garantía se encuentra prevista en el artículo 138 II». La protección de la propiedad y de otros derechos de las confesiones religiosas y de las uniones religiosas a los citados bienes eclesiásticos contiene algo diferente de la protección de la propiedad como una garantía institucional de derecho privado (*Institutsgarantie*) del artículo 153. La propiedad de las confesiones religiosas no es una institución particular de derecho privado, tampoco una modificación de la institución jurídica general de derecho privado «propiedad privada», ni incluso una propiedad estatal, una propiedad fiscal o una propiedad comunitaria, que, gracias al privilegio constitucional establecido en el artículo 153, párrafo 2, frase 4[36], haya venido a convertirse en un tipo particular de

---

religiosas (*Religionsgesellschaften*), la propiedad y otros derechos sobre sus instituciones, fundaciones y patrimonio destinados al cumplimiento de sus fines de culto, enseñanza y beneficencia». *La Constitución de Weimar, op. cit.*, p. 302. [*N. de la T.*]

[36] El artículo 153, párrafo 2, frase 4, reza: «El *Reich* sólo podrá expropiar a los *Länder*, municipios y colectividades de interés general, mediante indemnización». *La Constitución de Weimar, op. cit.*, p. 315. [*N. de la T.*]

instituto (*Rechtsinstitute*). Y aún mucho menos, se trata de una nueva institución; más bien esos privilegios presuponen instituciones y sólo pueden aspirar a ser comprendidos en relación con ellas. La garantía de los bienes eclesiásticos del artículo 138, párrafo 2, significa entonces: 1. Una garantía de un *status quo* que hay que entender como un añadido a la determinación de la confrontación del párrafo 1; 2. Una garantía de la institución «confesión religiosa como una corporación de derecho público» que hay que entender en relación y en el contexto de la garantía institucional del artículo 137[37], como añadida a él. Los bienes eclesiásticos como

---

[37] El artículo 137 hace referencia a la posición jurídica de las sociedades: «No existe iglesia oficial del Estado (*Staatskirche*). Se garantiza la libertad de asociación de las confesiones religiosas (*Religionsgesellschaften*). La creación de confesiones religiosas dentro del *Reich* no estará sujeta a ningún tipo de restricciones. Cada confesión religiosa (*Religionsgesellschaften*) ordena y administra sus asuntos con independencia, dentro de los límites que las leyes imponen a todos. Asimismo confiere sus dignidades sin intervención del Estado ni de las autoridades políticas. Las confesiones religiosas (*Religionsgesellschaften*) adquieren personalidad jurídica con arreglo a los requisitos generales del Derecho civil. Las confesiones religiosas (*Religionsgesellschaften*) continuarán siendo corporaciones de derecho público, siempre y cuando lo hubieran sido anteriormente. Las demás confesiones religiosas (*Religionsgesellschaften*) podrán obtener igual condición jurídica a petición propia si su constitución y el número de sus miembros ofrecen garantía de permanencia. Si se reunieran varias confesiones religiosas (*Religionsgesellschaften*) que tengan la condición de corporación de derecho público, esa colectividad también mantendrá esa condición. Las confesiones religiosas (*Religionsgesellschaften*) que sean corporaciones de derecho público tendrán derecho a percibir tributos tomando como referencia los censos tributarios con arreglo a la normativa jurídica de los *Länder*. Se entenderán equiparadas a las confesiones religiosas (*Religionsgesellschaften*) aquellas otras que propongan realizar en común los ideales de una determinada con-

«asunto propio» de las confesiones religiosas de derecho público ofrecen una cierta analogía, desde este punto de vista, con los bienes de una autonomía administrativa que deben ser garantizados mediante la garantía institucional del artículo 127, en conexión con el artículo 153, párrafo 2, p. 4[38].

Aquí se reconocen de un modo particularmente claro las líneas fundamentales de la construcción de una garantía constitucional, porque se unen diferentes tipos de garantía que se apoyan y se entrelazan unos con otros. Punto de partida y fundamento para toda esta materia continúa siendo la garantía institucional de las confesiones religiosas del derecho público establecida en el artículo 137. En el párrafo 5, frase 1, del mismo artículo se hace referencia también a una garantía de *status quo*: «Las confesiones religiosas (*Religionsgesellschaften*) continuarán siendo corporaciones de derecho público, siempre y cuando lo hubieran sido anteriormente (antes del 14 de agosto de 1919)». Esta frase protege la permanencia de las corporaciones de derecho público en su *status* actual, el cual no puede dejar

---

cepción filosófica. Siempre que la ejecución de estas disposiciones requiera ulterior regulación, ésta será de la incumbencia de la legislación de los *Länder*». *La Constitución de Weimar, op. cit.*, p. 300. [*N. de la T.*]

[38] El artículo 153, párrafo 2, reza: «Sólo podrá realizarse una expropiación cuando lo requiera el interés público (*wohle der Allgemeinheit*) y exista base legal para ello. Se procederá siempre mediando una indemnización adecuada, a no ser que por la ley del *Reich* se disponga otra cosa. En caso de litigio, la cuantía de la indemnización podrá ser libremente discutida ante Tribunales ordinarios, salvo que las leyes del *Reich* dispongan otra cosa. El *Reich* sólo podrá expropiar a los *Länder*, municipios y colectividades de interés general, mediante indemnización». *La Constitución de Weimar, op. cit.*, p. 315. [*N. de la T.*]

de lado, tampoco en la transición, a través de una separación (necesaria, por ejemplo, según el art. 137, párrafo 1 o según el párrafo 3), la hasta ahora constitutiva conexión con la organización estatal. El artículo 173 contiene una nueva conexión *status-quo-garantía* como una disposición transitoria para las «actuales» obligaciones pecuniarias del Estado. La protección de los bienes eclesiásticos dispuesta por el artículo 138, párrafo 2, presupone en cualquier caso la garantía institucional y sirve a su restitución; además presupone también la permanencia de las, hasta ahora, confesiones religiosas de derecho público. El artículo 138, párrafo 1 se refiere a la supresión de las obligaciones pecuniarias del Estado y, aparentemente, es una disposición de separación. Pero en el momento en que la *Reichsgesetz*, que debiera erigirse como norma fundamental para que resulte posible llevar a cabo la separación prevista en el artículo 138, párrafo 1, no tiene efecto y queda provisionalmente postergada a un momento imprevisible, se produce un cambio significativo e incluso una inversión total del sentido originario, tal y como explica Huber (*op. cit.*, 106) con la aprobación de Otto Koellreuter (*ArchöffR.*, 15, 1928, p. 26): «A los *Länder* les está prohibido modificar sus obligaciones financieras con la Iglesia mientras la *Reichsgesetz* no se aplique [...] Como resultado el artículo 138, párrafo 1, impone a los *Länder* mantener sus obligaciones financieras con la Iglesia». El artículo 138, párrafo 2, contiene un significado propio como garantía de los eventuales bienes eclesiásticos, independiente de la separación y, de ese modo, se genera una garantía del *eventual status quo*. No se puede decir que la Constitución de Weimar haya llegado a dominar el difícil problema que ella misma se impuso, al aspirar a vincular la separación Iglesia-Estado con un sistema de garantías de *status quo* e institucionales. Cuando Forsthoff dice que «con el artículo 137 se ha establecido una garantía de cuya dimensión no tenía una representación clara ni siquiera su creador», eso mismo vale también para los efectos de las demás garantías de las confesiones religiosas. Pero, para el conocimiento del sistema constitucional de garantías, las relaciones entre el artículo 137, 138 y el 173 suponen un ejemplo particularmente rico.

La distinción y al mismo tiempo conexión entre las garantías institucionales y de *status quo,* también reaparece en el artículo 149, párrafo 3. En su decir «las facultades de teología están contenidas en las universidades». Cualquiera puede entender esto como una garantía de *status quo* y afirmar, por ello, que las facultades de teología existentes el 14 de agosto de 1919 deberán seguir existiendo en su exacta cifra de cátedras y, allí donde también sea posible, en su situación financiera, incluso en la división de cada una de sus disciplinas dentro de la facultad, etc. Una disposición de ese tipo, dictada el 14 de agosto de 1919, no puede ser tenida por razonable por nadie. El extremo contrario sería ver protegida sólo de una manera muy general la institución «facultades de teología en las universidades alemanas». Tampoco habría nada garantizado si existieran instituciones con el nombre «facultades de teología en la universidad» con indiferencia de cuál fuera su número, el número de sus cátedras, etc. Entre estos dos extremos, es decir, entre una extremada garantía de *status quo* y una garantía institucional mínima, debería moverse la interpretación correcta. El concepto y la palabra «facultades de teología en las universidades alemanas», no puede llegar a construirse de un modo abstracto, sino que, antes bien, sólo resultará comprensible en función de la situación concreta de los siglos XIX y XX alemanes. En consecuencia, bajo esa garantía se encuentra recogido todo lo que se entiende como típico y característico de esa concreta institución: la libertad de cátedra, lógicamente dentro del marco de la confesión que le concierne; el derecho a la autonomía administrativa para los asuntos internos de la facultad, propio de las instituciones científicas; el derecho a doctorarse; pero incluso, la independencia del *status* personal propia de la autonomía de un profesor académico en la universidad alemana, de la cual se desprende una incompatibilidad fundamental entre la pertenencia a una facultad y el hecho de profesar en una orden religiosa, etc. En lo que respecta a la posición respecto a esta cuestión que toma la bibliografía, Walter Landé (*Die Schule in der Reichsverfassung*, 1929, p. 93) señala que el artículo 149, párrafo 3, garantiza constitucionalmente ante todo, la posibilidad de que existan facultades de teología en la universidad y que eso significa que además de las facultades de teología que existían ya el 14 de agosto de 1919, también las demás deberán ser protegidas contra la supresión por medio de una ley ordinaria o por medio de medidas en cada uno de los *Länder*, con lo que se conserva toda la universidad[39]. Y sigue después:

---

[39] Landé enumera (p. 93, nota 267) las facultades de teología evangélica que existían el 14 de agosto de 1919: Berlín, Bonn, Breslau, Erlangen, Giesse, Göttingen, Greifswald, Halle, Heidelberg, Jena, Kiel, Königsberg, Leipzig, Merburg, Münster, Rostock, Tübingen; facultades de teología católicas: Bonn, Breslau, Freiburg, München, Münster, Tübingen, Würzburg. No menciona las Academias como Braunsberg. Desde mi punto de vista también estas son objeto de la garantía del artículo 149, párrafo 3.

«Con ello no se dificulta la limitación del alcance y la formación de facultades, mientras bajo el nombre de "facultad de teología" se conserve el mismo sentido presente en la tradición. Bajo igual reserva están permitidas las transformaciones externas o internas, porque lo único que está asegurado constitucionalmente es la existencia y no la formación». Estas palabras contienen una descripción muy clarificadora del concepto de una garantía institucional, máxime cuando Landé caracteriza a las facultades de teología como «fundamentalmente instituciones estatales puras» (pp. 93-94). También en la ya citada formulación de Walter A. E. Schmidt (*op. cit.*, p. 141), según la cual el artículo 149, párrafo 3, contiene una «norma de organización», hay un reconocimiento del punto de vista de una garantía institucional.

Sin el contexto estricto de una garantía institucional, cualquier garantía constitucional patrimonial o de un *status quo* patrimonial sería, al menos en una república democrática, un privilegio provocador. Desde este punto de vista el tipo específico de la garantía de *status quo* resulta particularmente interesante, tal como se pretende introducir en los numerosos informes y bibliografía sobre la interpretación del artículo 129, párrafo 3 (invulnerabilidad de los derechos adquiridos de los funcionarios). El artículo declara garantizada constitucionalmente la excelencia que han alcanzado los derechos patrimoniales y retribuciones de los funcionarios en la actualidad. Esto no supone sólo la garantía del *status quo* de una determinada clase social (se podría pensar, por ejemplo, que los funcionarios que existían el 14 de agosto de 1929 deberían tener garantizada por una disposición transitoria la cuantía del sueldo de entonces); tampoco significa la garantía del *status quo* de otra clase social que se pudiera establecer; comporta la garantía del *correspondiente ventajoso status quo* del sueldo de cada uno de los funcionarios. Esta concepción no se conforma con que la garantía institucional del funcionariado garantice al funcionario un salario profesional y un seguro razonable. Más bien conduce a una garantía cuantitativa del *standard* legal del sueldo alcanzado hasta el momento. En el núcleo de su argumentación se esconde una variación original del arriba mencionado argumento de la «conclusión ilimitada». Aunque el derecho a un «salario profesional» y a un seguro, cuya garantía está incluida en la declaración de invulnerabilidad de los derechos adquiridos, no se encuentra determinada en su contenido cuantitativo, y en situaciones difíciles puede no resultar fácil tasarla, ¡no por ello puede suceder que el legislador ordinario llegue a reducir los sueldos! El resultado es: los sueldos pueden (y también deben) si los tiempos son favorables, incrementarse; no, sin embargo, volver a disminuir en el caso de que los tiempos no lo sean. Me he opuesto a esta concepción tanto en un artículo sobre el significado para el Derecho Político del decreto ley («Notverordnung und öffentliche Verwaltung», publicado por la Verwaltungsakademie Berlin, 1931, pp. 10 ss.) como en el artículo sobre los derechos adquiridos de los funcionarios y la reducción del sueldo (DJZ, 1931, col. 917 ss.). En el contexto de las reflexiones presentes interesa la controversia como un ejemplo para poder distinguir entre las diferentes garantías, y así poder darse cuenta de que en una Constitución democrática no caben privilegios constitucionales que confieran derechos individuales, más bien, cada una de las protecciones constitucionales de derechos subjetivos de los individuos ha de ser pensada en el contexto y con los límites de una garantía institucional.

IV

Entre las garantías de instituciones de derecho privado o institutos (*Institutsgarantien*) reconocidas en el texto constitucional, junto a la protección del derecho sucesorio del artículo 154 —que ha encontrado un tratamiento particularmente penetrante en Gustav Böhmer (Nipperdey III, p. 250)—, se encuentra, sobre todo, la garantía de la *propiedad como un instituto jurídico* establecida en el artículo 153 RV, que destaca tanto por su contenido como por el reconocimiento general y sin contradicciones de su gran interés científico. Del artículo 153, rico en controversias y disparidad de opiniones, parece que se puede afirmar con certeza al menos una cosa, que recoge una garantía institucional de derecho privado (*Institutsgarantie*). El primero que reconoció y realzó esa garantía en su artículo «Reichsverfassung und Eigentum» (*Berliner Festgabe für W. Kahl*, p. 5) fue Martin Wolff. Henrich Triepel se adhirió inmediatamente a su opinión con el gran peso de su autoridad, cuando en su dictamen jurídico en relación con el decreto sobre el patrón oro y las acciones preferentes de 1924 (p. 25) decía: «La propiedad es inviolable. Lo que se quiere decir con esta frase lapidaria es que la Constitución pone bajo su protección y quiere asegurar, frente a cualquier agresión del poder estatal, la propiedad privada como una institución de derecho privado, así como "los derechos privados concretos ya existentes —o que se puedan generar— de cada uno de los sujetos de derecho"». Los demás comentarios se expresan de modo similar: Anschütz (608/609), Giese (p. 315) y Poetzsch-Heffter (p. 482); también, por ejemplo, Schelscher [*ArchöffR*. 18 (1930), p. 344, y Nipperdey III, p. 207] y W. Hofacker (*Die Auslegung der Grundrechte*, 1931, p. 24), quieren hacer valer absolutamente sólo la garantía institucional de derecho privado.

A pesar de este reconocimiento general permanecen abiertos numerosos interrogantes. La institución de derecho privado «propiedad», ¿debe tener por contenido un dominio individual como hasta el momento o una propiedad «vinculada socialmente»? ¿Debemos entrar en la vieja discusión entre romanistas y germanistas, que sin duda desempeñó su papel en el origen de la historia de los códigos de derecho civil (§ 903)? Quizás sea correcto decir que la «vinculación social» no tiene nada que ver con la institución de derecho privado de la propiedad, porque precisamente la concepción social de la propiedad se dirige contra la institución de la propiedad (así Otto Kirchheimer, *Die Grenzen der Enteignung*, 1930, p. 38). Pero la lucha por la definición tiene aquí un sentido práctico, a saber, determinar la medida de la defensa contra el *legislador*. Que no se trata de una pura controversia teórica lo demuestra ya el hecho de que la conocida «Schutzwürdigkeitstheorie»[40] de Walter Jellinek sobre la expropiación parte de una «debilidad institucional implícita» y de una vinculación social de la propiedad. Se puede seguir preguntando si

---

[40] Literalmente se traduce por «Teoría de la protección de la dignidad» y la expresión ha de entenderse en el sentido de que toda propiedad tiene una función de tutela de la dignidad. [*N. de la T.*]

con la institución de derecho privado de la propiedad
—sea ésta interpretada de modo individualista o socialmente vinculada y, en el último caso, sea desde la perspectiva romanista o germanista— también se debe asegurar un contexto, quizás el entorno actual de los objetos susceptibles de apropiación. Con otras palabras, ¿supone un ataque a esta garantía institucional de derecho privado el que se excluyan determinadas cosas o derechos de la apropiación privada, particularmente si eso se produce en un ámbito muy amplio, de modo que aniquile el sistema económico actual? ¿Es posible, sin agredir a la institución de derecho privado de la propiedad, eliminar la propiedad privada de bienes inmuebles o de los medios de producción? A esta concepción parece oponerse el argumento *e contrario* de los artículos 155 y 156 de la RV. La institución jurídica de la «propiedad» se mantiene intocable como institución de derecho privado, aunque sólo sean objeto de apropiación los bienes muebles o cuando, como propone K. Renner (*Die Rechtsinstitute des Privatsrechts und ihre soziale Funktion*, Tübingen, 1929), desde el punto de vista marxista se reconozcan como objetos de apropiación sólo «el grueso de los bienes de consumo para el gobierno de la casa y también para la casa». Según Renner, también en ese caso, la propiedad como institución de derecho privado se mantiene invariable como libre apropiación. Desde luego si así fuera, entonces tendría razón Otto Kircheimer cuando sugiere que el significado de la garantía institucional de la propiedad privada como tal, resulta extremadamente escaso y podría llegar a ser aceptado por el comunismo más extremo. Junto con estas cuestiones abiertas he de hacer referencia al estado actual de los puntos de vista teóricos

científicamente insostenibles del tratamiento del artículo 153.

Es una doctrina común que *todos los derechos patrimoniales privados* —según Schelcher (*ArchöffR.* 18, p. 368), incluso sin distinción de las esferas privada y pública, *absolutamente todos*— quedan recogidos en el concepto de propiedad del artículo 153. «Todo el artículo 153, dice Triepel (*op. cit.*, p. 16), consecuentemente, también su párrafo segundo, quiere poner bajo la protección de la Constitución los derechos patrimoniales privados en su totalidad». Este precepto funda su concepción en que tanto la propiedad como la expropiación, en las Constituciones antiguas que han servido de modelo a la Constitución del *Reich*, han sido entendidas de ese modo. De hecho, la tradicional protección de la libertad y la propiedad, *liberty* y *property*, comprende la esfera total del patrimonio del individuo, por lo que queda abierta «la reserva de la ley (ordinaria)». La garantía constitucional de la propiedad se extiende, como dice el Tribunal Federal suizo (*Entscheidungen*, 35, I, 571), «à tous les droits privés capables de former le patrimoine de l'individu». Muchas de las Constituciones suizas no aluden sólo a la «propiedad», sino «a todo tipo de propiedad», «toda propiedad», «propiedad y derechos privados», «propiedad y registro», «derechos privados», incluso de «derechos adquiridos» para referirse a la misma garantía (véase E. Ruck, *Das Eigentum im schweizerischen Verwaltungsrecht*, Basler Festgabe für P. Speiser, 1926, pp. 23-24). Al mismo resultado, es decir, que la garantía institucional protege la total esfera privada del patrimonio del individuo, conduce la interpretación del concepto de expropiación, llevada extraordinariamente lejos desde 1924, en el artículo 153, párrafo 2. Pues en el momento en que cada uno de los ataques estatales a la esfera patrimonial se interpreta como una expropiación y se considera indemnizable, se amplía tanto el concepto de expropiación como el de propiedad —en la medida en que la expropiación aparece como una negación de la propiedad—. De ese modo, precisamente porque el interés se dirige sólo a la indemnización, la garantía de la propiedad viene a ser sólo una garantía del patrimonio económico, de modo que la propiedad queda referida sobre todo a la total esfera del patrimonio del individuo. Hasta qué punto están permitidas esas ampliaciones, es en sí una cuestión. En cualquier caso, un concepto tan ampliado de propiedad ya no tiene nada que ver con la institución de derecho privado «propiedad». La institución de derecho privado propiedad se encuentra suficientemente descrita en el § 903 *Bürgerliches Gesetzbuch* (BGB) como propiedad real y consta como institución de derecho privado en contraposición a otras instituciones patrimoniales. Es una institución de derecho privado entre otras. La «esfera total del patrimonio» o también la «totalidad de todos los derechos patrimoniales» no es una institución jurídica de derecho privado; su protección es quizás pensable, posible y previsible, sin embargo, no constituye una garantía institucional. Si partiendo de otras argumentaciones se encuentra en el artículo 153 una garantía de la totalidad de la esfera patrimonial, es, como he dicho, una cuestión que permanece abierta; ahora bien, tomando pie de la garantía institucional no se puede deducir. Martin Wolff ha declarado primero como dudoso (*op. cit.*, p. 6) y finalmente ha negado que la garantía institucional del artículo 153 comprenda todos los tipos de instituciones jurídicas del derecho patrimonial privado (no puede concebir siquiera la extensión que hace Schelcher también a las instituciones patrimoniales de derecho público). «El sentido de la norma constitucional no puede ser que se conserve también cada una de las instituciones patrimoniales presentes actualmente, sobre todo los derechos reales limitados (por ejemplo, el derecho de superficie o la deuda en rentas)». La garantía institucional del artículo 153, párrafo 1 permanece limitada estrictamente al concepto de la propiedad real del derecho civil. Por otro lado, el concepto de expropiación se extiende hasta su disolución. La expropiación era una institución de derecho privado limitable y determinada y aún hoy lo es; solamente en esta clara y reconocible limitación puede ser comprendida como una «confirmación y especificación» de la garantía de propiedad (así, por ejemplo, Schweizer Bundesgericht, 37 I, 521). Si se transforma la expropiación en «una ingerencia puntual en la esfera del derecho patrimonial», entonces cesa de ser una institución de derecho privado. Martin Wolff se aferra a determinadas notas del concepto de expropiación, en particular a la de la «enajenación», con lo que mantiene el carácter de una institución de derecho privado; Paul Krückmann ha buscado con la distinción de los conceptos de expropiación, recaudación, confiscación, cambio de la institución jurídica, contratación forzosa y retroactividad de la ley, al menos, atenerse a un concepto específico de expropiación (*Enteignung, Einziehung*, etc., 1930). En la bibliografía y en las decisiones de los tribunales, sin embargo, que utilizan un concepto de expropiación totalmente vago, ya no puede decirse que el concepto de expropiación, tal como aparece en el artículo 153, párrafo 2, sea una institución de derecho privado. A ese concepto vago se opone la institución de derecho privado «expropiación» que pervive en el Derecho de los *Länder* (*Landesrecht*) en tanto que «concepto constitucional de expropiación» (así Poetzsch-Heffter, DJZ, Sp. 1103). Al mismo tiempo generalmente se afirma que el artículo 153 expresa una garantía institucional de la propiedad. Anschütz, por el contrario, en su comentario al artículo 9 del Acta Constitucional Prusiana (*Preussische Verfassungsurkunde*) de 1850 (p. 155), no considera la propiedad como una institución de derecho privado, sino, de un modo mucho más preciso, la expropiación, y afirma expresamente que el concepto de expropiación de ese artículo de la Constitución prusiana se refiere «sólo a la institución de la expropiación». Hoy es casi al revés: la expropiación pasa de ser una institución jurídica a ser una agresión del Estado, del legislador o de la Administración, al individuo, que debe ser indemnizado. La propiedad, sin embargo, ha de ser garantizada como una institución de derecho privado. Por supuesto que, además y junto a la garantía institucional de la propiedad, el artículo 153, párrafo 1, debe contener otra garantía de otro tipo, que, sin embargo, está expresada con la misma palabra en la Constitución, la cual debe proteger todos los derechos patrimoniales privados pensables. La interpretación actualmente dominante del artículo 153 conduce al resultado de que la palabra «propiedad» en el artículo 153 tiene un significado plural que, en primer lugar, se refiere a la institución de derecho privado de la propiedad, la cual el legislador no puede dejar de lado; en segundo lugar, a todos los derechos patrimoniales privados, por los cuales el legislador está ligado a todas las determinaciones sobre la expropiación que contiene el párrafo segundo.

La garantía de una institución jurídica de derecho privado se orienta, en general, sobre todo a limitar las competencias del legislador; puesto que una garantía de ese tipo es al tiempo una garantía de un complejo normativo con un contenido determinado. Sobre esto es particularmente interesante que Anschütz (*Kommentar*, p. 608), en el artículo 153, párrafo 1, deduzca de la garantía institucional la implícita limitación del legislador y afirme que «ninguna ley, tampoco una ley ordinaria del *Reich*, puede eliminar la propiedad como tal y en general como una institución de derecho privado». Sin embargo, al mismo tiempo, la expropiación en el sentido del artículo 153, párrafo 2, pierde el carácter de una institución de derecho privado y simplemente viene a expresar la ley fundamental general según la cual se prevé una indemnización para gravámenes especiales, en los que se impone un sacrificio especial a un individuo (así Furler, «Das polizeiliche Notrecht und die Entschädigungspflicht des Staates», *Verwaltungsarchiv* Bd. 33, 1928, pp. 399-400; Anschütz, *Kommentar*, pp. 611-612); o como sucede en el caso de Walter Jellinek, sólo cuando se trata de defender dignamente un derecho dañado, entra en lugar de una garantía institucional un principio general de justicia. De ese modo corren parejas las diferentes protecciones. Ruck dice, por ejemplo (*op. cit.*, p. 27), un ataque a la garantía de la propiedad daña generalmente al mismo tiempo el derecho constitucional de *igualdad ante la ley* y supone «en la regla también un tratamiento jurídico desigual». El inevitable «y viceversa» está cerca. Del mismo modo que la «nueva doctrina» de la igualdad del artículo 109 introducida por Triepel y Leibholz se convierte en un principio general de justicia, aquí el artículo 153 se extiende y ambos significan finalmente sólo que se prohíbe al legislador un tratamiento preferencial, es decir, efectuar desigualdades objetivas no fundamentadas, la injusticia y la arbitrariedad. Si en vez del legislador fuera el juez quien decidiera sobre si está presente o no una injusticia, eso significaría, llevado hasta su última formulación jurídica, que el Estado, que hasta ahora era un *Estado legislativo* y que, por supuesto, había sido pensado y querido como tal por la Constitución de Weimar, se habría transformado en un «Estado judicial» (*Justizstaat*)[41]. Ésta es una transformación fundamental tanto del Estado como de la Constitución en su totalidad. En el comentario citado sobre la Constitución prusiana de 1850, Anschütz dice de la garantía de la propiedad de esa Constitución lo siguiente: «*Para el legislador la propiedad no es inviolable*» (p. 161). En el § 903 *Bürgerliches Gesetzbuch* (BGB) se afirma: el propietario de una cosa puede, siempre que no comparezcan derechos de terceros, operar con la cosa a su arbitrio. Entonces la «omnipotencia de la ley» característica del Estado legal era aún evidente. Los equívocos de la situación actual consisten fundamentalmente en que ese principio ha quedado eliminado en favor del Estado judicial (*Justizstaat*), sin que se lle-

---

[41] El término «Justizstaat» se utiliza aquí en el sentido de una Teoría de la Constitución o de una Teoría del Estado general. No está mirando a la contraposición entre tribunales ordinarios y tribunales administrativos, lo cual era característico de la situación del siglo XIX en Alemania. Designa un Estado, cuyas decisiones políticas últimas están sometidas a una autoridad judicial independiente, es decir, no responsable políticamente, ejerza el juez una jurisdicción «ordinaria» civil, administrativa o estatal. (Schmitt realiza una caracterización de los tipos de Estado en su ensayo *Legalität und Legitimität*, Duncker & Humblot, München/Leipzig, 1932. *N. de la T.*)

gue a ser capaz de esgrimir un principio claro y sencillo coherente con él.

Para el tema de la investigación presente, basta con afirmar que la reflexión sobre las garantías institucionales está aceptada generalmente, pero necesita de posteriores distinciones, si no, no se hubiera podido concebir la garantía de la propiedad del artículo 153, párrafo 1, como una garantía institucional de derecho privado y al mismo tiempo en el párrafo 2 omitir la expropiación como institución de derecho privado. La razón por la que la idea de la garantía institucional resulta esclarecedora es que en cada una de las garantías de los tradicionales derechos fundamentales, incluso cuando no esté garantizada ninguna institución en sentido estricto, se puede encontrar la *garantía de una regulación en el sentido típico tradicional*. Así, por ejemplo, la protección de la libertad personal no se puede entender como la protección de una institución jurídica, puesto que la libertad no es una institución; a pesar de todo, sin embargo, el artículo no cae ni en la insignificancia de ser un mero programa de buenas intenciones, ni en el vacío como consecuencia de la reserva de la ley. No queda, desde el punto de vista de una teoría de la Constitución, atrapado en el dilema inevitable de la jurisprudencia de preguerra. Tiene más bien el sentido de garantizar la tradicional, típica y acostumbrada *limitación* de la intervención en la libertad. El hasta qué punto el legislador a través de la regulación procesal de la detención, del registro domiciliario, de la inspección del correo, etc., puede intervenir en los derechos fundamentales protegidos constitucionalmente, es fuertemente modificable; pero mientras esté presente la conciencia del Estado de Derecho burgués, aún se puede reconocer cuándo el legislador ha sobrepasado el máximo que se le concede por la reserva de la ley. Cuando una disposición especial como, por ejemplo, la presentación de un preso como tarde el día después (vid. art. 114, párrafo 2), se introduce como una regulación constitucional, eso es una expresión de que la reserva de la ley ante los derechos de libertad no puede ser ilimitada. Si el legislador pudiera abandonar a su antojo la intervención en, por ejemplo, el poder discrecional de algunas autoridades, eso significaría contradecir la protección de los derechos fundamentales de libertad. Por tanto, las garantías de libertad de la Constitución del *Reich* se pueden distinguir de las garantías institucionales de derecho privado, y en ellas descansa una medida típica tradicional de una regulación legal. Sólo en cierto aspecto esa vinculación del legislador es semejante a una garantía institucional de derecho privado. Porque la regulación tradicional de la detención y el encarcelamiento, del registro domiciliario o de la inspección del correo no funda ninguna institución jurídica, como sí ocurre en el caso del matrimonio, la propiedad y el derecho de sucesión.

V

Los derechos fundamentales clásicos del Estado de Derecho burgués son derechos de libertad: libertad personal, propiedad privada como libre arbitrio sobre lo que se posee, libertad de movimientos, libertad de expresión, libertad de asociación. La libertad no es una institución de derecho privado, ni una organización (*Einrichtung*), ni una formación (*Anstalt*) de ningún tipo. Mucho menos puede ser una institución de derecho público. Su contenido no está regulado por causa del Estado; no subsiste según la «medida de la ley»; tampoco puede, si no quiere convertirse en un modo de hablar falaz, estar bajo reserva, de manera que su cumplimiento descanse en el poder discrecional de otro, bien sea del legislador, del gobierno, de la policía, del juez, del sacerdote, del médico, del maestro, del educador, del vigilante o de lo que sea. Una libertad, cuya medida y contenido determina otro, quizás sea una libertad más alta, más noble, más verdadera, más benevolente; pero desde luego no es lo que se entiende por libertad en un Estado de Derecho burgués. Los precursores de la lucha por la libertad liberal siempre sospecharon de esos predicados tan nobles. Tampoco es una casualidad que en el *Egmont* de Goethe sea el Duque de Alba quien frente a la lucha por la libertad de los holandeses sostenga el principio de legalidad: «¿Libertad? Una bella palabra si se entiende adecuadamente. ¿Qué entiende usted por libertad? ¿Cuál es la libertad más libre? ¡Hacer lo justo! Y así usted no obstaculizará al rey».

Lo que sea libertad sólo puede decidirlo en último término quien debe ser libre. Si no se extingue la libertad de la experiencia humana. Esa libertad, es decir, la libertad de cada individuo, está por desgracia progresivamente amenazada y necesita por eso una defensa y una seguridad. De ahí viene toda la insistencia en protegerla por medio de todo tipo de regulaciones jurídicas y de organizaciones estatales; a las que se da el nombre de garantías de libertad. El derecho fundamental de la libertad, es decir, de una esfera libre frente al poder del Estado, está rodeado de instituciones de derecho privado, regulaciones típicas e incluso de las instituciones estatales, cuya garantía, sin embargo, significa algo diferente a la garantía de la misma libertad. Yo he hablado en el artículo sobre el contenido y el significado de los derechos fundamentales (*Handb. des deutschen Staatsrechts*, II, § 1010, p. 210) de instituciones de derecho privado y de garantías conexas y complementarias y con ello he acuñado una expresión que Karl Renner asumió en el libro ya citado sobre las instituciones de derecho privado y de cuya gran importancia he sido consciente gracias a las indicaciones del Dr. Frank Neumann y Otto Kirchheimer (en un seminario de teoría constitucional de la Handels-Hochschule de Berlín, verano de 1931). Efectivamente el concepto de las garantías conexas y complementarias en la teoría constitucional de las garantías de libertad no tiene el mismo sentido y la misma función que el concepto de las instituciones conexas y complementarias en Renner, del que depende que esas instituciones de derecho privado desplacen a la institución principal y asuman su función social. Según Renner, por ejemplo, la función social de la propiedad privada en la economía capitalista está silenciada y es asumida por instituciones conexas. En el momento en que, por ejemplo, el inquilino de una casa es detenido, el propietario que la alquila permite la detención de un extraño y con todo conserva la exigencia del tributo (p. 97); el propietario que arrienda se apropia de la plusvalía realizada por el inquilino a través del aseguramiento de la función productiva del propietario en el contrato de arrendamiento del inquilino. De este asunto es interesante para el tema que nos ocupa, que también Renner distinga entre instituciones de derecho privado (*Instituten*) y de derecho público (*Ins-*

titutionen), aunque después no utilice esa distinción e incluso ocasionalmente (p. 179) llegue a hablar de instituciones de derecho privado con carácter público. Por supuesto que es ésta una cuestión terminológica, como también lo es la distinción aquí planteada entre instituciones de derecho privado y de derecho público, que sirve al fin de clarificar la cuestión de las garantías institucionales.

Para Renner, la finalidad del concepto de las instituciones de derecho privado conexas y complementarias tiene el sentido de remitir al desarrollo histórico concreto del paso de un sistema económico a otro. Por el contrario, en una investigación de teoría constitucional como la presente se trata de otra cuestión, a saber, de qué tipos de garantías constitucionales se encuentran en un derecho fundamental y en qué etapas se ejecuta el desarrollo y la construcción de esas garantías. Este problema se origina inevitablemente en el caso de los típicos derechos fundamentales de libertad de una Constitución de un Estado de Derecho burgués, puesto que sus libertades son generales, derechos de libertad iguales, es decir, *no* son instituciones o configuraciones y pretenden alejarse lo más posible del concepto medieval de las libertades en el sentido de exenciones, inmunidades y privilegios, es decir, en lo referente al carácter institucional de la «libertad». El Estado de Derecho burgués quiere ser, al menos en su configuración democrático-liberal, tal y como lo entiende la Constitución de Weimar, justamente lo contrario de un Estado de privilegios de ese tipo. Richard Thoma, con razón, ha encontrado el carácter definitorio de la democracia en ese rechazo de los privilegios (*Erinnerungsgabe für Max Weber*, Bd. II, p. 39). Cierto que, mientras siga existiendo la confianza en el legislador y en el Estado legislativo, basta con la garantía general de la libertad y, para no abandonarse a lo que venga después, con la reserva de la ley (ordinaria). Tan pronto como cesa esa confianza, aparecen nuevas garantías que ya no se orientan a proteger inmediatamente la misma libertad, sino a proteger las normas e instituciones defensoras y protectoras de la libertad. Mientras no se hace presente la conciencia del problema constitucional, estas son asistemáticas, pero incluso, al final, más fuertes y santas que los mismos derechos fundamentales de libertad, como se ha mostrado arriba (en el apartado I) al considerar el problema actual. En concreto surgen regulaciones típicas, instituciones de derecho privado y público, que a su vez pueden ser aseguradas constitucionalmente. Este desarrollo se observa frecuentemente en la historia. Un buen ejemplo es el desarrollo de la garantía especial de la libertad de prensa, frente a la garantía general de la libertad de expresión.

Cada uno de los estadios de ese proceso ha sido explicado en la tesis doctoral de G. Scheidemann que se presentó en la Handels-Hochschule de Berlín. En ella se ve que la libertad de expresión, un derecho de libertad del Estado de Derecho burgués de particular importancia política, queda ligado a la garantía de la «libertad» de un cierto medio técnico de expresión de las opiniones: la prensa. De ese modo, la incondicionada libertad de expresión se convierte en una incondicionada libertad de prensa, lo cual en sí mismo no resulta igual. El artículo 122 de la Constitución francesa del 24 de junio de 1793 alude ya a una «liberté indéfinie de la presse», en cualquier caso desacostumbrada, puesto que en 1789 no se olvidó prever la reserva de la ley para el caso de otros derechos de libertad. En el tiempo de la Restauración, después de 1815, se construyeron consecuentemente de un modo muy rápido una serie de organizaciones y de libertades especiales, que debían favorecer la libertad de expresión a través de la prensa con el resultado final de que la prensa vino a ser una industria privilegiada. El privilegio se muestra en que *todas* las declaraciones de la prensa, aun en el caso de que no fueran expresiones de opinión, es decir, por ejemplo, comunicaciones con un contenido objetivo, como noticias políticas, resultados bursátiles, valor del dinero, etc., incluso anuncios (sección informativa o sección de publicidad), participan de las ventajas de la libertad de prensa; de modo que la reserva de la ley en este caso es menos extensa que en los demás, porque la libertad de prensa vale como «*Polizeifest*» (una fortaleza frente a la policía) (Anschütz), en el sentido de que las competencias policiales generales, que generalmente vienen a limitar, en tanto competencias legales, otros derechos de libertad, son ineficaces para limitar la libertad de prensa. Particularmente la industria de la prensa está asegurada contra caución, contra la imposición de aceptación de concesiones, incluso contra tributación y subida de impuestos. El artículo IV de la Declaración de Derechos Fundamentales de Fráncfort de 1848 contiene una completa descripción de esta libertad de prensa exclusiva respecto de la, por otro lado, institución semejante de la libertad de expresión: «La libertad de prensa no puede bajo ninguna condición y de ningún modo ser limitada, suspendida o eliminada por medidas preventivas, en concreto, censura, concesiones, órdenes de seguridad, imposiciones del Estado, limitaciones de las imprentas o de las librerías, prohibición postal u otras contenciones del libre tráfico». Actualmente la Ley de Prensa del *Reich* del 7 de mayo de 1874 es el fundamento jurídico de la libertad de prensa. Pero aparentemente resulta indiscutible la concepción, también referida por un autor experto en esta materia, Häntzschel (*Kommentar zur Reichspressegesetz*, 1927, p. 17), de que esas garantías legales de la prensa no tienen fuerza legal constitucional. Se pueden «disponer para la prensa sucesivas limitaciones especiales a través de posteriores leyes ordinarias del *Reich*, como si estuvieran prescritas o permitidas por la ley actual. A través de leyes posteriores pueden incluso los órganos y funcionarios de la Administración estatal decretar órdenes para limitar la prensa (RGSt. 55, 80), a pesar de que ello contradiga la idea fundamental de la libertad de prensa y la ley de prensa del *Reich*». La libertad de prensa es, con otras palabras, actualmente sólo un derecho fundamental con fuerza legal ordinaria en el *Reich*, porque se ha olvidado o no se considera necesario concederle la seguridad que se concede a otros muchos intereses. La opinión de Häntzschel de que la idea fundamental de una libertad de prensa queda con ello dañada, es absolutamente cierta. Si el artículo IV de los Derechos Fundamentales de Fráncfort fuera derecho constitucional vigente, entonces la libertad de prensa sería una garantía conexa semejante a la institucional de derecho privado frente al derecho fundamental general de la libertad de expresión, como lo es aún hoy según el derecho de prensa vigente, aunque sólo tenga fuerza legal en el *Reich*.

Corresponde al espíritu de una Constitución de un Estado de Derecho el dar validez a las garantías institucionales sólo como garantías conexas o complementarias de la libertad general. Para esta concepción, por ejemplo, la garantía institucional de la sociedad religiosa de derecho público en el artículo 137 es sólo una garantía complementaria de la libertad general de creencia y de conciencia y tiene por objeto poner bajo la protección constitucional «la pacífica práctica religiosa» prevista en el artículo 135[42]. Este ejemplo muestra al mismo tiempo que las garantías institucionales se hacen autónomas y siguen una ley de desarrollo propia, a través de la cual esas instituciones se hacen cada vez más autónomas frente al Estado y los organismos estatales, y están mejor aseguradas, para finalmente dar lugar a corporaciones de derecho público «contractualmente aseguradas» de «un nuevo tipo» (vgl. Ulrich Stutz. *Konkordat und Codex*, Preussische Akademie der Wissenschaften Phil. hist. Klasse 1930, XXXII, p. 14). De modo análogo, sería teóricamente pensable que un «reconocimiento» constitucional de organizaciones de empleados y empleadores, como se deduce de la libertad de asociación del artículo 159[43] y del artículo 165, párrafo 1[44], se convirtiera en una garantía

---

[42] El artículo 135 reza: «Todos los habitantes del *Reich* disfrutan de plena libertad de creencia y de conciencia. La Constitución garantiza el libre ejercicio del culto que está bajo protección del Estado. Ello se entiende sin menoscabo de las leyes generales del Estado». *La Constitución de Weimar, op. cit.*, p. 298. [*N. de la T.*]

[43] El artículo 159 reza: «La libertad de sindicación para la defensa y mejora de las condiciones de trabajo y económicas está garantizada para todos y todas las profesiones. Todos los acuerdos y medidas que tengan por objeto coartar o restringir esta libertad, son contrarias a la ley». *La Constitución de Weimar, op. cit.*, p. 323. [*N. de la T.*]

[44] El artículo 165 párrafo 1 reza: «Los trabajadores y empleados son llamados a colaborar con los mismos derechos que los empresarios en la regulación de las condiciones salariales y de trabajo,

constitucional y posteriormente se llegara a crear constitucionalmente un monopolio de las uniones constituidas y de los sindicatos. No parece necesario planificar todo esto, pero corresponde a la dialéctica de un desarrollo que está teniendo lugar continuamente. El camino de la libertad individual al privilegio es generalmente muy corto; pasa por las garantías especiales y el aseguramiento de la libertad.

* * *

[Nota incluida en la recopilación publicada en 1958 titulada *Verfassungsrechtliche Aufsätze* (Duncker & Humblot, Berlín, 1958), en la que se incluye este trabajo.]

Publicado en la revista *Rechtswissenschaftliche Beiträge zum 25jährigen Bestehen der Handels-Hochschule Berlin*. Verlag Reimar Hobbing en Berlín, 1931, este artículo contiene el desarrollo posterior de la teoría de las garantías institucionales que fue expuesta por primera vez de manera sistemática en la *Teoría de la Constitución* (1928), p. 170, y en 1932 en el artículo impreso más adelante, pp. 182-231[45]. Friedrich Klein ha publicado una gran monografía sobre «Institutionelle Garantien und Rechtsinstitutsgarantien» en el volumen 49 de las *Abhandlungen aus dem Staats- und Verwaltungsrecht,* Breslau, 1934. La teoría de las garantías institucionales se impuso ya en la Constitución de Wei-

---

así como en el desarrollo económico general de las fuerzas productivas. Se reconocen las agrupaciones de ambos y sus convenios». *La Constitución de Weimar, op. cit.*, p. 327. [*N. de la T.*]

[45] Se está refiriendo a otro de los artículos publicados en *Verfassungsrechtliche Aufsätze* (Duncker & Humblot, Berlín, 1958) «Grundrechte und Grundpflichten» (1932), pp. 181-231. [*N. de la T.*]

mar. Klein (*op. cit.*, p. 328) enumera como tales: la independencia de la administración de la justicia, la autonomía municipal, el funcionariado profesional, las confesiones religiosas como corporaciones de derecho público, la libertad de cátedra académica, la inspección escolar y las escuelas, las facultades de teología en las universidades y la seguridad social.

No existe aún una monografía de derecho constitucional sobre el concepto de institución. El conocido libro de Renard, *L'institution*, fuerza la propuesta jurídica original y auténtica contenida en la teoría de Maurice Hauriou hacia unas reflexiones teológicas neotomistas. Existe un manuscrito de Ernst Forsthoff sobre la institución. Roman Schnur ha elaborado una investigación general del tema. Sobre Santi Romano, ver *Über die drei Arten des rechtswissenschaftlichen Denkens*, 1934, p. 24; sobre la nueva bibliografía italiana: Vincenzo Zangara, *La rappresentanza istituzionale*, 2. Aufl., Padua, Cedam, 1952.

Se podría analizar la esencia de la Constitución desde el ángulo de las garantías constitucionales. Ello se correspondería con la perspectiva del pensamiento del orden concreto y además sería apropiado para superar tanto las funcionalizaciones normativísticas como las simplificaciones decisionistas. De los tres tipos de pensamiento jurídico —normativismo, decisionismo e institucionalismo— el institucionalismo es, en la forma del modo de pensar del orden concreto, más adecuado al pensamiento constitucional que el normativismo con su concepto híbrido de una jerarquía normativa y de un control normativo abstracto. Lorenz von Stein entiende por derechos fundamentales constitucionales no los derechos personales de libertad, sino las garantías institucionales, tal como las incluye la instrucción pública y cultural. Al respecto anota Ernst Rudolf Huber, *Deutsche Verfassungsgeschichte seit 1789* (Bd. I, W. Kohlhammer Verlag, Stuttgart, 1957, p. 262) con razón: «Antes de que una historia constitucional formal fijara y asegurara esas instituciones fundamentales (el deber general de escolarización, el orden estatal de los exámenes, la libertad de cátedra y de investigación) y los derechos fundamentales de la instrucción escolar; la reforma universitaria prusiana de la escuela y la universidad de la era Humboldt-Altenstein (1809-1840), las reconoció como elementos fundamentales de la Constitución material del Estado, es decir, del orden fundamental político, en el que el Estado y la Nación encuentran su existencia y su razón de ser».

En la sociología está muy extendido el llamado institucionalismo. Ciertamente no ha sido muy productivo para la jurisprudencia ni la jurisprudencia para él. Las formulaciones más interesantes esperan aún su forma jurídica; como ejemplo citaré la expresión acuñada por Helmut Schelsky de una «institucionalización de la reflexión de la duración». También habría que mencionar aquí la definición del totalitarismo por Brzezinski (*American Political Science Review*, Bd. L, Heft 3, p. 754); para él el totalitarismo no es otra cosa que una pasión revolucionaria institucionalizada, *an institutionalized revolutionary zeal*. En la sociología de la postguerra alemana Arnold Gehlen y Helmut Schelsky realizaron un giro decisivo hacia el institucionalismo. Ahora bien, ellos son más proclives a hablar de integración y dejan el trabajo jurídico desatendido, un trabajo que sí está en la teoría de las garantías institucionales y en *Sobre los tres modos de pensar la ciencia jurídica*.

En la Ley fundamental de Bonn de 1949 fue bien recibida la teoría de las garantías institucionales; ver las indicaciones y anotaciones del siguiente artículo, pp. 179-180[46] y el comentario de Mangoldt-Klein, *Das Bonner Grundgesetz*, 2. Aufl. I, 1957, pp. 83-90. Efectivamente hay que observar que la distinción entre las garantías institucionales de derecho público, «*Institution*», y de derecho privado, «*Institut*», no se puede disolver utilizando la alemanización de la palabra institución con el término «*Einrichtung*» y hablar así de «*Einrichtungs-Garantie*», para lo cual la solución arriba indicada con la garantía de la propiedad ofrece una aleccionadora analogía. También la idea de las garantías conexas y complementarias merece más atención de la que hasta ahora ha recibido.

---

[46] Se refiere al artículo «Wohlerworbene Beamtenrechte und Gehaltskürzungen» (1931). También publicado en *Verfassungsrechtliche Aufsätze, op. cit.*, pp. 174-180. [*N. de la T.*]

SOBRE LOS TRES MODOS
DE PENSAR LA CIENCIA JURÍDICA

CARL SCHMITT

ÍNDICE

NOTA DEL AUTOR 247

I. DISTINCIÓN DE LOS MODOS DE PENSAR LA CIENCIA JURÍDICA................................... 249
   1. El pensamiento de reglas o leyes (normativismo) y el pensamiento del orden concreto ... 253
   2. Pensamiento de decisiones (decisionismo).... 268
   3. El positivismo jurídico del siglo XIX como combinación del pensamiento decisionista y del de reglas o leyes (decisionismo y normativismo) 274

II. EL LUGAR DE LOS DIFERENTES MODOS DEL PENSAR JURÍDICO EN LA EVOLUCIÓN GENERAL DE LA HISTORIA DEL DERECHO 286
   1. La evolución alemana hasta el presente 288
   2. Desarrollo en Inglaterra y Francia 299
   3. El estado actual de la Ciencia Jurídica alemana 304

CONCLUSIÓN.. 313

NOTA DEL AUTOR

En esta obra se basan las conferencias que impartí el 21 de febrero de 1934 en la Kaiser-Wilhelm-Gesellschaft zur Förderung der Wissenschaften, y el 10 de marzo de 1934 en la Tagung des Reichsgruppenrates der Referendare (juristas jóvenes) del Bund Nationalsozialistischer Deutscher Juristen en Berlín.

I. DISTINCIÓN DE LOS MODOS DE PENSAR LA CIENCIA JURÍDICA

Todo jurista que adopta en su trabajo, consciente o inconscientemente, un concepto de derecho, lo concibe bien como regla, bien como decisión o bien como un orden o configuración concretos. Conforme a esto se determinan los tres modos del pensamiento jurídico que se van a distinguir aquí.

Todo pensamiento jurídico trabaja tanto con reglas, como con decisiones, como con órdenes y configuraciones. Pero la concepción última que se posea acerca del derecho, de la cual será deducido todo lo que posteriormente venga a ser considerado jurídico, es siempre sólo una: bien se considera una norma (en el sentido de regla o ley), bien una decisión, bien un orden concreto. También tras todo derecho natural o racional —los cuales son también un desarrollo, llevado hasta sus últimas consecuencias, de un modo de pensar jurídico— se encontrará, como representación última del derecho bien una norma, bien una decisión, bien un orden y, como consecuencia, se definirán los distintos tipos de derecho natural o racional. El derecho natural aristotélico-tomista de la Edad Media, por ejemplo, es un modo de pensar jurídico sobre la noción de orden. El derecho racional de los siglos XVII y XVIII, por el contrario, es en parte un normativismo abstracto y en parte un decisionismo. Según el diferente rango que se atribuya en el pensamiento jurídico a aquellos tres distintos conceptos jurídicos y según el lugar que ocupen, por el cual uno se deduce de otro o uno es reconducido a otro, se distinguen los tres modos del pensar jurídico, el legal o normativo, el decisionista y el del orden y configuraciones concretos.

Cuando en un determinado ámbito del saber se establecen diferentes tipos y modos de pensar, generalmente ocurre que a esa distinción se añaden muchas otras pertenecientes a un ámbito de saber vecino, las cuales, aunque en ocasiones puedan ser precisas, son la mayoría de las veces generales, y han de ser tomadas en un sentido amplio. También las tipificaciones filosóficas o caracteriológicas influyen en la Ciencia Jurídica. También entre los juristas se puede distinguir entre platónicos y aristotélicos, entre ontologistas, idealistas, realistas, nominalistas y entre inteligencias discursivas e intuitivas. Del mismo modo que en cualquier ámbito del saber, también en la Ciencia Jurídica se traslucen las diferentes actitudes humanas generales (*habitus*); se pueden encontrar flemáticos y sanguíneos, naturalezas más inclinadas a lo dinámico y otras más inclinadas a lo estático, voluntaristas e intelectualistas, etc. También se pueden reconocer etapas y edades en la historia del derecho; así, por ejemplo, Savigny ha distinguido entre infancia, juventud, madurez y vejez de un pueblo con el fin de interpretar la necesidad de codificar el derecho como signo del declive de la edad de juventud y para negar la necesidad de un código de derecho civil para el aún joven pueblo alemán. Otra cuestión diferente sería la de si se puede situar la totalidad de la Ciencia Jurídica o algún ámbito o materia de ella de modo particular en un determinado modo de pensar o en un determinado tipo humano; si, por ejemplo, como creo, el pensamiento jurídico auténtico, al menos en el derecho público, es realista, mientras que un nominalismo consecuente pone en peligro o destruye la buena jurisprudencia, y a lo sumo puede tener algún papel en el tráfico jurídico.

No obstante, el tema de esta obra aborda un problema diferente, a saber, examinar y diferenciar no desde fuera, sino desde dentro del propio trabajo jurídico-científico, los distintos modos del pensar jurídico teóricos, prácticos e histórico-intelectuales más destacados. Discurre por el camino de la observación concreta, el cual probablemente conduce mejor a un resultado que las disquisiciones metodológicas generales o de *teoría* del conocimiento sobre la pura posibilidad lógica o las puras condiciones formales de una Ciencia Jurídica en general. A la cuestión sobre si esas disquisiciones generales pueden alcanzar un objeto jurídico concreto o por el contrario se quedan del todo vacías y sin objeto, se puede responder solamente desde la distinción de los tres modos del pensar científico del derecho. Las premisas formales y las supuestas categorías puras en la Ciencia Jurídica son solamente consecuencia de la autoafirmación incondicional de un determinado modo de pensar jurídico. En cuanto éste se reconoce como tal se comprende y sitúa correctamente la lógica de su método de pensamiento.

Es de gran trascendencia saber qué tipo de pensamiento jurídico se impone en un determinado tiempo y en un determinado pueblo. Los distintos pueblos y razas van acompañados de distintos modos de pensar jurídico, y a la supremacía de uno sobre otro puede vincularse un dominio intelectual y con ello político sobre un pueblo. Hay pueblos que existen sin suelo, sin Estado, sin Iglesia, sólo en la «ley»; para ellos aparece el modo de pensar normativista como el único razonable, y cualquier otro modo de pensar jurídico, como inconcebible, místico, fantástico o irrisorio. Por el contrario, el pensamiento jurídico alemán de la Edad Media era claramente un pensamiento del orden concreto. Posteriormente la recepción que del derecho romano hicieron los juristas alemanes desde el siglo XV lo desplazó y promovió un normativismo abstracto. En el siglo XIX una segunda recepción, de no menos consecuencias, la de un normativismo constitucional de fundamentación liberal apartó el pensamiento jurídico constitucional alemán de la realidad concreta de los problemas internos de Alemania y lo desvió hacía el pensamiento normativo del «Estado de Derecho». Es lógico que las recepciones de sistemas jurídicos extranjeros tengan tales efectos. Toda configuración de la vida política está en una inmediata y recíproca relación con el modo de pensar y argumentar específico de la vida jurídica. Por ejemplo, no se puede decir que la conciencia jurídica, la práctica jurídica y la doctrina del derecho (*Rechtslehre*) de una comunidad feudal se distingan del modo de pensar jurídico «comercial» del orden de intercambio del derecho civil, sólo en el método y en el contenido de la realidad jurídica particular; sino que lo significativo en la distinción de los diferentes modos del pensar científico del derecho es que la diferencia fundamental se pone de manifiesto en los presupuestos y fundamentos de un orden global, en las características de lo que se puede considerar una situación normal, una persona normal, y en los concretos tipos de la vida que debe ser considerada justa —reconocidamente propuestos en la vida y en el pensamiento jurídicos—. Sin continuas, ineludibles e imprescindibles manifestaciones concretas no es posible ni una doctrina del derecho (*Rechtslehre*) ni una praxis judicial. Estas apariencias jurídicas, sin embargo, proceden directamente de los presupuestos concretos de una situación considerada normal y de un tipo de persona considerado normal. De ahí que sean diferentes tanto según las épocas y los pueblos, como según los distintos modos del pensar científico del derecho.

1. El pensamiento de reglas o leyes (normativismo) y el pensamiento del orden concreto

Parto de la base de que la distinción de los modos del pensar científico del derecho depende de que el derecho sea concebido como regla, como decisión o como un orden concreto. Es bastante comprensible que cada uno de los tres tipos de pensamiento jurídico tenga la idea específica de su propio tipo —es decir, la norma, la decisión, o el orden concreto— por el concepto mismo de derecho, y niegue a los otros tipos la pretensión de ser un pensamiento «estrictamente jurídico». Por ello nuestro modo de proceder no comienza con contraposiciones como derecho y decisión, derecho y ley, o derecho y orden, puesto que en esas antítesis se oculta ya todo un mundo de previas posiciones. Por la misma razón, sería también más prudente no hablar por igual de normas jurídicas, decisiones jurídicas y órdenes jurídicos, porque no se trata de la contraposición entre derecho y norma, decisión u orden, sino de la distinción entre el pensamiento normativo, el pensamiento decisionista y el pensamiento del orden, cada uno de los cuales pretende tener razón. Cada uno de ellos afirma haber desentrañado el sentido y la esencia del derecho; cada uno se esfuerza por llegar a ser universal y, a partir de sí mismo, juzgar jurídicamente los otros dos conceptos.

Cuando, por ejemplo, solemos hablar de un «orden jurídico» (*Rechtsordnung*), sin previamente haber aclarado la relación que existe entre los términos «jurídico» (*Recht*) y «orden» (*Ordnung*), lo que hacemos es manejar una de las muchas palabras compuestas y ambiguas típicamente frecuentes y apreciadas en el siglo XIX. Existen compuestos conceptuales muy efectivos que unen dos elementos igualmente actuales y esenciales, como son *Nord-Deutschland,* Latinoamérica, etc. En este sentido, es necesaria una palabra como «nacionalsocialismo», porque pone fin a la separación y contradicción que existe entre los conceptos de nacionalismo y de «lo socialista», y, a la vez, de socialismo y «lo nacional». Sin embargo, también hay combinaciones de palabras superficiales, con las que, en vez de una unidad comprehensiva, se consigue solamente una vaga asociación oscilante o un diletante «así o asá». La conjunción de palabras y conceptos «orden jurídico» ya no pertenece al grupo de las buenas palabras combinadas, porque puede ser utilizada para velar la diferencia que existe entre el modo de pensar según reglas y el modo de pensar según el orden. Porque, si en «orden jurídico» se concibe el derecho como norma abstracta, regla o ley —y todo jurista que piensa normativamente lo considera sin más en este sentido—, entonces, partiendo de esa concepción del derecho normativista, todo orden queda convertido en un puro compendio o suma de reglas y leyes. De ahí proceden las conocidas definiciones conceptuales de los manuales, las cuales, bajo el dominio del pensamiento normativista, reducen cualquier orden concreto a reglas legales, hasta el punto de que todo derecho y todo orden quedan definidos como un compendio de reglas o algo similar. Pero también la expresión «orden jurídico» admite lógica y literalmente que, partiendo de la noción de orden concreto, el derecho no se conciba como «regla jurídica», sino que más bien se defina a partir de una idea propia de «orden», y se supere así la apropiación normativista de la noción de derecho y la conversión del orden jurídico en una simple regla jurídica.

Para el modo de pensar jurídico del orden concreto, el «orden», también el jurídico, no es considerado ante todo como una regla o una suma de reglas, sino que, por el contrario, la regla se concibe únicamente como un elemento e instrumento del orden. De ahí que el pensamiento de normas y reglas sea sólo una parte restringida, y precisamente derivada, de la total y plena temática de la Ciencia Jurídica. La norma o regla no crea el orden, tiene más bien, sobre el terreno y en el marco de un orden dado, solamente una cierta función reguladora; en la que la medida de validez, en sí autónoma, de la ley, es decir, independiente de la situación de las cosas, es relativamente pequeña. Por el contrario, característico de un método puramente normativo es el aislamiento y absolutización de la norma o regla (en contraposición con la decisión o el orden concreto). Cualquier regla, cualquier normación legal regula muchos casos. Se eleva sobre un caso particular y sobre la situación concreta, y de ese modo adquiere, como «norma», una cierta superioridad y sublimidad sobre la mera realidad y efectividad del caso particular concreto, de la situación y de la voluntad variable de las personas.

En esa sublimidad se funda el argumento que concede una superioridad al normativista, y hace de él un tipo permanente en la historia del derecho. El pensamiento normativista puede presentarse así como impersonal y objetivo, mientras que la decisión siempre es personal, y el orden concreto suprapersonal. El normativista reclama para sí la justicia impersonal y objetiva frente al personalismo arbitrario de los decisionistas y al feudalismo, al estamentalismo y demás órdenes pluralistas. En todos los tiempos se ha pretendido que deben ser las leyes y no las personas quienes gobiernen. Así, el normativismo interpreta una de las más bellas y antiguas creaciones del pensamiento jurídico de la humanidad, la frase *nomos basileus* de Píndaro, «nomos como rey», de modo normativista: sólo la ley debe «gobernar» o «mandar» y no la exigencia de la situación eventual progresivamente cambiante y menos la arbitraria decisión de las personas. En muchas situaciones históricas y con variaciones, esta frase de *nomos basileus,* de ley como rey, de la *Lex* como único *Rex,* ha tenido una gran eficacia. Continuamente se ha repetido que sólo la ley y no las personas deben gobernar. En los dos milenios de influencia estoica ha seguido ejerciendo su influjo en la formulación de Crisipo[1], según la

---

[1] Edición de los fragmentos de los estoicos de H. von Ammin, t. 111 (1905), p. 314.

cual la ley es rey, vigilante, señor y jefe de lo moral y lo inmoral, lo justo y lo injusto. También las frecuentemente repetidas antítesis entre *ratio y voluntas, veritas y auctoritas* apoyan la pretensión normativista de un gobierno de la ley contrapuesto a un gobierno personal. Los padres de la Constitución americana de 1787 estaban insertos en esa tradición, cuando se esforzaron en regular la Constitución y la vida pública de los Estados Unidos de modo que se lograra un *government of law, not of men* [un gobierno de leyes, no de hombres]. Todos los representantes del «Estado de Derecho» hablan ese lenguaje y hacen del Estado de Derecho un Estado legal[2].

Pero *nomos*, del mismo modo que *law*, no quiere decir ley, regla o norma, sino derecho, el cual es tanto norma como decisión, como, sobre todo, orden; y nociones como las de rey, señor, vigilante o *governor*, pero también juez y tribunal, nos trasladan inmediatamente a órdenes institucionales concretos que ya no

---

[2] Así reza la definición de Estado de Derecho en G. Anschütz, *Deutsches Staatsrecht* en la enciclopedia de Holtzendorff-Kohler t. 2 (1904), p. 593: «un Estado que se halla totalmente bajo el signo del derecho, cuya voluntad suprema no se llama *Rex* sino *Lex;* una comunidad en la que las relaciones entre los individuos, no solamente entre sí, sino sobre todo con el poder estatal, se determinan a través de los preceptos legales; en el que entre gobernantes y gobernados todo sucede según el derecho y no según el *tel* est *notre plaisir de los gobernantes...* El orden jurídico debe mantenerse inviolable también frente a la Corona (von Martitz), debe aparecer la ley como un poder que está ordenado por encima de la voluntad tanto de los gobernados como de personas que gobiernan.» Esta cita es además un ejemplo que muestra la identificación positivista del derecho con la ley (por la cual la «ley» se convierte de modo decisionista, en último término, en una pura resolución de la mayoría del parlamento).

son meras reglas. El derecho como señor, el *nomos basileus*, no puede ser sólo una norma positiva cualquiera o una regla o una disposición legal; el *nomos*, que debe llevar consigo un verdadero rey, ha de tener en sí ciertas cualidades de orden soberanas e inalterables pero concretas. De un simple régimen de funcionamiento o de circulación no se dirá que es un «rey». Si el pensamiento normativista quiere permanecer fiel a sí mismo, ha de referirse una y otra vez sólo a normas y validez de las normas, nunca a un poder o dignidad concretos. Para los normativistas puros, que reconducen siempre el fundamento del pensamiento jurídico a una norma, el rey, el dirigente, el juez, el Estado se convierten en meras funciones de una norma, y el rango superior en la jerarquía de esas instancias es solamente una derivación de la norma más alta, y así sucesivamente hasta llegar a la más alta o más profunda norma, la ley de leyes, «la norma de las normas», la cual, aunque en el modo más puro e intensivo, no es nada distinto de norma o ley[3]. Con ello no se ha logrado, *in concreto,* más que un enfrentamiento político-polémico entre la norma o la ley y el rey o el gobernante[4]; la ley destruye, con ese «gobierno de la ley», el orden concreto del rey o del gobernante; los señores de la *Lex* suplantan al

---

[3] La llamada escuela de Viena, dirigida por Kelsen, ha defendido entre 1919-1932 con particular «pureza» la pretensión exclusivista de un normativismo abstracto. [La teoría del derecho (*Rechtslehre*) de Kelsen se denominaba a sí misma «Teoría pura del derecho». El autor alude a la llamada «pirámide normativa» de Kelsen con la ironía de que no se sabe si la norma más alta —la «Constitución»— no es la más baja, pues se llama «fundamental» (*Grundgesetz*). *N. de la T.*]

[4] El autor dice aquí «*Führer*» aludiendo a la actitud hostil de Kelsen frente a Hitler. [*N. de la T.*]

Rex. Ése es ante todo el fin político concreto de un juego normativista de la *Lex* contra el *Rex*[5]. De un *nomos* real como rey real sólo puede hablarse si el *nomos* significa precisamente el concepto total de derecho comprehensivo de un orden y comunidad concretas. Del mismo modo que en la unión de palabras y conceptos que aparece en la expresión «orden jurídico» los dos términos: «orden» y «derecho» se determinan mutuamente, así también en la conjunción de palabras «nomos-rey». Si el concepto de rey ha de tener algún sentido en esa expresión, el *nomos* ha de ser pensado como un orden concreto de vida y de comunidad; y viceversa, la noción de rey es una representación de orden jurídico conceptual, que ha de ser análoga al *nomos,* siempre que la idea de «*nomos*-rey» pretenda ser una auténtica coordinación de conceptos y no sólo un emparejamiento superficial de palabras. Lo dicho para el «nomos-rey», vale para el «rey-nomos», y con ello nos situamos de nuevo en decisiones e instituciones concretas en lugar de en normas abstractas y reglas generales. Incluso, a pesar del esfuerzo por intentar concebir al juez como un órgano de la pura norma —exclusivamente dependiente de la norma, «sólo sometido a la ley»—, y de ese modo dejar que gobierne sólo la norma, se encuentra uno con órdenes y con una serie de instancias jerárquicas, de modo que no queda uno sometido a una norma pura, sino a un orden concreto.

Puesto que una ley no puede aplicarse, manipularse o ejecutarse a sí misma; no puede ni interpretarse, ni

---

[5] Véase, como ejemplo tomado del pasado siglo en Alemania, la definición de «Estado de derecho» de G. Anschütz citada en la nota 2. [Con esta cita se mitiga la alusión a la situación alemana del momento. *N. de la T.*].

definirse, ni sancionarse; no puede tampoco por sí sola —si no deja de ser una norma— nombrar o designar a las personas concretas que deben interpretar o manejar la ley. Tampoco el concepto de juez independiente, sometido solamente a la ley, es normativista, sino un concepto de orden, una instancia competente, un miembro de un sistema de orden de funcionarios y administradores. Que esa persona en concreto sea el juez competente no viene dado por reglas o normas, sino por una concreta organización de justicia y de nombramientos selectivos concretos. Así, es cierto lo que Hölderling escribió en una nota a su traducción del *Nomos basileus* de Píndaro: «El *nomos*, la ley, es aquí la medida en tanto que es la figura según la cual el hombre se encuentra a sí mismo y a Dios, a la Iglesia y al orden estatal y los viejos preceptos heredados que, de modo más estricto que el arte, conservan las relaciones vitales, en las que con el tiempo un pueblo se ha encontrado y encuentra a sí mismo»[6]. Toda reflexión jurídico-científica acerca de la combinación de ciertas palabras como «orden del derecho», «señorío de la ley», «vigencia de las normas», puede hacerse según los modos del pensar jurídico: el de reglas y normas abstractas y el del tipo de orden concreto. Para el jurista del primer tipo —el que halla la idea de derecho en reglas generales y leyes predeterminadas, independientes del estado concreto de las cosas—, cada manifestación de la vida jurídica —todo mandato, toda medida que se toma, todo contrato, toda decisión viene a ser una norma; todo orden concreto y toda comunidad se disuelve en una serie

---

[6] Obras completas editadas por N. van Hellingrath, L. v. Pigenot y F. Seebass, Berlín, 1923, t. VI, p. 9.

de normas vigentes, cuya «unidad» o «sistema» es igualmente normativo—. El orden, para él, consiste esencialmente en que una situación concreta se corresponda con ciertas normas generales con las que es medida. Ese «corresponder» es, sin embargo, un difícil y discutido problema lógico, porque cuanto más puramente normativista viene a ser el pensamiento normativista, más conduce a una agudizada separación entre norma y realidad, deber y ser, regla y estado concreto de las cosas. Todas las normas vigentes están, mientras lo son, naturalmente siempre «en orden»; el «desorden» de la situación concreta no interesa a los normativistas únicamente interesados por la norma. Pensado de ese modo, el estado concreto de las cosas, visto desde el normativista, no puede nunca ser un desorden contrapuesto al orden.

Es normativa la defensa del precepto legal por el que el asesino es condenado a muerte por la aplicación de la ley penal; en la cual, sin embargo, el crimen no se contempla como un desorden, sino como un simple caso legalmente previsto. Para una lógica jurídico-normativa eso es un caso como cuando, en derecho fiscal, se resuelve por la previsión legal del caso legal una reclamación de impuestos por parte del Estado o, en el derecho civil, una acción de derecho privado. La pena es una «injerencia» en la libertad del criminal, del mismo modo como el impuesto lo es en la propiedad o como el servicio militar lo es en el derecho a la propia vida. Todas esas «injerencias» son indistintamente legales o ilegales. Desde el normativismo no se puede decir nada más acerca de ellas. Todo derecho se reduce a la norma disociada de la situación concreta; lo restante es «mero hecho» y motivo para la «observancia de la ley». El crimen, fundado en la exigencia punitiva del Estado, se reduce de modo normativista a ser el presupuesto de la aplicación de normas, y no es ya más un orden o desorden del mismo modo que no lo es la reclamación de dote basada en los esponsales de una hija. El criminal no quebranta entonces la paz o el orden; él no viola en nada la norma general como regla: él, «desde el punto de vista jurídico», no infringe propiamente nada. Solamente una paz concreta o un orden concreto pueden ser infringidos; solamente sobre la base de un orden se puede llegar a concebir la idea de delito. La norma y la regla abstracta, por el contrario, siguen valiendo de modo inalterado a pesar del «delito». La norma flota sobre la situación concreta y sobre cada hecho concreto; no pierde su fuerza por causa de una conducta que se lleve a efecto contra la norma o la ley. Normatividad y facticidad son «dos planos totalmente distintos»; el deber no se altera por el ser y, según el pensamiento normativista, conserva su esfera invulnerable, al mismo tiempo que, en la realidad concreta, todas las distinciones entre justo e injusto, orden y desorden se convierten en supuestos fácticos de aplicación de la norma. Llegados a este punto, la facticidad y la objetividad del puro normativismo acaban siendo un absurdo jurídico que arruina y disuelve el orden.

Ciertamente es posible imaginarse el funcionamiento previsible de las relaciones contables del comercio como una sencilla función de reglas generales predeterminadas. El transcurrir sin contratiempos, normado y regulado de ese tipo de tráfico aparece como «orden». Existen un campo y una esfera de la vida humana en los que ese concepto de orden funcional sujeto a reglas tiene sentido. Por ejemplo, en el contexto del tráfico de ferrocarril regulado por un horario, se puede decir que quien «gobierna» no es la libertad de decisión personal de unos hombres, sino la objetividad impersonal del horario de circulación, y que, por tanto, ése es un «orden» planificado de circulación. El tráfico bien regulado para las calles de una gran ciudad moderna es la mejor imagen de ese tipo de orden. Ahí también, el último resto de gobierno personal y de decisión libre que un policía de tráfico podía representar, aparece sustituido por señales de color automáticas con un funcionamiento preciso. Un ámbito de la vida cuyo interés estuviera solamente dirigido a la exactitud de una regulación segura, como el orden de una sociedad mercantil individualista-burguesa, podría quizás equipararse a esa idea de orden. Sin embargo, hay otros ámbitos de la existencia humana para los que la extensión de ese funcionalismo regular destruiría precisamente la sustancia jurídica específica del orden concreto. Estos últimos son los ámbitos de la vida que han sido configurados, no del modo técnico-planificado para el tráfico, sino de modo institucional. Éstos tienen en sí mismos la noción de lo que es normal, de lo que es un tipo normal y una situación normal, y su concepto de normalidad no se agota, como es el caso de una sociedad de tráfico tecnificada, en la función calculable de una regulación normal. Tienen una sustancia jurídica propia, que, desde luego, conoce también reglas generales y cierta regularidad, pero sólo como expresión de esa sustancia, sólo como procedentes del propio orden interno concreto, el cual no es la suma de aquellas reglas y funciones. La convivencia de los cónyuges en un matrimonio, los miembros de una familia, los parientes dentro de una estirpe, los miembros de una clase, los funcionarios de un Estado, los sacerdotes de una Iglesia, los compañeros en un lugar de trabajo, los soldados de un ejército no pueden quedar reducidos a una ley funcional predeterminada, ni a una regulación contractual.

La mayoría de las costumbres, regulaciones y cálculos dentro de un orden pueden y deben servirle, pero no crear y agotar la esencia de ese orden. El orden interno concreto, disciplina y gloria de toda institución, mientras dure la institución, repugna cualquier intento de normación y regulación total; coloca a todo legislador y a todo el que aplica la ley ante el dilema de o bien aceptar y utilizar los conceptos jurídicos concretos que vienen dados con la institución, o, por el contrario, destruir la institución misma. Allí donde todavía hay una familia, por ejemplo, tanto el legislador como el jurista que aplica la ley se ven obligados a aceptar, en vez de una disposición abstracta extraída de un concepto general, los conceptos concretos de orden de la institución concreta «familia». El juez y el legislador, al hablar del «buen padre de familia», el *bonus pater familias*, se someten al orden constitutivo de la forma concreta de la «familia». A pesar de todas las disoluciones normativistas del pasado siglo y, a pesar de la codificación del derecho de familia y de otros ámbitos del derecho en un gran número de reglas jurídicas, estas ideas y conceptos son todavía muchos y típicos de un orden sustancialmente institucional contrapuesto a la pura regulación positivista. Todo derecho estamental como tal presupone figuras típicas concretas nacidas del orden de la «situación» concreta y sólo perceptibles desde ella; por ejemplo, la figura del soldado valiente, del funcionario cumplidor, del camarada decente, etc. Esas figuras provocan frecuentemente la crítica y la burla de los juristas normativistas. Karl Binding se jacta de haber retorcido el cuello a ciertos «fantasmas» como el del *bonus pater familias*. Una renuncia aún más incisiva de las formas concretas se muestra en la crítica que el profesor J. Bonnecase ha hecho recientemente a la teoría de la institución de Hauriou, totalmente dirigida por el pensamiento del orden; en ella todo esto se despacha con decir que el concepto de institución es «místico»[7].

Por el contrario, muchos juristas juzgan actualmente como irreal y fantasmagórica la disolución de esas figuras concretas del orden en una suma o en un sistema de normas. Nosotros entendemos mejor un interrogante jurídico importante y damos una solución más justa a una cuestión jurídica, cuando elaboramos una figura concreta como «el defensor de la Constitución», el cual no se puede dar de modo normativo, puesto que, desde el punto de vista normativo, todos los órganos competentes son igualmente «defensores del orden jurídico»[8]; o como el

---

[7] *Une nouvelle mystique: la notion d'institution*, en *Revue générale du Droit, de la Législation et de la Jurisprudence*, 1931-1932. El artículo de Bonnecase contiene sobradamente un excelente material y sigue siendo de valor y digno de lectura. Más sobre Hauriou, *infra* 11, 2.

[8] Frhr. Marschall von Bieberstein, *Verantwortlichkeit und Gegenzeichnung bei Anordnungen des Obersten Kriegsherrn*, Berlín, 1911, p. 392, habla (de modo crítico) de «las opiniones que se van imponiendo en la marcha triunfal del Estado de Derecho, según las cuales se quiere nombrar defensor del orden jurídico a todo órgano estatal, lo mismo da el peldaño de la escalera *en que* se encuentre». Otto Mayer, *Deutsches Verwaltungsrecht*, 2.ª ed., t. II, p. 324, Múnich/Leipzig, 1917, dice: «Las ideas del Estado de Derecho y constitucional parecen acoger bien todo lo que puede servir para asegurar el derecho y la ley contra los abusos de los funcionarios [...]. Así se daría una defensa de la ley de la mejor manera imaginable: todo

«Jefe del Movimiento»[9], al cual un modo de pensar normativo debe convertir en un órgano estatal competente, para introducirlo así en el sistema legal del Estado de Derecho, de la misma manera como se hizo con los monarcas del siglo XIX, degradados como «órgano estatal»[10]; o como cuando nosotros planteamos el problema de las incompatibilidades, es decir, cuando, en relación con una determinada figura concreta de la vida pública, nos planteamos la cuestión de qué funciones y tareas son en ella compatibles o incompatibles: una cuestión que sólo puede ser planteada desde el punto de vista del orden concreto, pero no de modo puramente normativo, porque el normativismo no opera con órdenes concretos, sino sencillamente con «puntos de imputación»[11], para los cuales, naturalmente, todo es compatible con todo y no se dan nunca conscientemente incompatibilidades «internas»[12]. Sabemos que la norma

---

funcionario estaría ya como defensor de la ley frente a su superior».
Naturalmente, se percibió rápidamente que ese modo de dominio general de la ley trastrueca y pone boca abajo el orden concreto de la jerarquía, pero sólo podía ser refutado con razones de oportunidad, no de un modo jurídico normativista propio del «Estado de Derecho».

[9] El autor alude expresamente a Hitler. [*N. de la T.*]

[10] Sobre la ruina del concepto de *Führer* por el normativismo del concepto de vigilancia: Carl Schmitt, *Staat Bewegung, Volk; Die Dreigliederung der politischen Einheit*, Hamburgo, 1933, pp. 36 ss.

[11] Para Kelsen las personas figuran como «puntos de imputación» abstractos. [*N. de la T.*]

[12] El Estado pluralista de partidos de la constitución de Weimar era un «imperio de compatibilidades ilimitadas». En los Estados democrático-liberales que admiten incompatibilidades parlamentarias para los funcionarios, después de que la construcción dual de Estado y sociedad civil no estatal ha venido a ser problemática, surge la cuestión (para un Estado así insoluble) de las llamadas incompatibilidades económicas; sobre esto la documentada tesis

presupone una situación normal y tipos normales. Todo orden, también el «orden jurídico», está ligado a conceptos normales concretos, los cuales no pueden ser deducidos de normas generales, sino que, por el contrario, las normas deben ser engendradas a partir de su propio orden y para su propio orden.

Una regulación legal presupone conceptos normales, que no se derivan de la regulación legal: antes bien la normación sin ellos se convierte en ininteligible, hasta tal punto que llega a ser imposible seguir hablando de «norma». Una regla general debe ciertamente ser independiente de la situación particular y elevarse por encima del caso concreto, porque debe regular muchos casos y no uno solo; sin embargo, ella puede elevarse sólo en una medida muy limitada, sólo dentro de un determinado marco, y sólo hasta una cierta discreta altura sobre la situación concreta. En cuanto sobrepasa esa medida, deja de abarcar y resolver el caso que debe regular. Pierde su sentido y su relación. La regla sigue a la situación cambiante, para la cual fue formulada. Una norma puede permitirse ser tan inviolable como quiera, ahora bien, rige para una situación sólo en tanto en cuanto la situación no se haya convertido en totalmente anormal y sólo hasta que el tipo concreto que se ha presupuesto como normal no haya desaparecido. La normalidad de la situación concreta, regulada por la norma, y del tipo concreto por ella supuesto, no es un presupuesto formal de la norma del que la Ciencia Jurídica puede prescindir, sino un dato jurídico intrínseco para la vigencia de la norma y una determinación nor-

---

doctoral de Ruth Büttner, presentada en la *Handels Hochschule* de Berlín, 1933.

mativa de la norma misma. Una norma pura, sin referencia a una situación y a un tipo de hecho, sería un absurdo jurídico.

Santi Romano, en su *libro L'Ordinamento giuridico*, ha afirmado con razón que es incorrecto hablar de derecho italiano, de derecho francés, etc., y, al mismo tiempo, estar pensando solamente en una suma de reglas, cuando lo cierto es que la compleja y plural organización del Estado italiano o francés extrae su derecho de un orden concreto en el que las instancias y relaciones de la autoridad estatal o del poder estatal, son los que, sin duda alguna, producen, modifican, aplican y garantizan las normas jurídicas, pero a quienes no se puede identificar con ellas. Sólo ese orden es derecho italiano o francés. «El ordenamiento jurídico (*l'ordinamento giuridico*) es una unidad esencial, una entidad que en parte se mueve según reglas, pero que sobre todo mueve ella misma las reglas como figuras de un tablero; por eso, las reglas representan el objeto o mejor el medio del orden jurídico y no un elemento de su estructura»[13]. Con razón añade que un cambio en la norma es más la consecuencia que la causa de un cambio del orden.

2. PENSAMIENTO DE DECISIONES (DECISIONISMO)

La distinción que aquí explicamos entre el pensamiento normativo y el pensamiento del orden se ha des-

---

[13] Santi Romano, *L'ordinamento giuridico*, Pisa, 1918, p. 17. [En realidad la primera edición de esa obra, que es la que Schmitt cita, es de 1917 y no de 1918. Existe traducción al castellano, *El ordenamiento jurídico,* traducción de Sebastián y Lorenzo Martín Retortillo, Instituto de Estudios Políticos, Madrid, 1963. *N. de la T.*]

tacado y dado a conocer notablemente tan sólo en los últimos decenios. En autores anteriores apenas se encuentra la antítesis que señala Santi Romano en el lugar citado arriba. Las antítesis más antiguas no afectan a la contraposición entre norma y orden, sino generalmente a la contraposición entre norma y decisión o norma y mandato. Estas últimas interfieren con otros dualismos como *ratio y voluntas*, objetividad y subjetividad, norma impersonal y voluntad personal, las cuales salieron antes a la luz que la antítesis entre norma y decisión, porque conectaban con viejas disputas teológicas y metafísicas, en concreto con la cuestión de si Dios manda algo porque es bueno o más bien algo es bueno porque Dios lo manda. Ya Heráclito decía que seguir la voluntad de una persona es también seguir un *nomos*[14].

El último fundamento de toda la existencia del derecho y de todo valor jurídico se puede encontrar en un acto de voluntad, en una decisión que, como tal, crea derecho, y cuya «fuerza jurídica» no puede ser deducida de la supuesta fuerza jurídica de unas reglas de decisión; puesto que también una decisión que no se corresponde con una regla crea derecho. Esta fuerza jurídica de las decisiones no conformes a una norma es propia de todo «orden jurídico». Por el contrario, un normativismo consecuente debería conducir al absurdo de que la decisión conforme a la norma tomaría su fuerza jurídica de la norma y, paradójicamente, la decisión contraria a la norma tomaría su fuerza sólo de sí misma, ¡de su propia contradicción con la norma!

---

[14] Νόμος χαὶ βουλῇ πείσεσθαι ἑνός: «También [es] *nomos* el obedecer a la voluntad de una persona».

Para el jurista del tipo decisionista, la fuente de todo «derecho», es decir, de toda norma y ordenamiento que de él deriven, no es el mandato como tal, sino la autoridad o soberanía de una última decisión que viene dada con el mandato. El tipo del decisionista no es menos «imperecedero» que el del normativista. Sin embargo, apareció con claridad más tarde. Ello es debido a que, antes de la desaparición de las concepciones del orden del mundo antigua y cristiana por influjo de la nueva ciencia natural, estaba siempre presente en el pensamiento, como presupuesto de la decisión, una idea de orden. En este contexto, la pura decisión sin más, queda a su vez limitada e incorporada en una idea de orden; esa decisión deriva de un orden presupuesto. Cuando el jurista y teólogo Tertuliano dice: «Estamos obligados a algo, no porque es bueno sino porque Dios lo manda» *(neque enim quia bonum est, idcirco auscultare debemus, sed quia deus praecipit),* esta afirmación suena a decisionismo jurídico; pero al estar subyacente en su pensamiento la idea cristiana de Dios, falta todavía la imagen consciente de un desorden total, de un caos, el cual no podría ser transformado en ley y orden por una norma, sino que se haría precisa una decisión. La decisión impenetrable de un Dios personal está, en tanto se crea en Dios, siempre «en orden» y no es una pura decisión. El dogma católico-romano de la infalibilidad de la decisión papal contiene también elementos jurídicos fuertemente decisionistas; sin embargo, la decisión infalible del papa no funda el orden y la institución de la Iglesia, sino que la presupone: el papa es infalible sólo como cabeza de la iglesia, en virtud de su dignidad, pero no lo es como hombre. También en la teoría calvinista del dogma de la «predestinación sin consideración del pecado», según el cual Dios ha decidido definitivamente, antes del pecado original, sobre la salvación y la condena, la gracia y su negación, para el alma de cada persona, se puede encontrar una actitud decisionista, libre de toda atadura, medida y previsibilidad de la decisión divina. Al tiempo, esa teoría restaura un auténtico concepto de derecho y orden —el de la pura gracia o su negación— desvirtuado por normativizaciones jurídicas o morales. Devuelve a ese concepto de gracia, que el pensamiento legal intenta *siempre* normativizar y relativizar, la imprevisibilidad e inmensurabilidad de un verdadero orden; lo hace pasar de ser un orden normativo humanizado a ser el correspondiente orden divino, elevado por encima de las normas humanas. Tanto en el concepto de Dios «absoluto» de Calvino (Dios *es lege solutus, ipse sibi lex, summa maiestas* [libre de la ley, ley para sí mismo, la suma majestad]), como en su teoría de la predestinación aparecen concepciones teológicas que han influido con su decisionismo intrínseco en el concepto de soberanía del siglo XVI, particularmente en Bodino[15]. Sin embargo, también la teoría de la soberanía de Bodino está aún inscrita en el pensamiento tradicional del orden. En ella subsisten la familia, el estamento y otros órdenes e instituciones legítimos, y también el soberano es una instancia legítima, a saber, el rey legítimo.

---

[15] En G. Beyerhaus, *Studien zur Staatsanschauung Calvins, mit besonderer Berücksichtigung seines Souveranitätsbegriffs*, Berlín, 1910, se encuentra la justificación de la afirmación de que para Calvino Dios también está por encima del *ordo naturae* y del *jus naturae*. El influjo de Calvino en el concepto de soberanía estatal lo trata la tesis doctoral de Karl Buddeberg (1933), que contiene un interesante capítulo sobre la «*teología política*».

El caso clásico del pensamiento decisionista aparece en el siglo XVII con Hobbes. Todo derecho, todas las normas y leyes, todas las interpretaciones de leyes, todas las órdenes son para él esencialmente decisiones del soberano, y el soberano no es un monarca legítimo o una instancia competente, sino que soberano es precisamente aquel que decide soberanamente. Derecho es ley y ley es el mandato decisivo para el conflicto jurídico: *Auctoritas, non veritas facit legem* [La autoridad, no la verdad, hace la ley][16]. En esa frase *auctoritas* no significa una autoridad de orden preestatal; también la antigua y aún corriente distinción (por ejemplo, en Bodino) entre *auctoritas y potestas* desaparece totalmente en la decisión soberana[17]. *Es summa auctoritas y summa potestas a* la vez. Quien instaura la paz, la seguridad y el orden es soberano y tiene toda la autoridad. Ese establecimiento del orden, como auténtica y pura decisión, no puede derivar ni del contenido de una nor-

---

[16] *Leviathan*, cap. 26, p. 133, de la edición latina de 1670; p. 143 de la edición inglesa de 1651. En ese capítulo 26 se encuentran las frases claras sobre la interpretación (*in qua sola consistit Legis Essentia*) [en la cual consiste sólo la esencia de la ley], sobre las imprevisibles posibilidades y la incertidumbre de toda interpretación y sobre el soberano como único intérprete, que con su decisión soberana pone fin a la confusión de las opiniones, del mismo modo —así se dice en la edición inglesa del *Leviathan*— que Alejandro Magno cortó el nudo gordiano; una imagen típicamente «decisionista». En el inmediato capítulo 27 se encuentra la primera fundamentación moderna de la frase *nulla poena sine lege* [ninguna pena sin ley].

[17] «Sobre la distinción entre *auctoritas y potestas*, véase C. Schmitt, *Der Hüter der Verfassung*, 1931, p. 136. [Un planteamiento radicalmente distinto de esta fundamental contraposición ofrece A. d'Ors; ver la amplia exposición sistemática de R. Domingo. *Teoría de la «auctoritas»*, Pamplona, 1987. *N. de la T.*]

ma previa, ni de un orden ya constituido, porque si así fuera estaría pensado bien de modo normativista, como una sencilla autorrealización de la norma vigente, o bien desde el pensamiento del orden concreto, como consecuencia de un orden ya dado, como restablecimiento y no como establecimiento del orden. La decisión soberana no se explica jurídicamente ni desde una norma, ni desde un orden concreto, ni encuadrada en un orden concreto. Sólo la decisión funda tanto la norma como el orden. La decisión soberana es el principio absoluto, y el principio (también en el sentido de ἀρχή) no es otra cosa que la decisión soberana.

Surge de una nada normativa y de una concreta falta de orden. El estado de naturaleza es para Hobbes un estado de infelicidad, un profundo y desesperado desorden e inseguridad, una lucha sin reglas ni normas de todos contra todos, el *bellium omnium contra omnes* [la guerra de todos contra todos] del *homo homini lupus* [el hombre que es un lobo para el hombre]. La transición de ese estado arcaico de total desorden e inseguridad al estado estatal de paz, seguridad y orden de una *societas civilis* se realiza sólo en virtud de la aparición de una voluntad soberana, cuyo mandato y orden son ley. En Hobbes se halla la estructura lógica del decisionismo de modo evidente, precisamente porque el puro decisionismo presupone un desorden, que sólo puede ser llevado al orden mediante la decisión sobre el qué (no sobre el cómo). El soberano que decide no es competente para la decisión gracias a un orden ya constituido. Es sólo la decisión que pone el orden y la seguridad estatal en lugar del desorden y la inseguridad del estado de naturaleza, la que le convierte en soberano, y hace posible todo lo demás —ley y orden—. Para Hobbes, el máximo representante del tipo decisionista, la decisión soberana es una dictadura estatal que crea la ley y el orden en y sobre la inseguridad anárquica de un estado de naturaleza preestatal e infraestatal.

3. EL POSITIVISMO JURÍDICO DEL SIGLO XIX COMO COMBINACIÓN DEL PENSAMIENTO DECISIONISTA Y DEL DE REGLAS O LEYES (DECISIONISMO Y NORMATIVISMO)

El tipo decisionista está particularmente extendido entre los juristas porque tanto la enseñanza del derecho como la Ciencia Jurídica al servicio de la práctica jurídica, tienen la tendencia a ver todas las cuestiones jurídicas tan sólo desde el punto de vista del caso conflictivo y a actuar como informadores para la decisión judicial del conflicto. Un particular método de preparación de exámenes y de realización de los mismos agrava esta actitud hasta llegar a convertirse en una ruda técnica de acertar prontamente con la decisión concreta para cada caso y con su «fundamentación» normativa según el texto de una normación escrita. De ese modo se orienta el pensamiento jurídico exclusivamente al caso de conflicto o colisión. Está dominado por la idea de que un conflicto o una colisión de intereses, es decir, un desorden concreto, ha de ser superado y llevado al orden por obra de una decisión. Las normas y las reglas, con las cuales tiene que ver la fundamentación jurídica de la decisión, se convierten así en meros puntos de vista para orientar las decisiones sobre conflictos, en un material de Ciencia Jurídica para fundamentar una decisión judicial. Deja de haber entonces una Ciencia

Jurídica sistemática; cada argumento jurídico no es más que un potencial fundamento para la decisión del caso conflictivo que se espera. La inclinación hacia ese tipo de Ciencia Jurídica aparece cuando se regula una codificación cerrada como norma «positiva» y «derecho positivo» para funcionarios estatales de profesión judicial y para los abogados adaptados al modo de pensar de esa clase judicial. Este positivismo identifica la normación legal con el derecho; reconoce, tan sólo como derecho —aunque hace concesiones a la posibilidad de un derecho consuetudinario— una legalidad fijada normativamente. En los dos grandes Estados en los que el positivismo jurídico del siglo XIX consigue dominar, en Francia y en Alemania, se pone claramente de manifiesto que éste sólo se puede concebir como el modo de funcionar de la legalidad estatal de una burocracia de profesión judicial, como un modo de pensar jurídico supeditado a lo que resulta de las codificaciones escritas y fundado en un orden estable de política interior. La indiferenciación positivista de derecho y ley, la fórmula de la identidad entre *droit y loi*, encuentra en Francia su expresión jurídica en la *École de l'exégèse*, que dominó indiscutidamente medio siglo —aproximadamente entre 1830 y 1880—, y que, a pesar de la crítica metodológica y filosófica de que ha sido objeto, pervive hasta nuestros días[18]. También en Alemania se ha difundido ese positivismo de la regla legal como *el* método jurídico. Ni la teoría del derecho consuetudinario, ni las décadas de estudios metodológicos sobre la relación entre ley y juicio, ley y juez, ni el *Freirechtsbewegung* [Escuela del derecho libre] ni la

---

[18] J. Bonnecase, *L'école de l'exégèse*, París, 1924.

Interessenjurisprudenz [jurisprudencia de intereses] llegaron a penetrar en la contraposición definitiva de las diferencias entre pensamiento de reglas, decisionista y del orden concreto; intentaron tan sólo flexibilizar y adaptar del mejor modo posible el pensamiento legal a una situación cambiante y fluctuante.

El positivismo científico-jurídico del siglo XIX está dentro del gran contexto histórico-intelectual de su tiempo y tiene por eso muchos puntos en común y también parentesco, tanto con el positivismo filosófico de Augusto Comte, como con el positivismo de las ciencias naturales. Pero, en primer lugar, hay que concebirlo desde las particularidades intrínsecas a la situación jurídica de su siglo. Para la Ciencia Jurídica del siglo XIX, «positivismo» significaba ante todo algo polémico: la negación de todo lo «extralegal», de todo lo que no sea derecho-creado por la legislación humana, sea derecho divino, natural o racional. El pensamiento jurídico queda así convertido en pensamiento legal. La fundamentación jurídica de ese positivismo legal ha recorrido tres estadios: primero, se atuvo a la voluntad del legislador; después, para no caer en investigaciones subjetivas y psicológicas, se habló, de modo aparentemente objetivo, de la voluntad de la ley; finalmente se dice que basta la ley sola como norma autosuficiente. Hay en esto un sometimiento incondicional a la voluntad o al contenido de una determinada norma, a la vez que una limitación de ese sometimiento: uno se somete tan sólo a la norma o a su contenido determinable con certeza. Eso da aparentemente al pensamiento legal positivista el valor de una gran objetividad, fijeza, inquebrantabilidad, seguridad y previsibilidad, en resumen, le da «positividad». En una situación estable, ese modo de pensar es plausible, y aparece de hecho como posible, prescindiendo de todo punto de vista «metajurídico». El positivismo vale entonces como un método «puramente jurídico», cuya pureza consiste en eliminar cualquier consideración metafísica o «metajurídica».

Ahora bien, son «metajurídicos» todos los puntos de vista ideológicos, morales, económicos, políticos o cualesquiera otros que no sean «puramente jurídicos». Ni las situaciones normales o tipos normales presupuestos en la regulación legal, ni los fines perseguidos por el legislador, ni el principio fundamentador, ni la naturaleza de las cosas, ni el sentido de un precepto, pueden ser decisivos para el jurista positivista, sino simplemente el contenido manifiesto y cierto de la norma misma. Sólo así cree él estar realmente en el «seguro terreno» del «positivo» y «puramente jurídico» contenido normativo de que se trata. De cualquier otro modo teme caer en el «subjetivismo» de las consideraciones «metajurídicas». Seguridad, fijeza, inquebrantabilidad y objetividad estarían de nuevo inmediatamente en peligro. En el libro *Jurisprudenz und Rechtsphilosophie* de Karl Bergbohm, 1892, encuentra en ese modo de pensar su más clara y mejor expresión. Ahí aparece también de modo nítido la combinación de normativismo y decisionismo característica del tipo positivista. El «derecho» comprende para Bergbohm, por un lado, «la idea de algo normativo, que funciona como regla abstracta que ha de ser seguida» (p. 81); al mismo tiempo, ese derecho no es otra cosa que un «imperativo humano»; y cae en la «corrupción» del derecho natural todo aquel que conciba un derecho «independiente de leyes humanas» (p. 131). La fundamentación jurídica que él quiere dar de ese positivismo le conduce a un pensamiento individualista del interés por la seguridad jurídica, y se basa en que sería injusto defraudar la expectativa del gremio de los juristas, la *expectation*, la «confianza» suscitada por la ley. Ahí se quiere ver la «justicia de la positividad»[19].

Pero la seguridad, la certeza, la fijeza, la cientificidad rigurosa, la previsibilidad de funcionamiento y todas las demás cualidades y excelencias «positivas» no eran en realidad excelencias propias de la «norma» legal y del precepto humano, sino sólo de la situación normal, relativamente estable en el siglo XIX, de un Estado que tenía su centro de gravedad en la legislación, es decir, de un sistema de legalidad de un Estado legislativo[20]. Se podría ser «positivo» también así, no por la

---

[19] El representante más radical de la seguridad legal positiva es Jeremías Bentham; el texto clásico de la *expectación* como fundamento de la seguridad jurídica se encuentra en la edición de John Browing de las obras de Bentham, Edimburgo, 1843, t. 11, pp. 299, 307, 311 ss. También la fórmula «justicia en la positividad» de Erich Jung, Das *Problem des natürlichen Rechts*, 1912, funda la exigencia de seguridad jurídica en la expectativa del gremio de juristas. También George Jellinek habla de la «garantía de seguridad de los súbditos jurídicos», de la «expectación» y la «confianza» en una aplicación inquebrantable: en la *Allgemeine Staatslehre*, 3.ª ed., p. 369; de «confianza» habla también, por ejemplo, Max Rümelin, *Rechtssicherheit*, 1924, p. 6.

[20] Según la actividad en la que el Estado centre sus esfuerzos y proclame su última palabra, hay Estados legislativos, gubernativos, administrativos y jurisdiccionales. Esta distinción ha sido desarrollada en mi obra *Der Hüter der Verfassung*, Tubinga, 1931, p. 76, y en *Legalitdt und Legitimitat*, Múnich. 1932, pp. 7-19. Véase ahí particularmente, p. 8: «Un Estado legislativo es un Estado regido por normas impersonales, y por eso generales y predeterminadas, y por eso pensadas para durar en un Estado gobernado por normas de contenido mensurable y determinable, en el que la ley y la aplicación de la ley están separadas entre sí.» Ésta es además la definición

norma, sino sólo en la medida en que existiera un Estado construido de un modo particularmente estable, seguro y firme. Los más sencillos problemas de la interpretación y de la prueba deberían enseñarnos ya que la fijeza y la seguridad incluso de un código escrito con todo cuidado y detalle, siguen siendo muy discutibles. La letra y el sentido, la génesis, la conciencia jurídica y las necesidades del tráfico jurídico, al aclarar el contenido «cierto» del texto jurídico, suscitan cuestiones complejas acerca de la prueba y de la determinación de los «hechos» para la calificación «puramente jurídica» del caso. Se puede entender la protesta del positivista fanático de la seguridad jurídica, Jeremías Bentham, contra la mera palabra *interpretation*. Su motivo para hacerla era el mismo que se expuso antes al referir la protesta de Hobbes contra la arbitrariedad de los juristas que interpretan la ley: «Cuando el jurista se atreve a interpretar la ley atribuyéndose ese poder, entonces todo se convierte en una completa arbitrariedad imprevisible. Con estos métodos no existe seguridad»[21]. Ni la praxis inglesa de vinculación a los casos precedentes (la praxis del llamado *case-law*), ni la interpretación de los juristas del derecho romano —los *roman lawyears*—, bastan para la necesidad positivista de seguridad y previsibilidad incondicionadas de Bentham. Sólo cuando el

---

de lo que hasta ahora se ha llamado «Estado de Derecho». En la obra de H. Henkel, *Strafrichter und Gesetz im neuen Staat*, Hamburgo, 1934. Se comprueba con claridad ejemplar la relación histórica y sistemática de la frase *nulla poena sine lege* tanto con el sistema de legalidad de un Estado legislativo como con el ya mencionado interés de la seguridad jurídica.

[21] «*With this manner of proceeding there is no security*» [«Con este modo de proceder no hay seguridad»], *op. cit.*, p. 325.

juez se convierte, sin resquicio alguno, en una función del texto de la ley y del contenido de la ley, nos acercamos al ideal de «seguridad» e «inviolabilidad» de la ley. Entonces, en efecto, ya no hay productividad jurídica y reina sólo la seguridad, fijeza e inquebrantabilidad de un funcional y planificado aparato de aplicación de normas, para el uso del cual se precisa, más que una formación jurídica, el conveniente aprendizaje técnico de un buen guardagujas.

El positivista no es un tipo jurídico natural, y de ahí que no sea tampoco un tipo imperecedero de la ciencia del derecho. Se somete —de modo decisionista— a la decisión del accidental legislador en posesión del poder estatal de legislar, porque solamente él puede imponer una forma objetiva de coacción: pero, al mismo tiempo, consigue que esa decisión siga valiendo de modo fijo e inquebrantable como norma, es decir, que también el legislador estatal se someta a la ley por él puesta y a su interpretación. Éste es el único sistema de gobierno considerado «Estado de Derecho», aunque, en realidad, sea un Estado legal lo que se defienda, en vez de un Estado de «derecho», y se coloque el interés de la seguridad jurídica en el lugar de la justicia[22]. Pero no termina ahí el proceso, el positivista, apelando al carácter normativista de la legalidad, se alza de nuevo sobre la decisión de poder estatal a la cual él se había sometido por el interés de la seguridad y de la fijeza, e impone ahora exigencias normativas al legislador. Fundamenta su punto de vista, primero, en una voluntad (del legislador o de la ley), y luego, contra esa voluntad, directa-

---

[22] Sobre esto, vid. mi *Nationalsozialismus und Rechtsstaat*, en *Juristische Wochenschrift* del 24 de marzo de 1934, pp. 713 ss.

mente en una ley «objetiva». En el transcurso histórico de las fórmulas empleadas se puede verificar una evolución desde la voluntad del legislador, pasando por la voluntad de la ley, hasta llegar a la ley sin más. De ahí que se pueda ver una evolución interna que va de la voluntad a la norma, de la decisión a la regla, del decisionismo al normativismo. Pero esa progresión, lejos de haber nacido de la coherencia de un determinado modo de pensar jurídico, se ha hecho posible sólo por la combinación del decisionismo y el normativismo realizada por el positivismo. Esa mezcla de modos de pensar jurídico permite —con el fin de satisfacer la única necesidad positivista de seguridad y previsibilidad, según convenga al estado de las cosas—, tan pronto ser decisionista como normativista. El rasgo peculiar positivista consiste siempre en el interés por la seguridad objetiva, la fijeza y la previsibilidad de lo que vale como objetivamente obligado, ya sea la decisión del legislador, ya sea una ley procedente de esa decisión, ya la decisión jurídica previsible procedente de esa ley. El valer «positivo» de esa ley es, a diferencia de otros modos de validez, siempre algo objetivo, exigible de modo inmediatamente fáctico por el poder humano.

Ciertamente ese valer «positivo» es un hecho, una «pura facticidad», no, naturalmente, una fuente del derecho. La cuestión jurídica que surge inmediatamente entonces es cómo entender jurídicamente ese punto fáctico —la voluntad de la ley o el momento de la vigencia real— al que el positivista atiende como derecho: si hay que entenderlo como norma, como decisión o como parte del orden. El positivista se verá inclinado a rechazar esa cuestión sobre el origen de la vigencia positiva de la norma como una pregunta en sí extrajurídica. Sin embargo, tampoco él puede evitar la necesidad científico-jurídica de hacer explícita la categoría de la ciencia del derecho en la que él sitúa su práctica jurídica, la fuente de derecho o el fundamento de su vigencia. El positivista interpretará aquel momento fáctico en el cual se encuentra la vigencia positiva, de modo normativista o decisionista. Del lado normativista, un positivista del siglo XIX, G. Jellinek, ha acuñado la típica expresión de «la fuerza normativa de lo fáctico». Dado que parte de la «fuerza del derecho fundada en la norma», las realidades fácticas y hechos, que tienen sin duda una gran fuerza de motivación, tienen que tener también una «fuerza normativa»[23]. La fórmula de la «fuerza normativa de lo fáctico» ha sido innumerables veces repetida.

Considerada esa expresión desde la lógica jurídica en sí misma, es una mera combinación de palabras y sólo una descripción tautológica de que el positivismo, desde su componente normativista, no puede interpretar nunca la positividad fáctica más que como una fuerza «normativa». Un positivista con una lógica más aguda hablaría más bien de una fuerza «decisionista» de lo fáctico, la cual es naturalmente casi lo mismo que la

---

[23] *Allgemeine Staatslehre*, 3.ª ed., pp. 341, 360, 371 (la primera edición apareció en 1900); la tesis fundamental normativista está expuesta en la p. 355: «Todo derecho es norma de juicio y de ahí que nunca coincida con las relaciones que han de ser juzgadas por ella.» Además, a pesar de esa «fuerza normativa de lo fáctico», «la política debe permanecer excluida de la teoría general del Estado» (p. 23). Desde el normativismo, poder y derecho se contraponen; el derecho de necesidad estatal se niega por ser una expresión de la afirmación de que el poder antecede al derecho, sin embargo, las «lagunas constitucionales» pueden ser llenadas de modo positivo por «relaciones de poder tácticas» (p. 359).

fuerza «normativa». Sin embargo, un positivista no hablaría con agrado de la «fuerza positiva» de lo fáctico, a pesar de que no quiere decir otra cosa con su sometimiento al hecho positivo de la coactividad. Pero desvelar lo que encierra la expresión «fuerza positiva de lo fáctico» sería algo jurídicamente imposible para un positivista. Ahí se muestra ya cómo el positivista no es un tipo natural de pensamiento jurídico.

Quizá se podría mejor hablar de una «fuerza ordenadora» de lo fáctico, aunque el pensamiento del orden concreto no es compaginable con la necesidad positivista de seguridad y previsibilidad funcionales en el mismo grado en que son compaginables normativismo y decisionismo. Un puro normativismo debería deducir la norma positiva de una norma suprapositiva; análogamente el pensamiento del orden concreto conduciría a una unidad de orden suprapositiva, omnicomprensiva, total. El pensamiento decisionista, por el contrario, permite la referencia positiva a un determinado punto fáctico, en el cual, de una nada de norma o de una nada de orden, surge la ley positiva y sólo positiva, la cual, sin embargo, deberá valer en lo sucesivo como norma positiva. Una vez dictada, debe valer también frente a la voluntad que la ha puesto; si no, no se podría conseguir la necesaria seguridad que «se esperaba obtener del Estado». Pero sólo desde el decisionismo puede el positivismo fijar, en un determinado momento y lugar, la cuestión del último fundamento de la norma vigente, sin volver a lo invisible, metajurídico; y sólo así puede reconocer la voluntad de un poder soberano fácticamente constituido, que aparece de hecho en un momento histórico, sin necesidad de considerar ese poder como una institución o como otro orden concreto, o, sobre todo, sin cuestionar el derecho de tal poder.

La seguridad, fijeza e inquebrantabilidad que invoca el positivista, en lo referente al aspecto decisionista del positivismo, son, en realidad, tan sólo la seguridad, fijeza e inquebrantabilidad de la voluntad cuya decisión soberana hace de la norma una norma vigente. De ahí que cuando el positivista invoca la voluntad del legislador estatal o de la ley estatal, es decir, una decisión del legislador estatal expresada y realizada en un «poder estatal» realmente presente, está ligado, desde un punto de vista jurídico, a la teoría estatal decisionista aparecida en el siglo XVII y tiene que estar de acuerdo con ella. Sin embargo, si el positivista invoca la ley como norma, su seguridad y firmeza no es otra que la seguridad y firmeza de la legalidad del Estado legislativo que se impuso en el siglo XIX. Dado que lo que en último término se esconde tras la necesidad de seguridad del positivismo es sólo la general tendencia humana a una defensa ante el riesgo y la responsabilidad, se puede ciertamente afirmar —aunque sea sólo en el sentido más débil— que se trata aquí de un tipo humano general, «eterno» e irradicable. Por el contrario, considerado este fenómeno desde la ciencia del derecho, el positivismo jurídico está ligado con la situación estatal y social característica del siglo XIX. Así, mientras que el normativista y el decisionista son tipos del pensamiento jurídico que siempre se repiten, no se puede considerar la combinación de decisionismo y normativismo en la que consiste el positivismo del siglo XIX como un tipo jurídico ni originario ni eterno.

Si el método de la supuesta pureza del positivismo jurídico niega toda consideración que no sea puramente jurídica tachándola de ideológica, económica, sociológica, moral o política, y con ello elimina todas esas consideraciones reales, entonces no deja nada para la argumentación jurídica pura. ¿Qué resto puede quedar, cuando, de un caso y su apreciación, se sustrae todo lo ideológico, económico o político? Si se separa el pensamiento jurídico de todo contenido y de la situación normal que está en su base, entonces se produce un distanciamiento cada vez mayor de todo contenido de todo lo que es ideológico, moral, económico o político. Con ello se agudizan tanto las distinciones entre lo jurídico y lo ideológico, lo jurídico y lo económico, lo jurídico y lo político, lo jurídico y lo moral, etc., y, al fin, en una consecuente dialéctica, sólo queda, como única característica específica de un modo de pensar indubitablemente puro y nada más que jurídico, la falta de sentido de lo ideológico, económico, ético y político.

Max Planck ha demostrado cómo el positivismo de las ciencias naturales, en su interés por alcanzar una seguridad incondicionada sólo tiene en cuenta la impresión de los sentidos y, en consecuencia, no puede distinguir las percepciones engañosas e ilusorias de las otras; por eso en una física positivista no caben ilusiones de los sentidos[24]. El destino del positivismo de la ciencia del derecho, interesado solamente en la seguridad y en evitar la arbitrariedad subjetiva, tiene cierta semejanza con ese mismo hecho. Si falla la normalidad de la situación concreta que la norma positiva presupone, aunque sea imperceptible desde el punto de vista

---

[24] *Positivismus und reale Aussenwelt*, Conferencia pronunciada el 12 de noviembre de 1930 en la Kaiser-Wilhelm Gesellschaft, Berlín/Leipzig, 1931, p. 11.

jurídico-positivo, entonces caería con ella toda posibilidad firme, previsible e inquebrantable de aplicación de la norma. También la «justicia de la positividad», de la que habla Erich Jung, cesaría. Sin el sistema de coordenadas de un orden concreto, el positivismo jurídico no consigue distinguir entre justicia e injusticia, ni entre objetividad y arbitrariedad subjetiva.

II. EL LUGAR DE LOS DIFERENTES MODOS DEL PENSAR JURÍDICO EN LA EVOLUCIÓN GENERAL DE LA HISTORIA DEL DERECHO

Una jurisprudencia sin límites es tan imposible como una inteligencia sin límites. El pensamiento de la ciencia del derecho sólo se realiza en relación con un orden general histórico concreto. No puede consistir en reglas o decisiones carentes de limitación. La ficción e ilusión de una «libertad» así y de tal ausencia de límites viene a ser un síntoma de un cierto estado de disolución de un orden, y sólo en este contexto pueden entenderse. Los modos del pensar científico del derecho aquí expuestos no se presentan de modo relativista, es decir, para la elección caprichosa, sino que ocupan un lugar determinado en el contexto general de la concreta situación actual y de la realidad de nuestra vida jurídica de hoy.

El derecho natural aristotélico-tomista de la Edad Media era una unidad de orden viva, compuesta por grados de esencia y existencia, por supraórdenes e infraórdenes, jerarquizaciones y distribuciones. En nuestros días han dejado de oírse los malentendidos normativistas a los cuales estuvo expuesto ese derecho natural en los últimos siglos. Con la caída de los múltiples órdenes feudales y del pensamiento del orden correspondiente, aparece desde el siglo XVI el orden estatal como un orden único que absorbe los demás órdenes. El decisionismo de la teoría estatal y jurídica de Hobbes es la expresión científico-jurídica más consecuente de un nuevo pensamiento de la soberanía y, por ello, de la mayor trascendencia para la ciencia del derecho. Con él aparece el gran *Leviatán* como devorador de los demás órdenes. Desplaza o relativiza las tradicionales comunidades feudales, estamentales y eclesiásticas, los grados jerárquicos y los derechos adquiridos, desplaza todo derecho de resistencia fundado en aquellos ordenes pre-estatales, monopoliza el derecho en el legislador estatal y pretende construir el orden estatal desde el individuo, es decir, a partir de una *tabula rasa*, de una nada de orden y comunidad. El «pacto» que engendra el Estado, más exactamente, el «consenso» de individuos, sólo es posible gracias a un garante soberano del orden así fundado, es decir, solamente es posible por el Estado, cuyo poder nace, a su vez, de ese consenso. El soberano es omnipotente gracias al consenso producido por él mismo en virtud de su poder soberano y de la decisión estatal. Sólo sobre el nuevo suelo de una paz pública, de una seguridad y de un orden creados por ese Estado es posible difundir, en el marco de la gran estabilidad del siglo XVIII, un derecho racional más normativo, que hace retroceder el decisionismo absoluto y disuelve todos los órdenes naturales en normas y relaciones contractuales individuales, hasta desembocar finalmente, en el siglo XIX, en el funcionalismo de reglas positivas propio de una sociedad de tráfico civil individualista.

1. LA EVOLUCIÓN ALEMANA HASTA EL PRESENTE

En Alemania, el pensamiento del orden concreto y comunitario nunca ha dejado de estar presente. Fue desplazado en la práctica jurídica en el siglo XIX, tan sólo en su segunda mitad, por el llamado positivismo jurídico o legal. Hasta ese momento seguían ejerciendo influjo los conceptos de orden eclesiales e intraestatales. El orden interno de los nuevos Estados territoriales alemanes que se originaron a partir del siglo XVII no hizo de ningún modo *tabula rasa;* la seguridad institucional de la Iglesia católica y la vida espiritual conformada por ella en los países católicos —aunque no menos que el sentido luterano de «los órdenes naturales de la creación» en la Alemania protestante— determinaban más la realidad de la vida jurídica que las teorías jurídicas y del Estado del derecho racional dominantes entre los filósofos. Sin embargo, con el tiempo y por el seguro camino de la «teoría», se fueron transformando todos los órdenes estatales e intraestatales en normaciones contractuales y legales, y con ello se destruyeron los órdenes concretos y las comunidades. Lutero defendió y supo salvar con una gran fuerza los órdenes internos del matrimonio, la familia, el estamento, la persona y las dignidades frente a las normativizaciones teológicas, morales y jurídicas. Su frase, «Si tú eres una madre, realiza lo que es el derecho de madre, como está mandado y que Cristo no ha elegido, sino ratificado»[25], expresa de la más bella forma la superioridad del orden concreto dado sobre la normatividad abstracta. Esta frase vale tanto para la madre como para todo estamen-

---

[25] Edición de Weimar, 391, pp. 10 ss.

to, para el César, el príncipe, el juez, el soldado, el campesino, el hombre y la mujer; según Lutero, todo derecho es, para ellos, no una normación abstracta, sino un orden natural concreto que proviene no de reglas sino de la situación concreta.

Pero ya en el sistema del derecho natural de un luterano, aún ortodoxo, del siglo XVII, como es Samuel Pufendorf, por su interpretación del concepto de persona como individuo, ya no son ni el matrimonio ni la familia órdenes concretos y comunidades naturales, sino sólo relaciones jurídicas recíprocas de los individuos, contractualmente construidas y regidas por normas de derecho racional[26]. Las últimas consecuencias de un siglo de derecho racional se expresaban finalmente en Kant, en el momento en que reduce el matrimonio a un pacto de individuos recíprocamente interesados en su sexualidad[27]. A pesar de todo, la presencia de los órdenes concretos en la realidad de la vida del Estado no había sido destruida aún a finales del siglo XVIII. La segunda parte del *Preussische Allgemein Landrecht* de 1794 muestra cómo también el codificador de los Estados absolutos, considera la Iglesia, los estamentos, la familia, la comunidad doméstica y el matrimonio como instituciones y no como meras funciones de una regulación legal. Se dice justamente al comienzo (Parte 1, Títu-

---

[26] Especialmente característica es la deducción de la autoridad del padre y la madre a partir de una norma natural de «sociabilidad» y a partir del presumible acuerdo racional de los hijos: *De Jure naturae et gentium*, libro VI, cap. II, § 4. Al *Privat-dozent* en Königsberg Dr. Rudolf Craemer agradezco el conocimiento de los elementos esenciales fuertemente luterano-ortodoxos que están vivos tanto en el carácter como en las teorías de Pufendorf. Por eso es tanto más sorprendente su construcción jurídica del matrimonio y la familia.

[27] *Metaphysik der Sitten, Rechtslehre*, § 24.

lo I, 2): «La sociedad civil consiste en muchas pequeñas sociedades y estamentos unidos mediante la naturaleza o la ley o las dos cosas a la vez.» La servidumbre pertenece aún a la comunidad doméstica (§ 3/4), la Iglesia se distingue todavía de las sectas: aquélla es «recibida», o sea integrada en el orden total de la vida pública, estas últimas, sin embargo, sólo son «toleradas», es decir, no son consideradas como un miembro del orden público. Todavía no se conoce el concepto liberal de «sociedad religiosa». Sólo con el triunfo de la Revolución francesa se impondrá una «sociedad civil», total, construida de modo individualista, generalizada posteriormente con la Ciencia Jurídica positivista del siglo XIX.

El espíritu del pueblo alemán se ha defendido durante mucho tiempo contra las «ideas liberales de 1789» y contra la aniquilación del pensamiento del orden que llevan consigo. Fichte superó el jacobinismo individualista del año 1792 en una intensa discusión consigo mismo (y desde sí mismo). El «idealismo de la libertad» de Fichte no está predestinado a ser un pensamiento del orden concreto del mismo modo que lo está el «idealismo objetivo» de Hegel. Pero también Fichte, desde su propio pensamiento, acabó por superar su baja concepción del Estado (como un servidor de los propietarios) con la más alta y más germana idea de orden, la idea de «imperio» como una unidad político-histórica concreta desde la que se distingue entre amigo y enemigo[28]. Otros motivos de la resistencia espiritual al

---

[28] Vid., sobre todo, el lugar en sus lecciones de la *Staatslehre* del verano de 1813 (*Obras*, IV, 409): «Se llama pueblo a un grupo de personas unidas por un pasado histórico común para erigir un imperio. Su independencia y libertad consiste en seguir desarrollan-

liberalismo vienen de la reacción romántico-sentimental contra el derecho racional abstracto, y de una restauración tradicional-conservadora. La escuela histórico-jurídica de Savigny y su teoría del derecho consuetudinario ha luchado mucho tiempo y con éxito contra el espíritu de la codificación positivista, y ha abierto nuevas fuentes de derecho históricas, que han ido minando aunque sólo paulatinamente el pensamiento extranjero. La magnífica teoría filosófico-natural y cósmica de Schelling[29] del organismo, de la cosmovisión y del mito no tuvo el mismo éxito inmediato ni la misma influencia; pero también pertenece al conjunto de la gran producción del espíritu alemán, en la cual el pueblo alemán recordó su propia dignidad y fuerza frente a la invasión extranjera.

Todas esas corrientes y orientaciones de la resistencia alemana encontraron su resumen sistemático, su *Summa*, en la filosofía del derecho y del Estado de Hegel. En ella vuelve a vivir, antes del fracaso de las generaciones siguientes, el pensamiento del orden concreto con una fuerza inmediata, como no se hubiera

---

do su propio impulso hacia un imperio. La libertad e independencia de un pueblo están amenazadas cuando el curso de ese proceso debe ser interrumpido por la intervención de algún poder; debe entonces incorporarse a otro impulso por sí mismo imperial, o acaso va hacia la destrucción de todo imperio y derecho [....] Como tiene lugar entonces una guerra propiamente dicha, no de las dinastías, sino del pueblo, la libertad general y aquella de cada uno en particular está oprimida; sin ella, el pueblo no puede querer vivir en absoluto sin reconocerse como indigno. Se da entonces, para cada uno, para la persona y sin posible representación, una guerra de "vida o muerte".»

[29] *Einleitung in die Philosophie der Mythologie*, edición de Manfred Schröter, t. XI, Múnich, 1928.

podido esperar ya nunca después de la evolución de la teoría del derecho (*Rechtstheorie*) en los siglos XVII y XVIII. «Para que el corazón, la voluntad, la inteligencia se realicen, deben ser informados; el derecho debe hacerse moral, es decir, una costumbre; el Estado debe tener una organización racional y esto hará de la voluntad del individuo una voluntad realmente justa.» «Si uno quiere casarse o construir una casa, etc., lo único que le importa es el resultado personal; lo verdaderamente divino es la institución del agricultor, el Estado, el matrimonio, las disposiciones legales.» Estas frases son solamente ejemplos agudamente epigramáticos de un pensamiento del orden total y consciente. Todas las teorías individualistas del contrato del derecho racional abstracto se ven aquí examinadas por Hegel con una superioridad soberana; la familia y el matrimonio son reconocidos de nuevo como comunidades naturales; la interpretación de Kant del matrimonio como un contrato mutuo de individuos necesitados de sexualidad es calificado como algo «*vergonzoso*» (*Rechtsphilosophie, §75*); la sociedad civil queda articulada en un gran orden general mediante los estamentos, con sus especiales dignidades, y mediante las «corporaciones», y todo ello subordinado al Estado. Así se daba el fundamento teórico necesario para hacer inofensiva, tanto como fuera posible en la realidad del siglo XIX, la aspiración a la totalidad de la sociedad civil contractual que surgió en ese mismo siglo, y que finalmente se impuso. El Estado es una «forma que alcanza la completa realización del espíritu en la existencia»; una «totalidad individual», un imperio de la razón objetiva y de la eticidad. Partiendo del desaparecido Sacro Imperio Romano se refugia Hegel en el Estado prusiano. De ahí que su construcción del Estado contenga tantos elementos del concepto de imperio. Ese Estado viene a ser un *imperio* de la eticidad objetiva y de la razón, capaz de elevarse sobre la sociedad civil, y desde arriba insertarse en ella. Sin duda, una definición que, utilizada en el marco de una «teoría general del Estado» para definir cualquier Estado, sería ciertamente irrisoria. En el hecho de que el Estado en la Alemania del siglo XIX se haya concebido como un imperio, se muestra la diferencia del concepto de Estado alemán respecto del derecho racional liberal-occidental o del positivismo. Este último oscila entre el decisionismo de la construcción estatal dictatorial de Hobbes y el normativismo del pensamiento jurídico-racionalista tardío, entre dictadura y Estado de Derecho burgués. El Estado de Hegel, por el contrario, no consiste en la paz civil, la seguridad y el orden de un funcionalismo legal previsible y coactivo. No es ni mera decisión soberana, ni una «norma de normas», ni una combinación alternativa entre excepción *y* legalidad de ambas representaciones del Estado. Es un concreto orden de órdenes, una institución de instituciones.

Hegel murió en 1831 como «filósofo del régimen». En la generación siguiente los grandes representantes de la teoría del Estado —Lorenz von Stein en Viena y Rudolf Gneist en Berlín— no han ejercido ya un dominio intelectual semejante. En Lorenz von Stein (1815-1890) la superioridad del Estado sobre la sociedad vino ya a ser problemática; Estado y sociedad ahora se contraponen. A pesar de ello, Stein aún puede salvar la independencia y el derecho propios del Estado frente a la sociedad, el sentido propio del «poder ejecutivo» frente a la legislación, del gobierno frente a las exigencias de la representación popular parlamentaria. Su intento ha quedado, a pesar del gran trabajo científico, sin éxito práctico y, por eso, un libro totalmente impregnado de pensamiento del orden concreto como es su *Verwaltungslehre* (aparecida por primera vez en 1865), que trata de desarrollar desde el pensamiento del orden concreto un auténtico concepto de gobierno, no pudo ya esencialmente influir en el pensamiento jurídico estatal. También Rudolf Gneist (1816-1895) mantiene el Estado; la Administración es la educación del ciudadano (educado y burgués) para el Estado. Pero la sociedad civil aparece en él, a pesar de toda la superioridad teórica del Estado, sin duda ya como la vencedora. La imagen del Estado y de la sociedad son totales y concretas. De ello ofrece un ejemplo ilustrativo su libro sobre el «Estado de Derecho» (1872), porque en él el Estado de Derecho no es concebido como abstracto, es decir, como determinado sólo por leyes, sino como un Estado construido por un acuerdo entre el Estado y la sociedad. La obra jurídica completa de los dos teóricos alemanes del Estado obedece a ese vano esfuerzo por incluir la sociedad civil en el Estado. La razón de la Ciencia Jurídica y la realidad concreta, aún no se han separado todavía normativo-positivamente, pero la teoría liberal de la separación de poderes, el fundamento del Estado de Derecho liberal y el positivismo normativista que a él se ordena, se contraponen —mucho más en Stein que en Gneist— al pensamiento del orden alemán. Por ello sus trabajos son también hoy para nosotros de un interés actual, monumentos de un intento general auténtico, aunque sin éxito, de configuración teórica, y no sólo minas de un material precioso. Por el contrario, la «teoría orgánica del Estado» de Otto von Gierke y su teoría de la «personalidad jurídica real» no suponen ya una teoría del Estado concreto, sino una teoría general de la asociación. Está aún vivo en ella ciertamente su sentido del orden y de la comunidad, y la tradición del pensamiento jurídico alemán es aún fuerte y poderosa, pero la antítesis liberal-democrática entre corporación e institución enturbia la objetividad de su perspectiva histórico-jurídica. Él construye la monarquía prusiana del siglo XIX, que se hallaba en una desesperada defensiva como una «institución cumbre», resto de un tiempo de absolutismo, y con ello la alaba sin querer. A pesar de todas las reservas en favor de los elementos «señoriales» del Estado, la teoría corporativista se hundía, después del gran ímpetu del primer tomo de la *Genossenschaftstheorie* (1868), en la típica división dual del nacional liberalismo del siglo XIX. No fue capaz de dominar el enorme material que había recopilado poderosamente. La crítica de Gierke contra el positivismo jurídico que impone Laband en 1883, permanece sin éxito tanto como las advertencias de Lorenz von Stein en el año 1885/1886, fundadas en su abundante conocimiento del Estado concreto, contra el abandono de una jurisprudencia del derecho público caracterizada como «jurídica»[30].

---

[30] El artículo de Gierke sobre el derecho político de Laband y la Ciencia Jurídica alemana está publicado en *Schmollers Jahrbuch*, 1883, pp. 1097-1195; parte de que en la «limpia separación del derecho de la política está una de las más nobles tareas de una auténtica teoría estatal», pero que, sin embargo, no existe un derecho político totalmente apolítico. Con esta falta de claridad, venía a quitar eficacia a su crítica, por otra parte acertada, de la teoría jurídico-estatal de Laband, como sólo aparentemente apolítica. La advertencia de Lorenz von Stein del año 1885-1886 (en el prólogo a los t. II y I, pp. 75-60 de la 5.ª edición de su *Lehrbuch der Finanzwissenschaft*) hace referencia a la consideración de que el positivismo jurí-

A la vista de algunos precedentes históricos y de los problemas constitucionales se pueden aportar naturalmente más ejemplos para mostrar cómo el pensamiento científico-jurídico en Alemania aún no había caído en una abstracción normativista. Entre ellos hay que mencionar en primer lugar el intento de la fundación de la Liga alemana del norte en 1867, y otros actos comunitarios similares de tipo fundacional, no a modo de pactos, sino como «actos de comunidad» o «acuerdos» distintos de una concepción contractual individualista[31]. La mayor parte de los juristas de la línea del normativismo positivista no podían comprender la verdadera trascendencia y la fecundidad de la distinción entre «pacto» y «acuerdo», ni reconocer en absoluto los matices significativos que lleva consigo esa distinción para una superación del pensamiento contractual del liberalismo individualista. Después de la guerra mundial

---

dico de Laband, con su separación entre un tratamiento científico-político y otro puramente jurídico del derecho administrativo, muestra del modo más claro su insuficiencia científica sobre todo en la hacienda del Estado federal. «Se debe afirmar con asombro —dice Johann Popitz (*Finanzarchiv*, 1932, p. 418)— cómo Lorenz von Stein previó ya en 1885 con visión certera del significado de la Administración y de la fuerza fiscal estatal, el camino que ha sido recorrido, aun cuando mucho más tarde de lo que él había previsto, y ciertamente, como él mismo predijo, por razón de la naturaleza de las cosas, sin esperar a las investigaciones de la ciencia.»

[31] Binding, *Die Gründung des Norddeutschen Bundes*, 1889. H. Triepel, *Volkerrecht und Landesrecht*, 1899, pp. 37 ss., pp. 178 ss.; Gierke, *Das Wesen der menschlichen Verbände*, 1902. Más literatura sobre el tema se puede encontrar en Meyer-Anschütz, *Staatsrecht*, 7.ª ed., 1919, p. 201. [Se refiere aquí el autor a la distinción entre el «contrato» privado (*Vertrag*) y el «acuerdo» público (*Vereinbarung*), propio especialmente del derecho público internacional. (*N. de la T.*)]

se repetía, en el ámbito del derecho del trabajo, un intento parecido sin éxito: se trataba de sacar los acuerdos laborales entre patronos y empleados de la esfera del pensamiento contractualista del derecho civil y de construir a diferencia de un contrato, un «acuerdo». Tampoco ese proyecto pudo abrirse paso en el contexto estatal de la situación concreta de entonces. Sin embargo, esos intentos son de sintomática significación y muestran la ininterrumpida fuerza de un pensamiento del orden concreto bajo la cobertura de un positivismo superficial.

Es aún más significativo, en comparación con esas particularidades de la doctrina del derecho (*Rechtslehre*), el grado en que seguía vivo el pensamiento del orden concreto en la praxis de la Administración estatal y particularmente en el ejército prusiano. El ejército prusiano y la organización Administrativa del Estado eran en sí mismos órdenes y organismos vivos, que no podían dejar desnaturalizar su propio derecho por un pensamiento legal normativista o positivista. En conceptos como «poder organizativo», «de servicio», «de prestación» y otros conceptos ejemplares del derecho político o administrativo se expresa el pensamiento del orden, indestructible en el derecho público de un Estado, el cual hace posible la existencia de un organismo estatal administrativo o de gobierno.

Ejemplos de este tipo aparecen también naturalmente en la lucha por defender el régimen del ejército prusiano frente al pensamiento constitucional normativista del Estado de derecho liberal. Se pusieron de manifiesto las contraposiciones, por ejemplo, con ocasión de la regulación de la disciplina y de la justicia penal militares en los años 1872 y 1873 y de la orden del Káiser sobre el tribunal de honor del 2 de mayo de 1874. Los conceptos de jefatura, comandancia, orden superior, general de operaciones, juez supremo no podían ser separados unos de otros sin destruir el ejército prusiano. La necesidad de una jefatura en cada unidad y agrupación de orden concreta muestra aquí su relación interna con los conceptos de disciplina y honor. Para el pensamiento constitucional normativista, sin embargo, era «jurídicamente evidente» que toda jurisdicción, como una función «estrechamente ligada a la norma», debería estar separada de la jefatura. Un modo de pensar jurídico dominado por la contraposición entre norma y mandato, *lex* y *rex*, no puede comprender en absoluto la idea del *Führer*. Por ello exige el juramento a la Constitución, a una norma, en vez de a un *Führer*. Su teoría de la división de poderes separa la justicia y la Administración y hace necesaria aún una mayor separación entre jurisdicción militar, jurisdicción de honor y jefatura militar. Para el rey de Prusia, por el contrario, cada sentencia del tribunal de honor y cada nombramiento de un juez militar eran del mismo modo una competencia de su jefatura militar, como lo era una orden general sobre un juicio de honor y sus principios. Para la conciencia jurídica de un rey prusiano que piensa en el orden concreto del ejército prusiano era evidente que es jurídicamente imposible e impermisible separar la jefatura militar, el ejercicio de la disciplina, la cualificación de los oficiales y las cuestiones del tribunal de honor.

Hoy, después de que, con una nueva comunidad de vida, se ha vuelto a revitalizar el pensamiento del orden concreto, el axioma jurídico que establece que fidelidad, disciplina y honor no pueden ser separados del mando militar[32] es para nosotros más comprensible que para el modo de pensar normativista jurídico liberal —anclado en la separación de poderes del *viejo* individualismo—. También podemos legitimar de nuevo hoy, directamente, una idea de fidelidad, porque el «Movimiento» jura una inquebrantable fidelidad al «*Führer*». Un pensamiento legal normativista, por el contrario, sólo es capaz de entender la deserción o la traición como «acciones penalizadas», sólo como presupuesto de una exigencia de pena estatal, pero no como una esencial injusticia y como un crimen de perjurio e infidelidad.

2. Desarrollo en Inglaterra y Francia

La Ciencia Jurídica de otras naciones europeas ha encontrado otras expresiones y formas de defensa contra el positivismo normativista. En este punto, la Ciencia Jurídica inglesa puede quedar fuera de consideración porque el método inglés del llamado *case law* no está expuesto del mismo modo a la estrechez de miras del normativismo. Esto está en la naturaleza de las cosas y es válido para la vida jurídica de todos los países

---

[32] Si hoy, por ejemplo, se traspasan los derechos del Senado universitario al Rector de la Universidad (en Prusia, por el decreto del Ministerio de Ciencia, Arte y Educación Popular del 28 de octubre de 1933) para asegurar una dirección unitaria de la Universidad, es erróneo exceptuar del traspaso las competencias de justicia disciplinaria y del tribunal de honor que tenía ese Senado, por razón de que se trata, en este caso, de jurisdicciones o de otras competencias de justicia. Eso sólo se puede justificar desde un normativismo liberal y «divisor de poderes», el cual destruye tanto el concepto de gobierno, como el de disciplina y jurisdicción de honor.

en los que rige el *case law* y, por eso, también para los Estados Unidos de América. Aunque existen a este respecto grandes diferencias. También en la praxis del *case law* es posible un normativismo de derecho natural y racional. Sucede cuando, como ocurre frecuentemente en la mentalidad de los juristas americanos, por aparecer una norma como fundamento de la decisión del precedente, se contempla éste como concluyente, de modo que, en último término, tanto el juez del caso que sienta precedente como el juez de los demás casos que le sigan queda ligado a la norma. En este sentido la praxis del *case law* se acerca de nuevo al pensamiento de reglas, aunque no pueda caer tan fácilmente en un estrecho positivismo, que sólo se da con la codificación de ámbitos jurídicos enteros. Según la mentalidad inglesa del *case law*, el caso precedente vincula como caso singular; no obliga la norma que es para él fundamento de la decisión, ni tampoco (como ocurre en la construcción de Blackstone) una costumbre evidentemente actualizada en la decisión de precedentes[33]. Por contraste con la tendencia americana a un normativismo naturalista o racionalista, podría hablarse ahí de un puro decisionismo. La vinculación con el caso precedente se entendería entonces sólo como una vinculación a la decisión del juez precedente. En el pensamiento jurídico inglés se encuentran de modo particularmente claro ejemplos puros de un auténtico decisionismo, en el cual quiero incluir, además de a Hobbes, el positivismo legislativo estatal, ya citado, de J. Bentham y, en el siglo XIX, sobre todo a Austin. Sin embargo, no me pa-

---

[33] Sobre esto el documentado artículo de Goodhart, en *The Law Quarterly Review*, t. L, Londres, 1934, pp. 40 ss.

rece acertado hacer una interpretación decisionista del típico modo de aparecer esa *case law*-praxis. Francamente para un jurista del continente europeo no es fácil orientarse en el pensamiento autóctono de la praxis judicial insular inglesa. Sería pensable, sin embargo, que el juez siguiente estuviera vinculado, no por la norma decisoria que está en la base de una decisión previa, ni por la decisión previa como pura decisión, sino sólo por un «caso» como tal. Entonces el *case law* inglés supondría un ejemplo de pensamiento del orden concreto, fundado en el derecho intrínseco de un caso determinado. El caso precedente estaría entonces incluido en su decisión, sería el paradigma concreto de los casos subsiguientes, los cuales tienen su derecho concreto en sí mismos, no en una norma o en una decisión. Cuando se considera el nuevo caso como un caso igual al precedente, en esa igualdad concreta queda incluido también el orden que aparecía en la decisión judicial previa.

La situación de la Ciencia Jurídica en los países románicos estaba, al contrario que en Inglaterra, caracterizada generalmente por grandes codificaciones y por la teoría y praxis positivistas que aparecen en su cortejo. En este contexto tiene lugar también la crítica y posición metódicas (Gény y Saleilles), aproximadamente contemporánea del Movimiento del derecho libre en Alemania (*Freirechtsbewegung*), aunque menos radical que éste. Pero también aparece un nuevo tipo de pensamiento: la teoría de la institución, que Maurice Hauriou (1856-1929) desarrolló en los años 1896-1926. Ella es, después del dominio del positivismo jurídico, el primer intento sistemático de restaurar el pensamiento del orden concreto. La ya mencionada y muy significativa teoría del *Ordinamento giuridico* de Santi Romano está influida por ese trabajo. Hauriou, decano por muchos años en la facultad de Toulouse, era el famoso antagonista de su no menos famoso colega positivista en Burdeos Léon Duguit (1859-1928). Se pueden intentar reconducir las contradicciones entre ambos juristas a algunos tópicos: metafísica contra positivismo, pluralismo contra monismo, *institution* contra *règle de droit*[34]. Precisamente por ellas se puede ver hasta qué punto quedaron anticuadas las antítesis del liberal siglo XIX. El positivismo jurídico de Duguit es enteramente metafísico, mientras que el supuesto místico Hauriou es «realista», cercano a la realidad y en ese sentido infinitamente más «positivo» que un doctrinario del positivismo de principios puramente «científicos».

Hauriou no empezó haciendo una teoría del derecho (*Rechtstheorie*) y menos aún una metodología. Él observó, glosó, comentó, y prosiguió científicamente la praxis del derecho administrativo francés, en particular las decisiones del *Conseil d'État*, en un trabajo de cuarenta años. El derecho administrativo francés se origina en el lento crecimiento de la praxis del Consejo de Estado; la teoría de la institución de Hauriou nació de un modo orgánico de la observación de esa praxis de Administración y está determinada esencialmente por su tema. De la ocupación diaria con su objeto inmediato[35] —no por exprimir de

---

[34] Son aquí de especial interés los discursos de Waline y A. Mestre que menciona J. Bonnecase en la obra citada, pp. 246 ss., así como la propia posición de Bonnecase (p. 262).

[35] Esa investigación ha dejado tras de sí un gran monumento de productividad jurídica en los tres volúmenes de sus anotaciones completas a las decisiones del «Consejo de Estado» y del «Tribunal de Conflictos» de 1892 a 1928, publicados por A. Hauriou (1.ª edición bajo el título *Notes d'Arrêts*, 1928; 2.ª edición como *Jurisprudence administrative*, 1930).

modo normativista-positivista un texto legal aislado—obtiene Hauriou directamente una comprensión jurídica clara del *régime administratif*; esto es, del viviente organismo administrativo francés, el cual concibe como una unidad viva con leyes propias y con una disciplina interna, que se distingue tanto del gobierno como de la justicia civil, como también de las funciones de administración aisladas que se encuentran en todos los Estados. De esa visión concreta de un orden concreto se originó la teoría de la «institución».

Como ya muestra el gran ejemplo alemán, la teoría administrativa de Lorenz von Stein, la consideración científico jurídica concreta de una administración estatal ordenada es lo que mejor puede proporcionar los elementos de una teoría general de la institución: orden de instancias, jerarquía de los funcionarios, autonomía interna, equilibrio interno de las fuerzas y tendencias opuestas, disciplina interna, honra y secreto del cargo, a lo que se añaden todos los presupuestos que esto lleva consigo, a saber, una situación establecida, una *situation établie*. Éstos vienen a ser los elementos de un concepto de *institution* que ahora se aplica a los distintos tipos de organizaciones y formaciones de derecho público o privado y que resulta fecundo para su conocimiento científico-jurídico. Debo renunciar a hablar aquí sobre la teoría de Hauriou en detalle; sus diferentes estadios y modificaciones son expresiones de un progresivo crecimiento y cambio en su producción, y también, como tal, de gran trascendencia jurídica[36]. Es sufi-

---

[36] Los tres hitos más importantes están en los años 1896 (*La Science sociale traditionnelle*), 1910 (1.ª edición de los *Principes de Droit Public*) y 1925 (*La Théorie de l'Institution et de la fondation en la Cité moderne et les transformations du Droit*; t. 4 de *Cahiers de la Nouvelle Journée*).

ciente, para lo que aquí nos interesa, que la mera restauración del concepto de «institución» supere, tanto el actual normativismo, como el decisionismo y con ello también el positivismo ligado a ambos. El Estado mismo no es para el modo de pensar institucional una norma o un sistema de normas, tampoco una mera decisión soberana, sino la «institución de instituciones», en cuyo orden muchas otras instituciones en sí autónomas encuentran su defensa y su orden.

3. EL ESTADO ACTUAL DE LA CIENCIA JURÍDICA ALEMANA

Para nosotros, alemanes, la palabra «institución» tiene todas las desventajas y pocas de las ventajas de que gozan las palabras extranjeras. No se puede traducir por «organización», ni por «establecimiento», ni por «organismo» a pesar de que refiere algo de cada uno de estos conceptos. La palabra «organización» es muy general y pone de relieve solamente la objetiva cara externa. El término «establecimiento» ha dejado de ser usual porque en el siglo XIX vino a ser un contraconcepto político-polémico del de cooperativa y está ligado a la situación de la lucha política interna del siglo XIX. La palabra «organismo», finalmente, está gravada por la antítesis con el concepto de «mecanismo». La palabra de origen latino, sin embargo, influye, como otros términos de origen latino, y quizás inconscientemente, en el matiz de fijación definitiva. Por eso tiene la expresión «pensamiento institucional»[37] el sello de

---

[37] Yo he utilizado corrientemente esta expresión, haciendo relación sin más a mi teoría de las «garantías institucionales» de la

una mera reacción conservadora contra el normativismo, el decisionismo y el positivismo del último siglo y se expone a malentendidos y a objeciones demasiado triviales. De ahí que la teoría de la institución de Hauriou desemboque en su discípulo G. Renard en un neotomismo, a través del cual aparece como una teoría típicamente católico-romana[38]. Sería lamentable, sin embargo, que la poderosa tendencia hacia el pensamiento del orden concreto y de la forma, que hoy acoge el pensamiento científico-jurídico de las naciones, quedara reprimida por tales malentendidos y restricciones. Naturalmente, las distintas naciones se diferencian por su modo de entender las palabras, los conceptos y las for-

---

Constitución (Berlín, 1931), frecuentemente y por última vez en el prólogo a la 2.ª edición de mi obra *Politische Theologie*, p. 8, Múnich/Leipzig, 1934. [La palabra latina *institutio* se refiere ordinariamente a la enseñanza elemental, como «instrucción» (*instructio*), y de ahí deriva, en primer lugar, la referencia a los tópicos permanentes del sistema de una enseñanza, y, luego, a la misma realidad constante referida en ellos, como ejército, coronación, matrimonio, demanda procesal, compraventa, herencia, etc. Como también en «instituto», la idea de estabilidad permanente es lo esencial en ese término; como el autor dice, no tiene traducción exacta en la lengua alemana, para la que resulta una importación de un término extraño. Traducimos «*Einrichtung*» por «organización», porque se destaca así el sentido de régimen directivo, «*Anstalt*» por «establecimiento» para destacar su constitución no-espontánea, y conservamos literalmente «organismo», que presupone la integración de un ente funcional dentro de un conjunto natural. El término «institución», precisamente por su origen formal, abarca los aspectos dinámicos y estáticos y el carácter natural o no de los entes a que se refiere. *N. de la T.*]

[38] Georges Renard, *La Théorie de l'Institution. Essai d'ontologie juridique*, París, 1930; *L'institution, fondement d'une renovation de l'ordre social*, París, 1933; véase, también, el artículo de Ivor Jennings, «The Institutional Theory», en *Modern Theories of Law*, Londres, 1933, pp. 68-85.

mas, el cual viene determinado por su modo de ser propio y su tradición histórica. Éste es uno de los grandes aciertos que debemos al movimiento nacionalsocialista. Por eso quiero proponer para la caracterización del tercero y actual modo de pensar científico jurídico, no la de «institucional», sino la de pensamiento del orden y configuración concretos. Así se disipan los malentendidos y las interpretaciones erradas que tratan de subordinar ese pensamiento a tendencias políticas de mera restauración de cosas pasadas o de una conservación de viejas organizaciones.

En Alemania se puede ver hoy del modo más claro en qué medida ha llegado a su fin el tiempo del positivismo jurídico. En todas partes y en todos los campos de la vida jurídica penetran las llamadas «cláusulas generales» en detrimento de la «seguridad» positivista: conceptos indeterminados de todo tipo, reenvíos a medidas y conceptos extralegales como buenas costumbres, lealtad y buena fe, exigibilidad y no-exigibilidad, razón suficiente, etcétera, que suponen una renuncia al fundamento del positivismo, a saber, la decisión legal, a la vez contenida y desvinculada de la norma. Ni la legislación ni la jurisdicción podrían hoy prescindir de ellas. Se han convertido en la Ciencia Jurídica alemana, desde hace más de un año, en una cuestión jurídica importante. Su aparición y fuerza son objeto de advertencia por considerarlas como un peligro para la seguridad y la previsibilidad jurídicas[39]. Desde el punto de vista del actual credo positivista —según el cual sólo la unión de la decisión con la fuerza jurídica y la regla, dada por ese positivismo, garantiza la seguridad jurídi-

---

[39] J. Hedemann, *Die Flucht in die Generalklauseln*, Jena, 1933.

ca—, esas prevenciones y recelos tienen fundamento. Con ellas, la ley, perfecta en sí misma y sin lagunas, el «fundamento de la evidencia», falla. Por otro lado, sin embargo, H. Lange ha reconocido esas cláusulas generales como vehículo del derecho natural, como portadoras de un nuevo pensamiento jurídico, como formas de irrupción de nuevas ideas, como un «huevo de cuco en el sistema jurídico liberal», y las ha considerado un signo de la superación del pensamiento jurídico positivista nacido en el siglo XIX[40]. En el momento en que conceptos como «lealtad y buena fe», «buenas costumbres», etc., se aplican no a una sociedad civil individualista, sino al interés de la totalidad del pueblo, cambia de hecho todo el derecho sin que sea preciso que cambie una sola ley. Yo estoy, por tanto, convencido de que con esas cláusulas generales puede introducirse un nuevo modo de pensamiento jurídico. Ahora bien, no pueden ser utilizadas como mero correctivo del positivismo actual, sino que deben ser utilizadas como medios específicos de un nuevo tipo de pensar jurídico.

Tales cláusulas entran en consideración no sólo en el derecho civil de obligaciones y en los derechos reales, en el de familia o en el de sucesiones. Donde mejor se muestra hasta dónde ha llegado ya hoy el proceso de disolución del positivismo, y hasta qué punto es imposible volver al modo de pensar dominante en el siglo XIX es en los ámbitos nucleares del pensamiento jurídico liberal: el derecho penal y el fiscal. Tanto el método de la formación de conceptos descriptivos de tipos fácticos aparentemente firmes, como el ideal de la «obje-

---

[40] H. Lange, *Liberalismus, Nationalsozialismus und bürgerliches Recht*, Tubinga, 1933.

tividad» están desapareciendo. Pienso, por ejemplo, en relación con el derecho penal —cuyos conceptos y fundamentos han sido repensados de nuevo por Dahm, Schaffstein y Henkel[41]—, en los nuevos (desde el punto de vista de los viejos conceptos) delitos «indeterminados», como la deslealtad, la traición a la nación o la traición económica y en la incorporación de los llamados elementos normativos del delito —por oposición a descriptivos—[42]. De aún mayor importancia sistemática es el cambio en las relaciones entre la parte general y especial del Código de Derecho Penal, como ya se pone de manifiesto en el memorándum del derecho penal nacionalsocialista del otoño de 1933, con la dirección del ministro de justicia prusiano, Kerrl. En este código comienza la normativa penal, no con una parte general, sino con los distintos hechos punibles. El aislamiento de conceptos «generales» —como culpa, cooperación, tentativa— del delito concreto —como alta traición, robo o incendio—, ya no aparecen hoy como una clarificación conceptual o como una garantía de mayor seguridad jurídica y precisión, sino, antes bien, como una abstracción artificial y absurda, desconectada de las relaciones vitales natural y realmente dadas.

---

[41] G. Dahm y Fr. Schaffstein, *Liberales oder autoritäres Strafrecht?*, Hamburgo, 1933; H. Henkel, *Strafrichter und Gesetz im neuen Staat*, Hamburgo, 1934.

[42] La expresión elementos típicos «normativos» alude aquí solamente a la contraposición con los rasgos típicos descriptivos supuestamente firmes y sin referencia a valores. Es un síntoma de la división interna del positivismo, que combina el normativismo y el decisionismo, y muestra cómo un normativista puro ya no piensa de modo puramente positivista, ver sobre esto las páginas anteriormente escritas.

También en el derecho fiscal, cuya precisión es de una significación igualmente fundamental para el pensamiento jurídico, aparecen, en lugar de los conceptos pulidos, tomados del derecho privado, aparentemente firmes jurídicamente, otros referidos inmediatamente a la realidad económica y social. Que esto ocurra en el derecho fiscal, tiene una significación sintomática incluso más allá del marco reducido de éste, porque el derecho fiscal, análogo al derecho presupuestario en el ámbito constitucional, era una especie de reliquia del positivismo del Estado de derecho liberal. El único sistema jurídico de derecho fiscal aparecido desde 1919 —es decir, desde la conversión de Alemania en un Estado fiscal y de reparaciones—, desarrolló sistemáticamente, en analogía con el derecho penal, la teoría de la adecuación al tipo de la exigencia de impuestos estatal[43]. Pero precisamente en el derecho fiscal se mostró primeramente de modo palmario que una regulación justa y conveniente no puede llevarse a cabo con los conceptos anticuados de un positivismo puro. En la ley de impuestos del *Reich*, de 13 de diciembre de 1919, se encuentra ya la frase innovadora del § 4, en la que, con la interpretación de la ley de impuestos, es preciso tener en cuenta su fin, su significado económico y el desarrollo de las relaciones. Con ello cae el fundamento de la «seguridad» positivista, la autarquía del contenido determinado por la ley. Esta convicción primeramente lograda en el terreno del derecho fiscal ha encontrado también una expresión jurídica sistemática en el desarrollo de la legislación del impuesto de utilidades alemana, desde la ley de 26 de julio de 1918, así como las sucesi-

---

[43] Albert Hensel, *Steuerrecht*, 1.ª ed., Berlín, 1924; 3.ª ed., 1933.

vas leyes, hasta la de 8 de mayo de 1926. La ley del impuesto de utilidades alemana rompe intencionadamente con los tipos tradicionales del derecho comercial y contractual de un derecho civil pensado para las necesidades del tráfico jurídico; se habla, intencionadamente, no de compra, renta, sueldo o entrega de propiedad, sino de abastecimiento, indemnización, etcétera.

Con estos nuevos conceptos no tienen por qué ser introducidos conceptos abstractos o aún más generales como aquellos de cada tipo contractual. Más bien se crea con ellos la posibilidad de convertir en derecho la realidad concreta de unas relaciones vitales para calificar tributariamente de un modo justo un fenómeno económico. El normativismo y positivismo de viejo estilo resultarían aquí totalmente desarmados frente a las posibilidades lógicas ilimitadas de las calificaciones jurídico-formales más libres. El normativismo puso en ridículo al «Estado de derecho» en el terreno fiscal, del mismo modo que facilitaba al delincuente audaz y con imaginación la ridiculización del derecho penal gracias al principio *nulla poena sine lege*. Destacadas autoridades de nuestro derecho fiscal, como Johannes Popitz y Enno Becker, han reconocido ese peligro y lo han atacado con una gran conciencia jurídica y metódica. Con ello han protegido a la Ciencia Jurídica fiscal alemana de la degeneración en una técnica de eludir impuestos[44].

---

[44] J. Popitz, *Einleitung zu dem Kommentar zum Umsatzsteuergesetz*, 1929; de las publicaciones de E. Beckers hay que destacar aquí solamente su conferencia en el «*Deutschen Juristentag*», Leipzig, 1933 (aparecida en los *Ansprachen y Fachvorträgen des deutschen Juristentags*, Berlín, 1933, p. 300, publicados por el consejero de Estado, Dr. Schraut).

Tales conceptos, que —en contraposición al positivismo legal, combinación de pensamiento de reglas y pensamiento decisionista, separado normativamente de la realidad de la vida— se refieren inmediatamente a la realidad concreta de unas relaciones vitales, conducen necesariamente a un nuevo modo de pensar jurídico, que se corresponde con el orden dado o con un nuevo orden que surge. En la Ciencia Jurídica fiscal alemana y, de ahí, también en cuestiones fiscales que parecen de segundo orden, se hace visible inmediatamente la relación intrínseca que existe entre el orden estatal, social y nacional de la vida de una comunidad. Las cuestiones, por ejemplo, de la deducción de impuestos para los padres de familia y con un determinado número de hijos, el reconocimiento de un determinado nivel de vida y gastos, o las cuestiones de imposición de contribuciones sobre el sueldo de los funcionarios y del impuesto del tráfico, hacen referencia inmediata, en cada una de sus particularidades, a órdenes de vida concretos y a instituciones como el matrimonio, la familia, la clase o el Estado, y exigen así una fundamental toma de posición[45].

---

[45] Para ese carácter, si lo puedo decir así, nuevamente universal del pensamiento científico es de un interés particular el trabajo que el ministro de finanzas prusiano, Popitz, ha publicado en el artículo «*Recht and Wirtschaft*» (*Jur. Wochenschrift*, 1933, fascículo 1) sobre la gran obra del economista alemán Von Gottl-Ottlilienfeld. La teoría económica de ese profesor berlinés se mueve con formas y estructuras, en lugar de con conceptos y relaciones abstractos y aislados. Esto podría servir al nuevo pensamiento del orden concreto de la Ciencia Jurídica, de modo análogo a como el sistema individualista de la llamada economía nacional clásica del pensamiento capitalista del Estado de Derecho burgués se correspondía con el normativismo positivista.

Mientras que en la evolución del derecho fiscal y penal se lleva a cabo la liquidación del pensamiento positivista de reglas y leyes, en otros campos del derecho público surgen muchos nuevos órdenes, que se sustraen totalmente al pensamiento del siglo XIX. El nuevo derecho político y administrativo ha impuesto el principio fundamental del *Führer* y, con él, conceptos como lealtad, adhesión, disciplina y honor, los cuales solamente pueden ser entendidos desde el punto de vista de una comunidad y un orden concretos. La unidad política está constituida por los tres órdenes de Estado, Movimiento y Pueblo. La estructura de las organizaciones corporativas impondrá aún más la idea de la unidad indivisible de gobierno, disciplina y honor, y, con ello, superará el normativismo basado en la «división de poderes». En un pueblo organizado corporativamente existe siempre una pluralidad de órdenes, cuyas jurisdicciones corporativas —«tantas corporaciones, tantas jurisdicciones»— deben surgir de cada uno de ellos. El legislador nacional socialista ha expresado con la mayor claridad el nuevo pensamiento del orden en su *Gesetz zur Ordnung der nationalen Arbeit* del 20 de enero de 1934 (RGBl., I, p. 45). Si recordamos el caso ya mencionado arriba del malogrado intento del derecho del trabajo de superar, al menos para los contratos laborales, los principios contractuales privados mediante el concepto de acuerdo, esa nueva ley para el orden del trabajo nacional aparece como un poderoso avance que de golpe deja atrás todo un mundo individualista de concebir los contratos y las relaciones jurídicas. La ley ya no habla de empresarios y trabajadores; en lugar del contrato laboral se impone un orden laboral; empresario, empleado y trabajador son el director y el personal de una empresa que trabajan unidos para conseguir los fines de la empresa y para el bien común del pueblo y el Estado; ambos aparecen como miembros de un mismo orden, de una comunidad con carácter jurídico público. La jurisdicción de honor social es una consecuente aplicación del pensamiento del orden, el cual hace que la lealtad, la adhesión, la disciplina y el honor sean comprendidos no ya como funciones de reglas y normas desvinculadas, sino como elementos esenciales de una nueva comunidad, de su orden y forma vital concretos.

CONCLUSIÓN

Sólo después de esta resumida y breve ojeada sobre la situación actual de la Ciencia Jurídica alemana, podrán reconocer los juristas la profunda y decisiva significación del nuevo concepto de jurista introducido en Alemania por el movimiento nacionalsocialista. La unión corporativa de los juristas alemanes en el *Deutsche Rechtsfront* tiene como fundamento de su organización un concepto de jurista que pone de manifiesto y supera la separación positivista actual entre derecho y economía, derecho y sociedad, derecho y política. A la nueva formación corporativa de los juristas alemanes debe pertenecer todo compatriota alemán que se ocupe en su trabajo profesional de la aplicación o mejora del derecho alemán en la vida pública, en el Estado, en la economía o en la administración autónoma, y que de ese modo esté enraizado en la vida jurídica alemana. A este nuevo concepto de derecho, de jurista y de profesión jurídica corresponde tanto la *National-sozialistische*

Deutsche Juristenbund, es decir, la parte del movimiento nacional socialista que particularmente se ocupa del derecho alemán, como también la *Akademie für Deutsches Recht* fundada en octubre de 1933. *El Führer* del frente jurídico alemán y fundador y presidente de la *Akademie für Deutsches Recht*, comisario de justicia del *Reich,* Dr. Hans Frank, ve la tarea de los juristas alemanes sobre todo en una configuración de la realidad (*Sachgestaltung*) congruente con el espíritu alemán[46]. Con esa palabra, acuñada por él, ha llegado a expresarse de modo conciso el cauce esencial del nuevo pensamiento del orden y de la forma. Para el tipo tradicional de pensamiento positivista, este avance indiscutible de un nuevo modo de pensamiento aparece sin duda como un simple correctivo de sus viejos métodos, como una mitigación de la rigidez análoga al anterior correctivo de la «Jurisprudencia libre», como una simple acomodación a una nueva situación con el fin de continuar y conservar el tipo actual. Pero el cambio del modo de pensamiento jurídico está hoy ligado al cambio de la estructura total del Estado. Todas las variaciones del modo de pensar jurídico se originan, como antes he mostrado, en el gran entramado histórico y sistemático, que ordena esas variaciones a la respectiva situación de la vida de la comunidad política. Del mismo modo que el decisionismo de Hobbes fue necesario en el siglo XVII, en el momento de imponerse el absolutismo de los príncipes, y como el normativismo racionalista corresponde al siglo XVIII, del mismo modo se explica la unión entre decisionismo y normativismo que presenta el positivismo legal reinante desde el siglo XIX, a saber:

---

[46] *Juristische Wochenschrift*, 1933, p. 2091.

desde el punto de vista de una determinada relación dualista entre Estado y sociedad civil, desde la estructura dualista de la unidad política, desintegrada entonces en Estado y sociedad, que alternaba entre excepción y normalidad. Tan pronto como esta estructura dualista entre Estado y sociedad libre de Estado desaparece, debe también caer con ella el tipo de pensamiento jurídico que le es propio. El Estado actual ya no es dualista, ya no está dividido en Estado y sociedad, sino que está construido sobre tres órdenes, Estado, Movimiento y Pueblo. El Estado, como orden propio dentro de la unidad política no tiene ya el monopolio de lo político, sino que es un órgano del jefe —*Führer*— del Movimiento. Una unidad política así construida no se adecua al pensamiento jurídico decisionista o normativista o al pensamiento jurídico positivista que combina ambos. Se necesita ahora el pensamiento concreto del orden y de la forma que ha surgido para las nuevas tareas de la situación estatal, popular, económica e ideológica y para las nuevas formas de comunidad. Por eso, en esa introducción de un nuevo modo de pensar jurídico está contenido no un simple correctivo del actual método positivista, sino un tránsito a un nuevo modo de pensar jurídico, que se ajusta a las futuras comunidades, órdenes y formaciones de un nuevo siglo.

**Títulos publicados
de la colección *Clásicos del Pensamiento***

(01) 1229601-*El Discurso de Gettysburg y otros escritos sobre la Unión*
ABRAHAM LINCOLN
Edición y traducción de Javier Alcoriza Vento y Antonio Lastra Melià
ISBN: 978-84-309-4247-5

(02) 1229602-*La Ley de la libertad*
GERARD WINSTANLEY
Estudio preliminar y traducción de Enrique Bocardo Crespo
ISBN: 978-84-309-4353-X

(03) 1229603-*Obras*
EPICURO
Edición de M. Jufresa Muñoz
Traducción de Monserrat Jufresa Muñoz, Monserrat Camps y Francesca Mestre
ISBN: 978-84-309-4258-0

(04) 1229604-*Discurso sobre el origen y los fundamentos de la desigualdad entre los hombres y otros escritos*, 5.ª edición
JEAN-JACQUES ROUSSEAU
Estudio preliminar, traducción y notas de A. Pintor Ramos
ISBN: 978-84-309-4258-0

(05) 1229605-*Del ciudadano y Leviatán*, 6.ª edición
THOMAS HOBBES
Estudio preliminar y antología de Enrique Tierno Galván
Traducción de Enrique Tierno Galván y Manuel Sánchez Sarto
ISBN: 978-84-309-4255-6

(06) 1229606-*Tratado de la naturaleza humana*, 4.ª edición
DAVID HUME
Edición preparada por Félix Duque
ISBN: 978-84-309-4259-9

(07) 1229662-*Carta sobre la Tolerancia,* 6.ª edición
JOHN LOCKE
Estudio preliminar y traducción de Pedro Bravo Gala
Estudio de contextualización de John Dunn
ISBN: 978-84-309-4713-3

(08) 1229608-*Sobre la paz perpetua*, 7.ª edición
IMMANUEL KANT
Presentación de Antonio Truyol y Serra
Traducción de Joaquín Abellán García
ISBN: 978-84-309-4336-6

(09) 1229609-*Poema de Gilgamesh*, 4.ª edición
Edición y traducción de Federico Lara Peinado
ISBN: 978-84-309-4339-0

(10) 1229715-*El príncipe* (edición bilingüe)
NICOLÁS MAQUIAVELO
Texto italiano establecido por Giorgio Inglese
Estudio preliminar, traducción y notas de Helena Puigdoménech
Estudio de contextualización de John G. Pocock
ISBN: 978-84-309-5199-4

(11) 1229611-*La Metafísica de las Costumbres*, 4.ª edición
IMMANUEL KANT
Estudio preliminar de Adela Cortina
Traducción y notas de Adela Cortina y Juan Conill Sancho
ISBN: 978-84-309-4342-0

(12) 1229665-*Libro de los muertos,* 5.ª edición
Estudio preliminar, traducción y notas de Federico Lara Peinado
ISBN: 978-84-309-4804-8

(13) 1229613-*Sobre la autonomía política de Cataluña*
MANUEL AZAÑA
Edición de Eduardo García de Enterría
ISBN: 978-84-309-4353-6

(14) 1229614-*Del sistema penitenciario en Estados Unidos y su aplicación en Francia*
ALEXIS DE TOCQUEVILLE y GUSTAVE DE BEAMONT

Edición y traducción de Juan Manuel Ros Cherta
y Juan Sauquillo González
ISBN: 978-84-309-4352-8

(15) 1229615-*Meditaciones cartesianas*, 3.ª edición
EDMUND HUSSERL
Edición y traducción de Mario A. Presas
ISBN: 978-84-309-4366-8

(16) 1229616-*Los seis libros de la República*, 4.ª edición
JEAN BODIN
Edición y traducción de Pedro Bravo Gala
ISBN: 978-84-309-4367-6

(17) 1229617-*Utopía*, 4.ª edición
TOMÁS MORO
Edición de Antonio Poch
Traducción de Emilio García Estébanez
ISBN: 978-84-309-4368-4

(18) 1229618-*Diálogos*, 4.ª edición
LUCIO ANNEO SÉNECA
Edición y traducción de Carmen Codoñer
ISBN: 978-84-309-3910-5

(19) 1229619-*Desobediencia civil y otros escritos*, 4.ª edición
HENRY D. THOREAU
Edición de Juan J. Coy Ferrer y traducción de M.ª Eugenia Díaz
ISBN: 978-84-309-4370-6

(20) 1229620-*Discurso del método*, 6.ª edición
RENÉ DESCARTES

Edición y traducción de Eduardo Bello Reguera
ISBN: 978-84-309-4371-4

(21) 1229621-*El banquete*, 2.ª edición
PLATÓN
Edición y traducción de Luis Gil
ISBN: 978-84-309-4372-2

(22) 1229622-*Teoría y práctica*, 4.ª edición
IMMANUEL KANT
Edición de Roberto Rodríguez Aramayo
Traducción de Roberto Rodríguez Aramayo, Juan Miguel Palacios García y M. Francisco Pérez López
ISBN: 978-84-309-4387-6

(23) 1229623-*Ensayos políticos*, 3.ª edición
DAVID HUME
Edición de Josep M. Colomer
Traducción de César Armando Gómez
ISBN: 978-84-309-4389-0

(24) 1229624-*Ideas para una historia universal en clave cosmopolita y otros escritos sobre filosofía de la historia*, 3.ª edición
IMMANUEL KANT
Edición de Roberto Rodríguez Aramayo
Traducción de Roberto Rodríguez Aramayo y Concha Roldán Panadero
ISBN: 978-84-309-4388-3

(25) 1229625-*Filosofía del arte*, 2.ª edición
F. W. J. VON SCHELLING
Edición y traducción de Virginia López-Domínguez
ISBN: 978-84-309-4390-6

(26) 1229626-*El Libro de las bestias*
Edición de Ramón Llull
Traducción de Laureano Robles Carcedo
ISBN: 978-84-309-4432-X

(27) 1229627-*Ciencia nueva*
GIAMBATTISTA VICO
Presentación de León Pompa
Prólogo de José Manuel Romay Becaría
Traducción de Rocío de la Villa Ardura
ISBN: 978-84-309-4485-0

(28) 1229714-*Segundo Tratado sobre el Gobierno Civil*, 2.ª edición
JOHN LOCKE
Traducción, introducción y notas de Carlos Mellizo
Estudio preliminar de Peter Laslett
Estudio de contextualización de Víctor Méndez Baiges
ISBN: 978-84-309-5192-5

(29) 1229629-*Himnos sumerios*, 2.ª edición
Edición de Federico Lara Peinado
ISBN: 978-84-309-4421-4

(30) 1229630-*Código de Hammurabi*, 4.ª edición
Estudio preliminar, traducción y comentarios de Federico Lara Peinado
ISBN: 978-84-309-4418-7

(31) 1229631-*Cartas sobre educación infantil*, 3.ª edición
JOHANN H. PESTALOZZI

Edición y traducción de José María Quintana Cabanas
ISBN: 978-84-309-4419-4

(32) 1229632-*Sobre la ilustración*, 2.ª edición
MICHEL FOUCAULT
Edición de Javier de la Higuera
Traducción de Javier de la Higuera, Eduardo Bello y Antonio Campillo
ISBN: 978-84-309-4420-6

(33) 1229633-*Escritos políticos breves*, 2.ª edición
NICOLÁS MAQUIAVELO
Edición y traducción de M.ª Teresa Navarro Salazar
ISBN: 978-84-309-4422-2

(34) 1229634-*Las pasiones del alma*
RENÉ DESCARTES
Edición de José Antonio Martínez
Traducción de José Antonio Martínez y Pilar Andrade Boué
ISBN: 978-84-309-4423-0

(35) 1229635-*Catolicismo romano y forma política*
CARL SCHMITT
Estudio preliminar de Ramón Campderrich Bravo
Traducción y notas de Pedro Madrigal
ISBN: 978-84-309-5204-5

(36) 1229636-*Del gobierno representativo*, 4.ª edición
JOHN STUART MILL
Edición de Dalmacio Negro Pavón
Traducción de Marta C. C. de Iturbe
ISBN: 978-84-309-4424-8

(37) 1229637-*Teoría de la naturaleza*, 2.ª edición
J. W. GOETHE
Edición de Diego Sánchez Meca
ISBN: 978-84-309-4497-2

(38) 1229638-*El socorro de los pobres. La comunicación de bienes*, 2.ª edición
JUAN LUIS VIVES
Edición y traducción de Luis Fraile Delgado
ISBN: 978-84-309-4498-9

(39) 1229639-*¿Qué es la ilustración?*, 5.ª edición
J. B. EDHARD y otros
Edición de Agapito Maestre Sánchez
Traducción de Agapito Maestre Sánchez y José Romagosa Fisa
ISBN: 978-84-309-4496-5

(40) 1229640-*La ciudad del sol*
TOMMASO CAMPANELLA
Edición y traducción de Miguel Ángel Granada
ISBN: 978-84-309-4494-1

(41) 1229641-*Educación del príncipe cristiano*, 2.ª edición
ERASMO DE ROTTERDAM
Edición de Pedro Jiménez Guijarro
Traducción de Pedro Jiménez Guijarro y Ana Martín
ISBN: 978-84-309-4514-6

(42) 1229642-*Obra política y constitucional*
SIMÓN BOLÍVAR
Edición de Eduardo Rozo Acuña
ISBN: 978-84-309-4517-7

(43) 1229643-*La ley de la naturaleza*
JOHN LOCKE
Edición y traducción de Carlos Mellizo
ISBN: 978-84-309-4538-2

(44) 1229644-*Sobre el poder civil. Sobre los indios. Sobre el derecho de la guerra*, 2.ª edición
FRANCISCO DE VITORIA
Edición y traducción de Luis Fraile Delgado
Estudio de contextualización de Leandro Martínez-Cardós
ISBN: 978-84-309-4519-1

(45) 1229707-*Discurso de la servidumbre voluntaria* (edición bilingüe)
ÉTIENNE DE LA BOÉTIE
Versión española, Estudio preliminar y notas de José de la Colina
ISBN: 978-84-309-5068-3

(46) 1229646-*Antropología práctica*, 2.ª edición
IMMANUEL KANT
Edición de Roberto Rodríguez-Aramayo
ISBN: 978-84-309-4534-4

(47) 1229695-*Tratado teológico-político. Tratado político*, 5.ª edición
BARUCH SPINOZA
Introducción de M.ª José Villaverde Rico
Estudio preliminar, traducción y notas de Enrique Tierno Galván
ISBN: 978-84-309-4995-3

(48) 1229648-*Tratado de la reforma del entendimiento y otros escritos*, 2.ª edición

Baruch Spinoza
Edición y traducción de Jean Paul Margot y Lelio Fernández
ISBN: 978-84-309-4576-4

(49) 1229649-*El contrato social o principios de derecho político*, 5.ª edición
Jean-Jacques Rousseau
Estudio preliminar y traducción de M.ª José Villaverde
ISBN: 978-84-309-4577-1

(50) 1229650-*Sobre la clemencia* (edición bilingüe), 3.ª edición
Lucio Anneo Séneca
Estudio Preliminar y traducción de Carmen Codoñer Merino
ISBN: 978-84-309-4643-0

(51) 1229651-*Del espíritu de las leyes*, 6.ª edición
Montesquieu
Edición de Enrique Tierno Galván
Traducción de Mercedes Blázquez Polo y Pedro de Vega
ISBN: 978-84-309-4532-0

(52) 1229652-*La monarquía*, 4.ª edición
Santo Tomás de Aquino
Estudio preliminar de Eudaldo Forment
Edición y traducción de Ángel Chueca y Laureano Robles Carcedo
ISBN: 978-84-309-4642-6

(53) 1229653-*Defensa de Epicuro contra la común opinión*, 2.ª edición

Francisco de Quevedo
Edición de Eduardo Acosta Méndez
ISBN: 978-84-309-4641-9

(54) 1229654-*Últimos escritos sobre Filosofía de la Psicología. Vols. I y II*
Ludwig Wittgenstein
Estudios preliminares de Javier Sádaba y Luis Manuel Valdés
ISBN: 978-84-309-4574-0

(55) 1229655-*Historia natural de la religión*, 3.ª edición
David Hume
Edición de Carlos Mellizo
ISBN: 978-84-309-4644-0

(56) 1229656-*Escritos en torno a la esencia del cristianismo*, 2.ª edición
Ludwig Feuerbach
Edición y traducción de Luis Miguel Arroyo Arrayás
ISBN: 978-84-309-4645-7

(57) 1229657-*La polémica Schmitt/Kelsen sobre la justicia constitucional: El defensor de la Constitución* versus *¿Quién debe ser el defensor de la Constitución?*
Carl Schmitt y Hans Kelsen
Estudio preliminar de Giorgio Lombardi
Traducción de Manuel Sánchez Sarto y Roberto J. Brie
ISBN: 978-84-309-4646-4

(58) 1229658-*Escritos de crítica religiosa y política*
Erasmo de Rotterdam

Estudio preliminar, traducción y notas de Miguel Ángel Granada
ISBN: 978-84-309-4674-7

(59) 1229659-*La Mandrágora*
NICOLÁS MAQUIAVELO
Estudio Preliminar y traducción de Helena Puigdomènech
ISBN: 978-84-309-4691-4

(60) 1229660-*De los delitos y las penas*
CESARE DE BECCARIA
Estudio Preliminar de José Jiménez de Villarejo
Traducción de Juan Antonio de las Casas
ISBN: 978-84-309-4693-8

(61) 1229661-*Vindiciae contra Tyrannos*
STEPHANUS JUNIUS BRUTUS
Estudio preliminar de Benigno Pendás
Estudio de contextualización de Harold Laski
Traducción de Piedad García-Escudero
ISBN: 978-84-309-4712-6

(62) 1229716-*Libertad y prensa*
WALTER LIPPMANN
Traducción, introducción y notas de Hugo Aznar
ISBN: 978-84-309-5216-8

(63) 1229663-*Sobre el gobierno tiránico del papa*, 2.ª edición
GUILLERMO DE OCKHAM
Estudio preliminar, traducción y notas de Pedro Rodríguez Santidrián
ISBN: 978-84-309-4716-4

(64) 1229664-*Del arte de la guerra*, 4.ª edición
NICOLÁS MAQUIAVELO
Estudio preliminar, traducción y notas de Manuel Carrera Díaz
Estudio de contextualización de Félix Gilbert
ISBN: 978-84-309-4799-7

(65) 1229717-*La* Ancient Constitution *y el derecho feudal*
J. G. A. POCOCK
Traducción de Santiago Díaz Sepúlveda y Pilar Tascón Aznar
ISBN: 978-84-309-5227-4

(66) 1229666-*Del espíritu de conquista y de la usurpación*
BENJAMIN CONSTANT
Estudio preliminar y notas de María Luisa Sánchez-Mejía
Traducción de Ana Portuondo Pérez
ISBN: 978-84-309-4800-0

(67) 1229718-*Ética a Nicómaco*, 2.ª edición
ARISTÓTELES
Estudio preliminar de Salvador Rus Rufino
Traducción de Salvador Rus Rufino y Joaquín E. Meabe
Revisión a cargo de Francisco Arenas Dolz
ISBN: 978-84-309-5266-3

(68) 1229668-*Escritos políticos*, 3.ª edición
MARTÍN LUTERO
Estudio preliminar y traducción de Joaquín Abellán
ISBN: 978-84-309-4798-0

(69) 1229669-*Filosofía de la Historia*, 2.ª edición
VOLTAIRE
Estudio preliminar, traducción y notas de Martín Caparrós
ISBN: 978-84-309-4801-7

(70) 1229670-*Brevísima relación de la destruición de las Indias*, 3.ª edición
BARTOLOMÉ DE LAS CASAS
Edición de Isacio Pérez Fernández
ISBN: 978-84-309-4802-4

(71) 1229671-*Los designios del Destino*, 3.ª edición
ARTHUR SCHOPENHAUER
Estudio preliminar, traducción y notas de Roberto Rodríguez Aramayo
ISBN: 978-84-309-4803-1

(72) 1229672-*Los fundamentos histórico-espirituales del parlamentarismo en su situación actual*
CARL SCHMITT
Estudio preliminar y notas de Manuel Aragón
Traducción de Pedro Madrigal
Estudio de contextualización de Ellen Kennedy
ISBN: 978-84-309-4832-1

(73) 1229673-*La vida y el espíritu del Señor Benedicto de Spinosa o Tratado de los tres impostores (Moisés, Jesucristo y Mahoma)*
Anónimo clandestino (ss. XVII-XVIII)
Estudio preliminar, edición, notas y traducción de Pedro Lomba
Estudio de contextualización de Pierre-François Moreau
ISBN: 978-84-309-4833-8

(74) 1229674-*Cartas persas*, 3.ª edición
Montesquieu
Estudio preliminar de Josep M. Colomer
Traducción de José Marchena
ISBN: 978-84-309-4855-0

(75) 1229675-*Los límites de la acción del Estado*, 2.ª edición
Wilhelm von Humboldt
Estudio preliminar, traducción y notas de Joaquín Abellán
ISBN: 978-84-309-4856-7

(76) 1229676-*El defensor de la paz*, 2.ª edición
Marsilio de Padua
Estudio preliminar, traducción y notas de Luis Martínez Gómez
ISBN: 978-84-309-4857-4

(77) 1229677-*Monarquía*, 2.ª edición
Dante Alighieri
Estudio preliminar, traducción y notas de Laureano Robles Carcedo y Luis Frayle Delgado
ISBN: 978-84-309-4858-1

(78) 1229678-*Escritos polémicos*, 2.ª edición
Jean-Jacques Rousseau
Estudio preliminar de José Rubio Carracedo
Traducción y notas de Quintín Calle Carabias
ISBN: 978-84-309-4859-8

(79) 1229679-*La ley*, 2.ª edición
Francisco de Vitoria
Estudio preliminar y traducción de Luis Frayle Delgado
ISBN: 978-84-309-4860-4

(80) 1229680-*El gobierno de los jueces*
EDOUARD LAMBERT
Estudio preliminar de Luis Pomed
Traducción y adaptación de Félix de la Fuente
ISBN: 978-84-309-4874-1

(81) 1229681-*Escritos*
GEORGE WASHINGTON
Estudio preliminar y edición de Javier Alcoriza y Antonio Lastra
Traducción de Javier Alcoriza, José María Jiménez y Antonio Lastra
ISBN: 978-84-309-4890-1

(82) 1229682-*De agri cultura*
MARCO PORCIO CATÓN
Estudio preliminar, traducción y notas de Amelia Castresana
ISBN: 978-84-309-4901-4

(83) 1229683-*Sobre las revoluciones (de los orbes celestes)*, 2.ª edición
NICOLÁS COPÉRNICO
Estudio preliminar, traducción y notas de Carlos Mínguez Pérez
ISBN: 978-84-309-4942-7

(84) 1229684-*Los primeros Códigos de la humanidad*, 2.ª edición
Estudio preliminar, traducción y notas de Federico Lara Peinado y Federico Lara González
ISBN: 978-84-309-4987-8

(85) 1229719-*Areopagítica* (edición bilingüe)
JOHN MILTON

Estudio preliminar de Marc Carrillo
Traducción, edición y notas de Joan Curbet
ISBN: 978-84-309-5265-6

(86) 1229686-*La autoafirmación de la universidad alemana. El Rectorado, 1933-1934. Entrevista de Spiegel*, 3.ª edición
MARTIN HEIDEGGER
Traducción de Ramón Rodríguez García
ISBN: 978-84-309-4985-4

(87) 1229687-*Carta a D'Alembert sobre los espectáculos*, 2.ª edición
JEAN-JACQUES ROUSSEAU
Edición de Quintín Calle Carabias y José Rubio Carracedo
Traducción de Quintín Calle Carabias
ISBN: 978-84-309-4986-1

(88) 1229688-*El Estado como integración*, 2.ª edición
HANS KELSEN
Edición de Juan Antonio García Amado
ISBN: 978-84-309-4988-5

(89) 1229689-*Tres escritos esotéricos*, 3.ª edición
AVICENA
Estudio preliminar, traducción y notas de Miguel Cruz Hernández
ISBN: 978-84-309-4989-2

(90) 1229690-*De los prejuicios morales y otros ensayos*, 2.ª edición
DAVID HUME
Edición de Sofía García Martos y José Manuel Panea Márquez

Traducción de José Manuel Panea Márquez
ISBN: 978-84-309-4990-8

(91) 1229691-*Compendio del ensayo sobre el entendimiento humano*, 2.ª edición
JOHN LOCKE
Edición de Juan José García Norro y Rogelio Rovira Madrid
ISBN: 978-84-309-4991-5

(92) 1229692-*Pensamientos. Cartas. Testimonios*, 2.ª edición
MARCO AURELIO ANTONINO
Estudio preliminar, traducción y notas de F. Javier Campos Daroca
ISBN: 978-84-309-4992-2

(93) 1229720-*La Gran Restauración (*Novum Organum*)*
FRANCIS BACON
Traducción, introducción y notas de Miguel Á. Granada
Apéndice de Julián Martín
ISBN: 978-84-309-5281-6

(94) 1229703-*Ley de las XII Tablas*, 4.ª edición
Estudio preliminar, traducción y observaciones de César Rascón García y José María García González
ISBN: 978-84-309-5051-5

(95) 1229721-*Consideraciones políticas sobre los golpes de Estado*, 2.ª edición
GABRIEL NAUDÉ
Estudio preliminar, traducción y notas de Carlos Gómez Rodríguez

Estudio de contextualización de Louis Marin
ISBN: 978-84-309-5378-3

(96) 1229696-*Historia de Florencia*
NICOLÁS MAQUIAVELO
Estudio preliminar, traducción y notas de Félix Fernández Murga
Estudio de contextualización de Felix Gilbert
ISBN: 978-84-309-5012-6

(97) 1229697-*Tratado sobre la inmortalidad del alma*
PIETRO POMPONAZZI
Estudio preliminar, traducción y notas de José Manuel García Valverde
ISBN: 978-84-309-5033-1

(98) 1229698-*Introducción a la sabiduría. El Sabio*
JUAN LUIS VIVES
Estudio preliminar y versión de Luis Frayle Delgado
ISBN: 978-84-309-5031-7

(99) 1229699-*Coleridge*
JOHN STUART MILL
Estudio preliminar, traducción y notas de Carlos Mellizo
ISBN: 978-84-309-5032-4

(100) 1229700-*La Constitución de Alemania*
G. W. F. HEGEL
Estudio preliminar, traducción y notas de Dalmacio Negro Pavón
ISBN: 978-84-309-5030-0

(101) 1229701-*Exposición de la* República *de Platón*, 6.ª edición
I. R. AVERROES
Traducción y estudio preliminar de Miguel Cruz Hernández
ISBN: 978-84-309-5046-1

(102) 1229702-*Un fragmento sobre el Gobierno*, 2.ª edición
JEREMY BENTHAM
Estudio preliminar, traducción y notas de Enrique Bocardo Crespo
ISBN: 978-84-309-5047-8

(103) 1229722-*Derecho presupuestario*
PAUL LABAND
Estudio preliminar de Álvaro Rodríguez Bereijo
Traducción de José Zamit
ISBN: 978-84-309-5452-0

(104) 1229704-*El arte de la política (Los hombres y la ley)*, 2.ª edición
HAN FEI ZI
Estudio preliminar de Pedro San Ginés Aguilar
Traducción de Yao Ning y Gabriel García-Noblejas
ISBN: 978-84-309-5048-5

(105) 1229705-*Escritos sobre América*, 2.ª edición
FRAY LUIS DE LEÓN
Estudio preliminar, traducción y notas de Andrés Moreno Mengíbar y Juan Martos Fernández
ISBN: 978-84-309-5049-2

(106) 1229723-*¿Hay derecho a mentir? (La polémica Immanuel Kant/Benjamin Constant sobre la*

existencia de un deber incondicionado de decir la verdad)
Estudio preliminar de Gabriel Albiac
Edición de Eloy García
ISBN: 978-84-309-5450-6

(107) 1229724-*Los orígenes ideológicos de la Revolución norteamericana*
(edición revisada por el autor)
BERNARD BAILYN
Estudio preliminar de Víctor Méndez Baiges
ISBN: 978-84-309-5451-3

(108) 1229708-*La Ciudad Ideal*, 3.ª edición
ABU NASR AL-FARABI
Presentación de Miguel Cruz Hernández
Traducción de Manuel Alonso Alonso
ISBN: 978-84-309-5171-0

(109) 1229709-*Los progresos de la Metafísica desde Leibniz y Wolff*, 2.ª edición
IMMANUEL KANT
Estudio preliminar y traducción de Félix Duque
ISBN: 978-84-309-5172-7

(110) 1229710-*Principios matemáticos de la Filosofía Natural*, 3.ª edición
ISAAC NEWTON
Estudio preliminar, traducción y notas de Antonio Escotado
ISBN: 978-84-309-5173-4

(111) 1229725-*Diálogo llamado Demócrates*
JUAN GINÉS DE SEPÚLVEDA

Edición de Francisco Castilla Urbano
ISBN: 978-84-309-5473-5

(112) 1229712-*La Constitución de Weimar. La Constitución alemana de 11 de agosto de 1919*
Valoración de conjunto sobre la experiencia constitucional por Costantino Mortati
El proceso constituyente por Walter Jellinek
Comentario sistemático de sus preceptos por Ottmar Bühler
ISBN: 978-84-309-5117-8

(113) 1229713-*De la guerra* (ed. abreviada)
CARL VON CLAUSEWITZ
Estudio preliminar y guía para la lectura de la obra de Bernard Brodie
Traducción de Celer Pawlowsky
ISBN: 978-84-309-5118-5

(114) 1229726- *Sobre los cometas y la Vía Láctea (*De cometis et Lacteo Circulo)
BERNARDINO TELESIO (edición bilingüe)
Edición del texto latino, introducción, traducción y notas de Miguel Ángel Granada
ISBN: 978-84-309-5479-7

(115) 1229727-*Posiciones ante el Derecho*
CARL SCHMITT
Edición, estudio preliminar, traducción y notas de Montserrat Herrero
ISBN: 978-84-309-5492-6

(116) 1229729- *Diálogo en torno a nuestra lengua*
NICOLÁS MAQUIAVELO

Estudio preliminar, traducción y notas de María
Teresa Navarro Salazar
Estudio de contextualización de Ornella Castellani
Pollidori
ISBN: 978-84-309-5503-9

(117) 1229728- *Tres ensayos sobre la religión*
JOHN STUART MILL
Edición, estudio preliminar, traducción y notas de
Carlos Mellizo
ISBN: 978-84-309-5502-2

Títulos en preparación

Johannes Althusius y el nacimiento histórico del contractualismo
OTTO VON GIERKE
Estudio preliminar de Benigno Pendás
Estudio de contextualización Carl J. Friedrich
Traducción de Pedro Madrigal

Discursos sobre las décadas de Tito Livio
NICOLÁS MAQUIAVELO
Estudio preliminar y traducción de Juan Manuel Forte Monge
Estudio de contextualización de Félix Gilbert

El ciudadano contra los poderes
ALAIN (ÉMILE CHARTIER)
Estudio preliminar de Eloy García
Traducción de Joaquín González Ibáñez

Residuos del contractualismo en la Teoría del Estado Federal

Antonio La Pergola
Estudio de contextualización y traducción de Augusto Martín de la Vega
Estudio preliminar de Miguel Herrero de Miñón

El arte de la prudencia
Baltasar Gracián
Estudio preliminar de Elena Cantarino

Sobre los deberes (edición bilingüe)
Marco Tulio Cicerón
Edición de José Guillén Caballero
Traducción de José Guillén Caballero

Himnos sumerios
Edición de Federico Lara Peinado

Del ciudadano y Leviatán (Antología), 7.ª edición
Thomas Hobbes
Estudio preliminar y antología de Enrique Tierno Galván
Traducción de André Catrysse y Manuel Sánchez Sarto
Estudio de contextualización de Richard Tuck

Estado de Derecho en mutación
Ernest Forsthoff
Estudio preliminar de Lorenzo Martín-Retortillo
«De la *Daseinvorsorge* a la *Gewährleistungstaat*», por José Joaquim Gomes Canotilho

Escritos sobre Justicia Constitucional
Hans Kelsen
Estudio preliminar de Germán Fernández Farreres

Escritos sobre la dictadura
CARL SCHMITT
Estudio preliminar de José María Baño León

Escritos de Gobierno
NICOLÁS MAQUIAVELO
Edición y traducción de María Teresa Navarro Salazar

DE CIVE
THOMAS HOBBES
Traducción de André Catrysse

Discursos del New Deal
FRANKLIN DELANO ROOSEVELT
Edición, traducción y estudio preliminar de José María Rosales

Sobre la posibilidad de instaurar una Constitución republicana en un gran país (Fragmentos de una obra inacabada)
BENJAMÍN CONSTANT
Estudio preliminar y notas de María Luisa Sánchez-Mejía
Traducción de Ana Portuondo
Benjamin Constant en su circunstancia constitucional por Eloy García

Representación y Democracia de la identidad (Iniciativa legislativa popular y referéndum en la Constitución de Weimar)
CARL SCHMITT

Vida de Castruccio Castracani
NICOLÁS MAQUIAVELO
Edición y traducción de Helena Puigdomènech

Indagación filosófica sobre el origen de nuestras ideas acerca de lo sublime y de lo bello, 3.ª edición
EDMUND BURKE
Edición y traducción de Menene Gras

Autobiografía y otros escritos
THOMAS JEFFERSON
Edición de Jaime de Salas
Traducción de Antonio Escotado y Manuel Sáenz de Heredia

Del saber morir
MICHEL DE MONTAIGNE
Edición, traducción y crítica de Menene Gras

Las meditaciones del paseante solitario
JEAN-JACQUES ROUSSEAU
Edición y traducción de Menene Gras
Estudio preliminar de Robert Wokler

La Constitución Inactuada.
Piero Calamandrei.
Estudio Preliminar y traducción de Perfecto Andrés Ibáñez.

Reflexiones sobre la Revolución Francesa.
Edmund Burke.
Estudio Preliminar de John Pocock. Edición de Laura Adrián-Lara.

Poder. Los Genios Invisibles de la Ciudad.
Guglielmo Ferrero.
Estudio Preliminar y traducción de Eloy García.